XINSHIDAI
ZHONGGUO PINKUN ZHILI
LILUN ZAIGOU
YU SHIJIAN XIANGDU

新时代中国贫困治理：
理论再构与实践向度

·陈成文 等 著

人民出版社

目　录

前　言

贫困治理是新时代中国特色社会主义建设的重要目标。2017年10月，党的十九大报告指出："让贫困人口和贫困地区同全国一道进入全面小康社会是我们党的庄严承诺。"2019年10月，党的十九届四中全会报告再次强调："坚决打赢脱贫攻坚战，巩固脱贫攻坚成果，建立解决相对贫困的长效机制。"2020年是精准扶贫的收官之年，意味着绝对贫困的彻底消除。2020年之后，中国贫困治理将进入解决相对贫困的阶段。但是，贫困治理的任务依然相当艰巨，并会持续很长一个历史时期。因此，探讨新时代中国贫困治理的基本理论及实践路径，仍然是一个具有重大理论与实践意义的现实课题。

本书探讨了新时代中国贫困治理的理论基础。本研究认为，贫困治理类型划分理论与习近平关于贫困治理的系列重要论述是新时代中国贫困治理的理论基础。在此基础上，探讨了新时代中国贫困治理的实践路径。主要观点如下：

第一，我国精准扶贫政策绩效的核心问题在于精准扶贫政策与农村贫困人口需求的契合度。精准扶贫政策与农村贫困人口需求的契合度可以从互补性契合度和一致性契合度两个方面进行测量。互补性契合度的意义在于考察精准扶贫政策的供给质量；而一致性契合度的意义则在于考察精准扶贫政策的价值理念。要提升精准扶贫政策与农村贫困人口需求的契合度，就必须尽快调整政策方向。这就要求：产业扶贫政策调整要以降低市场风险为目标；易地搬迁政策调整要以增强社会适应性为目标；劳务输出政策调整要以提升职业技能为目标；教育扶贫政策调整要以优化资助体系为目标；社会保障政策调整要以满足基本生存性需求为目标。

第二，我国农村贫困人口退出标准正面临着严重的"契合度"偏差困境。主要表现为：需求性"契合度"偏差、公平性"契合度"偏差和度量性"契合度"偏差。这种"契合度"偏差制约着"两不愁""三保障"标准的科学测度，最终影响农村贫困人口的"真脱贫"。因此，要实现农村贫困人口的"真脱贫"，就必须制定科学合理的农村贫困人口退出标准，实现"两不愁""三保障"的测度转向："两不愁"的测度应由"单一化"走向"综合化"；"三保障"的测度应由"模糊化"走向"具体化"。

第三，我国精准扶贫要顺利渡过啃硬骨头的冲刺期，就必须走出"因病滞贫"的现实困境。而推进农村医疗保障制度改革，是走出"因病滞贫"困境的关键环节。这是因为，"因病滞贫"本质上是一种"支出型贫困"状态，而农村医疗保障制度是"支出型贫困"的有效化解机制。从功能上来看，农村医疗保障制度可以增加疾病型农村贫困人口的政策转移性收入，可以转移疾病型农村贫困人口的疾病支出性风险，可以拓展疾病型农村贫困人口的脱贫禀赋性能力。

第四，社会力量扶贫是精准扶贫资源配置的一种补充性吸纳机制。然而，"碎片化"已成为社会力量参与精准扶贫的实践困境。这种"碎片化"困境是正式制度与非正式制度交互作用的产物。从正式制度来看，主要包括社会动员、政策激励和管理服务等方面的制度瓶颈；从非正式制度来看，主要是价值观瓶颈。社会力量扶贫要走出"碎片化"的实践困境，就必须突破制度瓶颈，科学进行制度安排，实现机制创新。这就要求尽快健全价值引导机制、社会动员机制、政策激励机制、信息显示机制和监督约束机制。

第五，健康扶贫观是习近平总书记对精准扶贫战略的开拓性理论探索，是马克思主义扶贫理论在当代中国的新发展，是习近平新时代中国特色社会主义贫困治理思想的核心内容。习近平健康扶贫观的政策意义在于，必须着力提升健康扶贫政策的契合度。一是要以提高贫困人口医疗保障水平为目标，优先建立健康扶贫补充保险制度；二是要以满足疾病型贫困人口的主导性需求为目标，全面实行分类分批救治；三是要以提升医疗卫生服务能力为目标，尽快改善贫困地区医疗卫生服务条件；四是要以斩断"因病滞贫"的源头为目标，积极加强贫困地区公共卫生和疾病防控工作。

第六，产业扶贫是我国扶贫开发的一种重要形式。从国外反贫困行动的实践来看，无论是发达国家还是发展中国家，都非常重视产业扶贫，特别是重视农业产业和旅游业在提高贫困农户收入水平、改善贫困农户生存状态中的作用。国外在产业扶贫形式和产业扶贫保障体系两个方面已经形成了一些实践经验。学习和借鉴这些实践经验，对我国调整新时代产业扶贫政策具有极其重要的启迪意义。这就要求我们在产业扶贫中要注重因地制宜，发展特色产业；发展农业专业合作组织，实现规模经营；开发金融和保险产品，健全保障机制；加强网络信息建设，推广"互联网+"扶贫；加强教育培训，提高农民技术水平。

第七，社会组织在贫困治理中具有天然的行动优势。国外社会组织在扶贫资源动员与路径选择两方面均已形成一些典型的理论与经验模式。在扶贫资源动员方面，已经形成了政社合作、社社合作、社会企业三种典型模式；在扶贫路径选择方面，已经形成了慈善救助、增能赋权和岗位开发三种典型模式。这些典型模式为我国完善社会组织参与精准扶贫的政策体系提供了有益的启示。一是要完善法律法规，优化社会组织的正式制度环境；二是要培育慈善文化，优化社会组织的非正式制度环境；三是要健全购买服务机制，构建扶贫政社伙伴关系；四是要鼓励服务创新，支持发展社会企业；五是要加强人才队伍建设，提升社会组织的专业能力。

第八，土地托管是资产收益扶贫的一种新探索。土地托管有利于增加贫困者的资产收益。但是，土地托管也面临着严重的实践困境：一是土地托管后由于劳动力的缺失而导致无劳动力可以转移；二是土地托管后因劳动力人力资本的缺失导致劳动力无能力转移；三是土地托管后因劳动力社会资本的缺失导致劳动力无机会转移。因此，在土地托管过程中，要更好地发挥其资产收益扶贫的作用，就必须给予托管生产与服务费用补贴；通过"能力"扶贫增强贫困家庭劳动力的发展能力；通过"机会"扶贫增加贫困家庭劳动力的就业机会。

绪　论

一、问题的提出

贫困治理是新时代中国特色社会主义社会建设的重要目标。2013 年 11 月，习近平总书记到湖南湘西考察时作出了"实事求是、因地制宜、分类指导、精准扶贫"的重要指示，首次提出了"精准扶贫"的战略构想。2014 年 1 月，中央办公厅详细规制了精准扶贫工作模式的顶层设计，推动了"精准扶贫"战略的落地。同年 3 月，习近平总书记在参加"两会"代表团审议时强调，要实施精准扶贫，瞄准扶贫对象，进行重点施策。2015 年 1 月，他在云南调研时再次强调，要坚决打好扶贫开发攻坚战，加快民族地区经济社会发展。同年 6 月，他在贵州调研时进一步强调，要科学谋划好"十三五"时期扶贫开发工作，确保贫困人口到 2020 年如期脱贫，并提出了扶贫开发"贵在精准，重在精准，成败之举在于精准"的科学论断。2015 年 10 月 29 日，党的第十八届五中全会通过的《中共中央关于制定国民经济和社会发展第十三个五年规划的建议》中指出："农村贫困人口脱贫是全面建成小康社会最艰巨的任务。必须充分发挥政治优势和制度优势，坚决打赢脱贫攻坚战。"并强调："实施精准扶贫、精准脱贫，因人因地施策，提高扶贫实效。"2015 年 11 月 29 日，中共中央、国务院出台的《关于打赢脱贫攻坚战的决定》中指出："确保中国现行标准下农村贫困人口实现脱贫，贫困县全部摘帽，解决区域性整体贫困。"为此，要"实施精准扶贫方略，加快贫困人口精准脱贫"。2017 年

10月，党的十九大报告中进一步强调："让贫困人口和贫困地区同全国一道进入全面小康社会是我们党的庄严承诺。要动员全党全国全社会力量，坚持精准扶贫、精准脱贫，坚持中央统筹省负总责市县抓落实的工作机制，强化党政一把手负总责的责任制，坚持大扶贫格局，注重扶贫同扶志、扶智相结合，深入实施东西部扶贫协作，重点攻克深度贫困地区脱贫任务，确保到二〇二〇年中国现行标准下农村贫困人口实现脱贫，贫困县全部摘帽，解决区域性整体贫困，做到脱真贫、真脱贫。"2019年10月，党的十九届四中全会报告再次强调："坚决打赢脱贫攻坚战，巩固脱贫攻坚成果，建立解决相对贫困的长效机制。"

自精准扶贫战略实施以来，中国农村扶贫效果十分显著。中国国家统计局2020年发布的统计数据表明，按现行国家农村贫困标准测算，2019年末，全国农村贫困人口551万人，比2018年末减少1109万人，下降66.8%；贫困发生率0.6%，比2018年下降1.1个百分点。分三大区域看，2019年末农村贫困人口均减少，减贫速度均超2018年。西部地区农村贫困人口323万人，比2018年减少593万人；中部地区农村贫困人口181万人，比2018年减少416万人；东部地区农村贫困人口47万人，比2018年减少100万人。①

2020年是精准扶贫的收官之年，意味着绝对贫困的彻底消除。2020年之后，中国贫困治理将进入解决相对贫困的阶段。但是，贫困治理的任务依然相当艰巨，并会持续很长一个历史时期。因此，探讨新时代中国贫困治理的基本理论及实践路径，仍然是一个具有开拓价值的重大现实课题。

二、研究综述

1. 国外研究综述

对贫困治理问题的探索，早已纳入了国际学术界的研究视野。经济学

---

① http://news.e23.cn/guonei/2020-01-24/2020012400028.html.

界早已形成了以马尔萨斯、纳克斯、纳尔逊、赫希曼为代表的一系列以经济增长促进反贫困的理论，如涓流理论、益贫性增长理论、包容性增长理论、绿色增长减贫理论等。随着舒尔茨把人力资本、阿玛蒂亚森把可行能力纳入贫困分析视野，以及马克思、缪尔达尔和刘易斯对制度贫困和文化贫困的阐释，贫困内涵由单维拓展至多维，贫困根源由个体转向结构。

　　自世界银行 1990 年提出"自我瞄准法"的概念以后，精准扶贫问题已逐渐成为了这一领域的研究焦点。Grosh（1994）提出了区域瞄准法、人口学瞄准法和群体瞄准法[①]；Parker（1997）提出社区瞄准法；Foundation（2002）建立了以瞄准、消费支持、储蓄、技能培训、资产转化为基石的"脱贫模型"（Graduation Model）；Nolan（2003）对爱尔兰的研究发现，贫困对象精准识别机制是解决贫困的关键手段；Coady 等（2004）对阿根廷的研究发现，存在弃真型和存伪型两种瞄准精度问题[②]；Weiss（2005）对亚洲 5 国的研究发现，存在贫困人口精准确认模型不完善问题；Alatas（2010）对印尼的研究发现表明，基于社区的贫困人口定位和资源配置方法效果不佳；Fiszbein 等（2013）研究发现，影响扶贫效果的两大因素是资源投入和瞄准效率[③]；Ahmed（2014）对孟加拉国的研究发现，界定贫困家庭最务实的办法是适应当地知识和风俗；Karlan & Thuysbaert（2014）对秘鲁和洪都拉斯的研究表明，精准瞄准需要将"贫困排序"和"家庭情况验证调查"相结合。值得注意的是，中国扶贫长期实行以县为主的策略备受批评。众多研究结果指出，中国扶贫瞄准到县增加了扶贫资金被挪用的风险，众多贫困人口被排除在瞄准范围之外，降低了贫困人口享有资金的比例（Riskin，1996；Wing-fai，2000）；中国信贷扶贫对贫困户的描述是无效的，较富裕穷人比绝对穷人获益更多

---

①② Coady D，Grosh M E，Hoddinott J，*Targeting of transfers in developing countries: review of lessons and experience*，World Bank，2004.

③ Fiszbein A，Schady N R，Ferreira F H G，*Conditional cash transfers: reducing present and future poverty*，World Bank Publications，2009.

（Copestake 等，2005）。

2. 国内研究综述

国内学术界对于贫困治理问题的研究主要包括以下几个方面：

（1）关于扶贫政策的演变历程。一些研究者对新中国成立以来的扶贫政策进行了梳理[①]，对中国特色社会主义扶贫道路及理论体系进行了阐述[②]。中国扶贫经历了四个历史阶段：以农村经济增长消除普遍贫困（1978—1990 年），以区域瞄准助推开发式扶贫（1991—2000 年），以整村推进深化细化扶贫工作（2001—2010 年），以精准扶贫实现贫困人口如期脱贫（2010 年至今）[③]。

（2）关于扶贫方式。学术界普遍认为，扶贫主要有以下三种方式：一是人力资源扶贫。研究者们强调教育对扶贫的重要性[④]，认为优化配置教育资源，是缩小贫困地区与发达地区差距的关键[⑤]。二是产业扶贫。研究者聚焦于产业扶贫的战略模式[⑥]、效果[⑦]和资金效率[⑧]。自 21 世纪以来，作为产业扶贫的重要方式，旅游扶贫已引起越来越多学者的关注。聚焦点主要在于旅游扶贫的实践模式[⑨]、制度瓶颈[⑩]和效益[⑪]。三是金融扶贫。研

[①] 匡远配：《中国扶贫政策和机制的创新研究综述》，《农业经济问题》2005 年第 8 期，24-28 页。

[②] 陆汉文、杨永伟：《从脱贫攻坚到相对贫困治理：变化与创新》，《新疆师范大学学报（哲学社会科学版）》2020 年第 41 期。

[③] 史志乐：《1978—2015 中国扶贫演进历程评述》，《中国市场》2016 年第 24 期。

[④] 汪三贵、李文、李芸：《我国扶贫资金投向及效果分析》，《农业技术经济》2004 年第 5 期。

[⑤] 王嵘：《贫困地区教育资源的开发利用》，《教育研究》2001 年第 9 期。

[⑥] 周应华：《武陵山区新一轮扶贫开发和农业发展的战略对策——以湘西州、恩施州为例》，《农业经济问题》2005 年第 4 期。

[⑦] 郭建宇：《农业产业化扶贫效果分析——以山西省为对象》，《西北农林科技大学学报（社会科学版）》2010 年第 10 期。

[⑧] 庞守林：《农业财政金融资金促进贫困地区经济发展的实证研究》，《中央财经大学学报》2006 年第 3 期。

[⑨] 胡锡茹：《云南旅游扶贫的三种模式》，《经济问题探索》2003 年 5 月。

[⑩] 李永文、陈玉英：《旅游扶贫开发的 RHB 战略初探》，《经济地理》2004 年 4 月。

[⑪] 张遵东、章立峰：《贵州民族地区乡村旅游扶贫对农民收入的影响研究——以雷山县西江苗寨为例》，《贵州民族研究》2011 年第 32 期。

究者指出农村小额信贷投资效果要好于财政扶贫资金[①]，具有扶贫助农的功效[②]。一些研究者探讨了小额保险对减贫的作用[③]。另一些研究者探讨了金融扶贫面临的问题，如资源配置扭曲[④][⑤]、管理制度滞后[⑥]等。

（3）关于扶贫的总体效果评价。进入 21 世纪以来，我国贫困分布由区域、整体性贫困逐渐过渡到个体性贫困[⑦]，扶贫资金效率日趋下降[⑧]，贫困深度和强度指数更加恶化[⑨]，深度贫困人口没有能力从扶贫中受益[⑩]。中国未来减贫的最大挑战是因不平等程度上升而导致经济增长的减贫效应下降，以及瞄准问题降低扶贫投资的减贫效果[⑪]。

（4）关于精准扶贫问题的研究。由于中国城乡家庭存在收入之外的多维贫困[⑫]，因此，精准扶贫是抵消经济减贫效应下降采取的必然措施，应当成为中国扶贫的主要方式[⑬]。众多研究者认为，扶贫应该实现从单维瞄准向多维瞄准的转变[⑭]，应该运用多维度贫困测度法开展精准扶贫识别

①　刘冬梅：《中国政府开发式扶贫资金投放效果的实证研究》，《管理世界》2001 年第 6 期。

②　申云、彭小兵：《链式融资模式与精准扶贫效果——基于准实验研究》，《财经研究》2016 年第 42 期。

③　赵阿兴、叶楠：《我国农村小额保险经营模式的利弊分析》，《保险研究》2008 年第 8 期。

④　黄滢晓、汪慧玲：《金融资源配置扭曲与贫困关系研究》，《贵州社会科学》2007 年第 12 期。

⑤　王鸾凤、朱小梅、吴秋实：《农村金融扶贫的困境与对策——以湖北省为例》，《国家行政学院学报》2012 年第 6 期。

⑥　董家丰：《少数民族地区信贷精准扶贫研究》，《贵州民族研究》2014 年第 35 期。

⑦　都阳、蔡昉：《中国农村贫困性质的变化与扶贫战略调整》，《中国农村观察》2005 年第 5 期。

⑧　王卓、胡梦珠：《乡村振兴战略下村干部胜任力与村庄治理绩效研究——基于西部 5 省调查数据的分析》，《管理学刊》2020 年第 33 期。

⑨　苗齐、钟甫宁：《中国农村贫困的变化与扶贫政策取向》，《中国农村经济》2006 年第 12 期。

⑩　方黎明、张秀兰：《中国农村扶贫的政策效应分析——基于能力贫困理论的考察》《财经研究》2007 年第 12 期。

⑪　洪名勇：《开发扶贫瞄准机制的调整与完善》，《农业经济问题》2009 年第 30 期。

⑫　王小林、Sabina Alkire：《中国多维贫困测量：估计和政策含义》《中国农村经济》2009 年第 12 期。

⑬　汪三贵、郭子豪：《论中国的精准扶贫》，《贵州社会科学》2015 年 5 月。

⑭　吴雄周、丁建军：《精准扶贫：单维瞄准向多维瞄准的嬗变——兼析湘西州十八洞村扶贫调查》，《湖南社会科学》2015 年 6 月。

与施策[①]。从区域比较视角，精准扶贫成效存在地区差异及原因[②]。另一些研究者探讨了精准扶贫面临的种种现实困境，如人口空心化[③]，农民自我发展能力不足[④]，自治组织能力不足和权威的缺失[⑤]，政府部门责任不清、资金匮乏、制度保障缺乏[⑥]，实际识别标准差异[⑦]以及扶贫瞄准偏离[⑧]等。

不同的学者从不同的角度探讨了精准扶贫的推进策略。这些研究主要集中在精准扶贫的机制建设方面。如，要健全精准扶贫的部门协调机制，明晰上下级扶贫部门责权与事权关系[⑨]；要健全产业扶贫机制[⑩]；要完善干部驻村工作帮扶机制[⑪]；要建立贫困退出考评机制[⑫]；要建立常设性和针对性精准扶贫机制[⑬]；要完善社会扶贫选择机制和服务体系[⑭]；要建立参与式扶贫机制，向扶贫对象赋权[⑮]；要健全精准识别机制[⑯]；要完善资产收

① 贺立龙、左泽、罗樱浦：《以多维度贫困测度法落实精准扶贫识别与施策——对贵州省50个贫困县的考察》《经济纵横》2016年7月。

② 贺东航、牛宗岭：《精准扶贫成效的区域比较研究》，《中共福建省委党校学报》2015年11月。

③ 葛志军、邢成举：《精准扶贫：内涵、实践困境及其原因阐释——基于宁夏银川两个村庄的调查》，《贵州社会科学》2015年5月。

④ 刘七军、李昭楠：《精准扶贫视角下连片特困区贫困农户自我发展能力提升研究》，《北方民族大学学报（哲学社会科学版）》2016年4月。

⑤ 万江红、苏运勋：《精准扶贫基层实践困境及其解释——村民自治的视角》，《贵州社会科学》2016年8月。

⑥ 杨秀丽：《新时代贵州农产品发展困境及对策》，《企业改革与管理》2016年第22期。

⑦ 左停、杨雨鑫、钟玲：《精准扶贫：技术靶向、理论解析和现实挑战》，《贵州社会科学》2015年8月。

⑧ 李群峰：《权力结构视域下村庄层面精准扶贫瞄准偏离机制研究》，《河南师范大学学报（哲学社会科学版）》2016年第43期。

⑨ 葛志军、邢成举：《精准扶贫：内涵、实践困境及其原因阐释——基于宁夏银川两个村庄的调查》，《贵州社会科学》2015年5月。

⑩ 全承相、贺丽君、全永海：《产业扶贫精准化政策论析》，《湖南财政经济学院学报》2015年第31期。

⑪ 王国勇、邢溦：《我国精准扶贫工作机制问题探析》，《农村经济》2015年9月。

⑫ 黄承伟：《我国脱贫攻坚若干前沿问题研究》，《中国农村研究》2016年1月。

⑬ 陆益龙：《贫困问题与农村精准扶贫（三篇）》，《甘肃社会科学》2016年4月。

⑭ 李周：《社会扶贫的回顾与展望》，《中国乡村发现》2016年6月。

⑮ 叶初升、邹欣：《扶贫瞄准的绩效评估与机制设计》，《华中农业大学学报（社会科学版）》2012年1月。

⑯ 邢成举、赵晓峰：《论中国农村贫困的转型及其对精准扶贫的挑战》，《学习与实践》2016年7月。

益扶持制度①；要引入专业社会工作②，形成政府支持、外界和本地社会支持体系的合力③。

　　资源配置是扶贫的关键环节。早有研究指出，扶贫资源配置决定着扶贫效果的好坏④；扶贫资源配置不同于区域经济增长的"集中投资"策略，而是一个逆向过程，本质上要求将资源"分散"给资源获取能力极低的贫困者，从而逐步提高投入产出比、遏制"劳动力长边"的进一步扩展趋势⑤。三年多来，精准扶贫的资源配置问题引起了众多研究者的关注。已有的研究主要集中在以下两个方面：

　　第一，关于精准扶贫资源配置的一般性问题及其成因。一些学者已经注意到了精准扶贫资源配置的一般性问题。我国扶贫工作中存在资源配置集中、扶贫监测滞后、贫困统计多口径等造成的扶贫对象甄别有偏⑥；扶贫资源配置不均衡，地区、城乡和农户间收入差距大⑦；政府主导型扶贫资源配置效率及组织效率不足。关于精准扶贫资源配置一般性问题的成因，近年来成为了众多学者的关注焦点⑧。有学者认为，导致精准扶贫资源配置困境的原因是瞄准偏差。扶贫瞄准效率低下的关键原因是缺乏有效的扶贫瞄准机制。⑨另有研究表明，资源配置与贫困人口的实际需求出现了背离："收入贫困"人口仅获32%的救助资源⑩，导致扶贫资

---

① 余佶：《资产收益扶持制度：精准扶贫新探索经济》，《杭州（周刊）》2016年3月。

② 李迎生、徐向文：《社会工作助力精准扶贫：功能定位与实践探索》，《学海》2016年4月。

③ 李雪萍、丁波：《藏区差异性城镇化动力机制及其二元结构特征——以四川甘孜藏族自治州甘孜县为例》，《中央民族大学学报（哲学社会科学版）》2015年第42期。

④ 董棣：《提高扶贫资源配置效果的途径——花邑一社扶贫资源传递试验研究》，《中国农村经济》1999年7月。

⑤ 安虎森：《贫困落后地区积累贫困的经济运行机制分析》，《南开学报》2001年4月。

⑥ 陈潇阳：《农村小额贷款项目运行效益与管理体系研究》，《西南交通大学》2014年。

⑦ 王国勇、邢溦：《我国精准扶贫工作机制问题探析》，《农村经济》2015年9月。

⑧ 李颖：《当前农村基层文化建设的研究》，《戏剧之家》2015年第24期。

⑨ 庄天慧、陈光燕、蓝红星：《农村扶贫瞄准精度评估与机制设计——以西部A省34个国家扶贫工作重点县为例》，《青海民族研究》2016年第27期。

⑩ 刘凤芹、徐月宾：《谁在享有公共救助资源？——中国农村低保制度的瞄准效果研究》，《公共管理学报》2016年第13期。

源"益贫困地区"大于"益贫困户"[①]。另有学者认为，导致精准扶贫资源配置困境的原因是精英俘获。社会阶层分化和基层社会治理结构往往导致"精英俘获"[②]；地方精英以俘获扶贫资源使用权，以资本化经营方式占有了扶贫资源的大部分收益，吸取大部分自上而下输入农村扶贫资源，经济上增加了贫困地区农民脱贫负担，也导致农村贫困代际传递。[③]还有学者认为，导致精准扶贫资源配置困境的原因是扶贫项目的执行逻辑。由于科层制之下的扶贫项目信息透明度不足，实施前的选择性平衡、实施中的反科层制逻辑、落地后的短期效应、不同层级政府的多重逻辑，导致了扶贫结果背离了精准扶贫的目标[④]。

第二，关于精准扶贫资源配置的"内卷化"问题。扶贫资源配置的"内卷化"问题早已引起了众多学者的广泛关注。任何一种制度总是要嵌入到特定的社会结构和社会文化之中，须依凭人际关系网络才能实际地发挥塑造和导引人们行为选择的作用。[⑤]研究发现，扶贫对于剩余贫困人口的政策边际效益几乎等于零。[⑥]传统扶贫模式的目标瞄准偏差，使扶贫系统陷入无实质性发展的刚性结构之中。[⑦]研究发现，由于农村社会变迁与农民分化、地方政府与地方势力结盟形成全新的乡村社会结构，吸取大部分自上而下输入农村扶贫资源，因而大量公共资源没有真正到达扶

① 张伟宾、汪三贵：《扶贫政策、收入分配与中国农村减贫》，《农业经济问题》2013年第32期。

② 李小云：《精准扶贫的三大配套措施》，《吉林党校报》2015年12月。

③ 刘升：《精英俘获与扶贫资源资本化研究——基于河北南村的个案研究》，《南京农业大学学报（社会科学版）》2015年第15期。

④ 许汉泽、李小云：《"精准扶贫"的地方实践困境及乡土逻辑——以云南玉村实地调查为讨论中心》，《河北学刊》2016年第36期。

⑤ 李汉林、渠敬东、夏传玲、陈华珊：《组织和制度变迁的社会过程——一种拟议的综合分析》，《中国社会科学》2005年第1期。

⑥ 徐月宾、刘凤芹、张秀兰：《中国农村反贫困政策的反思——从社会救助向社会保护转变》，《中国社会科学》2007年3月。

⑦ 顾昕、范西庆、高梦滔：《中国城乡社会救助筹资水平的公平性》，《国家行政学院学报》2007年1月。

贫对象手中。① 随着扶贫资金持续增加，农村贫富差距以及"输血"强劲、"造血"不足问题日益加剧。② 自 2013 年习近平总书记提出了"精准扶贫"的战略思想以来，越来越多的学者关注到了精准扶贫资源配置的"内卷化"问题。众多学者认为，"内卷化"的主要表征是资源过密化、供需失衡、边际效应递减、贫困农村内部分化加剧、可持续性脆弱等③。还有学者对精准扶贫资源配置的"内卷化"进行了类型学分析，认为"内卷化"已经形成了体制内卷化、地方分利集团结盟内卷化等多种类型④。另有学者对精准扶贫资源供给进行了结构性分析，认为行政权力直接介入、市场经济体系的利益差异和利益分化加剧了机会不平等，导致既有扶贫资源配置模式的过密化、失衡化倾向⑤。也有学者认为精准扶贫资源配置的"内卷化"产生了"梅佐乔诺陷阱"。外部资源虽然在短期内促进了贫困地区经济总量的增长，缩小了发展差距，却可能由于这种增长没有形成与其资源禀赋相适应的发展方式，导致产业结构不合理，反而阻碍了长远发展⑥。

3. 简要评价

自 20 世纪 90 年代以来，国外学术界对贫困治理问题给予了广泛瞩目。关注的焦点集中于具体方法和技术，如 Grosh（1994）提出的区域瞄准法、人口学瞄准法和群体瞄准法，Parker（1997）提出的社区瞄准法，Foundation（2002）构建的"脱贫模型"（Graduation Model），诺兰（Nolan，2003）提出的贫困对象精准识别机制，高迪（Coady，2004）发现的弃真

---

① 贺雪峰：《农民盼拆迁只是一个常识》，《社会科学报》2011 年第 7 期。
② 陈俊：《中国城镇化发展速度问题分析与建议》，《中国外资》2012 年第 24 期。
③ 王春光：《建构一个新的城乡一体化分析框架：机会平等视角》，《北京工业大学学报（社会科学版）》2014 年第 14 期。
④ 方劲：《中国农村扶贫工作"内卷化"困境及其治理》，《社会建设》2014 年第 1 期。
⑤ 李峰、赵学礼、王宏、王苗苗：《京津冀制造业转移的特征与空间效应研究——基于份额偏差模型的分析》，《河北工业大学学报（社会科学版）》2016 年第 8 期。
⑥ 庄天慧、王欢：《基于空间计量模型的四川省财政支农支出与农民增收关系的实证研究》，《中国农业大学学报》2016 年第 21 期。

型和存伪型两种瞄准精度问题。对于精准扶贫的资源配置问题，国外学术界也偶有涉猎。如阿塔斯（Alatas，2010）对印尼的研究发现表明，基于社区的资源配置方法效果不佳。可见，精准扶贫的资源配置问题尚未引起国外学术界的广泛关注。

自 2013 年以来，贫困治理问题也引起了国内学术界一定程度上的关注。已有的研究大多集中于精准扶贫的效果评价与推进策略等问题、精准扶贫资源配置的一般性问题及其成因分析和精准扶贫资源配置"内卷化"的表征描述、类型分析等方面。其中不乏一些颇有启迪意义的研究成果，如对扶贫资源配置的供给结构和乡村社会嵌入性等问题的探讨。但是，已有的研究仍然存在以下不足：

一是表现在研究视角上。以往的研究大多只关注到精准扶贫资源配置"内卷化"可能引致的社会冲突，而忽视了精准扶贫资源配置"内卷化"可能引致的社会矛盾和纠纷，即社会风险。换言之，以往的研究主要是在社会冲突范式下展开的，而鲜有在社会风险范式下展开的研究。

二是表现在研究内容上。以往的研究在研究内容的广度和深度上均有一定的欠缺。从研究内容的广度上来看，以往的研究大多只涉及精准扶贫资源配置"内卷化"的表征描述和类型分析等方面，而通过建立评价指标体系对精准扶贫资源配置"内卷化"进行识别、评价和预警方面的研究少见；从研究内容的深度上来看，以往的研究大多只对精准扶贫资源配置"内卷化"的成因及化解对策进行了较浅层次、较零散的探讨，而对精准扶贫资源配置"内卷化"的生成逻辑及矫正机制进行较深层次、较系统的研究少见。

三是表现在研究方法上。以往的研究大多属于定性分析，而对精准扶贫资源配置过程系统的定量分析不足。即使有定量分析的研究，也仅仅使用多元线性回归或 logit 模型进行统计分析，而使用结构方程模型、博弈论分析模型、模糊综合评价模型、DEA 模型等进行统计分析的研究少见。

三、研究意义

贫困治理是新时代中国特色社会主义民生建设的重要目标。本书以习近平新时代中国特色社会主义贫困治理理论为指导，遵循理论与实践相结合的研究方针，探讨新时代中国贫困治理的理论根基，构建新时代中国贫困治理的基本理论框架与实践路径，在社会学学科领域中具有独创性和先进性。因此，本书具有重大的理论意义与实践意义。从理论意义来看，本书将有助于构建新时代贫困治理的基本理论框架，拓宽社会建设研究的理论视阈，从而丰富应用社会学的理论宝库；从实践意义来看，本书将有助于构建新时代中国贫困治理的实践路径方案，从而有助于提高保障和改善民生水平，最终有助于推进新时代中国特色社会主义社会建设。

四、研究思路

本书拟立足制度主义的分析视角，运用文献研究法、逻辑演绎法和规范分析法，试图探讨新时代中国贫困治理的理论根基，构建新时代中国贫困治理的基本理论框架与实践路径，以求为推进新时代中国特色社会主义社会建设提供理论支撑。

本研究主要探讨新时代"弱有所扶"的理论基础及实践路向，主要分析精准扶贫政策与农村贫困人口需求的契合度、农村贫困人口退出标准的契合度偏差及测度转向、"因病滞贫与农村医疗保障制度改革"、社会力量扶贫的实践困境——"碎片化"、健康扶贫、产业扶贫的国外经验及其政策启示、土地托管与资产收益扶贫等问题。

第一章 新时代中国贫困治理的理论基础

要推进新时代中国贫困治理，就必须建构扎实的理论基础。从新时代中国特色社会主义主要矛盾的转变来看，新时代中国贫困治理必须以贫困类型划分理论与习近平关于贫困治理的系列论述为理论基础。

一、贫困类型划分理论

要正确甄别新时代中国贫困治理的对象，就必须遵循贫困类型划分理论。分类扶持是精准扶贫的重要实施方略和工作机制。这一点是党中央和国务院在推进精准扶贫战略中所反复强调的。2015 年 10 月，中国共产党第十八届五中全会通过的《中共中央关于制定国民经济和社会发展第十三个五年规划的建议》中明确指出："实施精准扶贫、精准脱贫，因人因地施策，提高扶贫实效。分类扶持贫困家庭，对有劳动能力的支持发展特色产业和转移就业，对'一方水土养不起一方人'的实施扶贫搬迁，对生态特别重要和脆弱的实行生态保护扶贫，对丧失劳动能力的实施兜底性保障政策，对因病致贫的提供医疗救助保障。实行低保政策和扶贫政策衔接，对贫困人口应保尽保。"同年 11 月，中共中央、国务院共同出台的《关于打赢脱贫攻坚战的决定》中也明确指出，要健全精准扶贫工作机制，就必须"根据致贫原因和脱贫需求，对贫困人口实行分类扶持"。可见，要有效推进精准扶贫战略，就必须在实践中正确落实分类扶持的工作机制。而要正确落实分类扶持的工作机制，就必须对贫困人口进行科学的类型划分。可以说，科学的贫困类型划分是正确落实分类扶持工作机制的关键环节。

（一）关于贫困类型划分的几种学术观点

贫困研究属于发展社会学或发展经济学的重要领域。国外学术界早已涉足这一领域。国内学术界关于贫困研究主要始于20世纪90年代初期。由于贫困类型划分是贫困研究的基本问题，因此，关于贫困类型划分的研究也引起了众多研究者的瞩目。不同的研究者由于研究目的的不同通常站在不同视角上予以关注。从已有研究来看，学术界关于贫困类型划分的研究已形成了"成因分类说"、"性质分类说"、"程度分类说"三种代表性学术观点。

1. 成因分类说

"成因分类说"是以贫困成因为标准而对贫困类型进行划分的一种学术观点。这是在贫困类型划分研究方面最普遍的一种研究视角。吴国宝根据贫困的致因，将贫困类型划分为资源制约型贫困（资金、土地等方面的缺乏，表现为区域性贫困和群体性贫困）和能力约束型贫困（体力、智力、技能等方面的缺乏，表现为个体贫困）两种。[①]周静茹基于六盘山回族地区贫困成因的特殊性，将贫困划分为历史性贫困、资源性贫困、能力型贫困和制度性贫困四类。[②]王瑞军等将贫困类型划分为生产生活条件恶劣型、生产生活条件落后型、技能缺乏型、产业滞后型四种。[③]邓遂认为临海地区贫困是家庭自身原因与社会原因综合作用的产物，为此，他将临海地区家庭贫困划分为认知观念性贫困（生育观念、职业观念、迷信）、社会风险性贫困（失业、疾病等）、临海社会转型性贫困、临海经济开发型贫困和家庭结构性贫困五大类型。[④]王建民和陆德全将少

---

① 吴国宝：《对中国扶贫战略的简评》，《中国农村经济》1996 年第 8 期，26-30 页。

② 周静茹：《六盘山回族地区反贫困研究》，兰州大学 2014 年。

③ 王瑞军、马国旗、晁君杰等：《从"扶农"到"扶贫"定西为百姓脱贫精准发力》，《老区建设》2014 年第 19 期，52-54 页。

④ 邓遂：《临海家庭贫困类型分析》，《经济研究导刊》2013 年第 27 期，258-259 页。

数民族地区的贫困划分为"自然资源匮乏性贫困"、"与市场连接不足或过度依赖而导致的贫困"、"开发过程中制度缺失导致的贫困"和"基本社会服务体系欠缺而导致的贫困"四种类型。[①]郭利平运用聚类分析法，将云南文山州50个特困乡分为生态脆弱型、基础设施落后型和交通偏僻型三种类型，并通过三种类型所表现出来的不同特征提出了不同的政策建议。[②]朱金鹤和崔登峰以新疆国家级贫困县为研究对象，从"新疆国家级贫困县的贫困是人力资本水平低下、社会文化落后和制度缺失等多种因素共同作用形成恶性循环产生的贫困"的基本思路出发，将贫困类型划分为生态贫困（自然灾害多）、地域贫困（地理位置偏僻、基础设施落后）、民族贫困（少数民族人口多）、文化教育贫困（受教育水平低）、市场竞争引致性贫困（资源被掠夺）和制度性贫困（社会保障制度、教育制度、财政制度等）六类。[③]任晓冬和高新才以人地关系理论为基础，分析了喀斯特环境与贫困的关系，将喀斯特地区的贫困划分为喀斯特石漠化型、水资源缺乏型、自然保护与生存冲突型、环境污染型、自然灾害型五类。[④]冯彦通过对滇西北"大河流域"区贫困人口的粮食收入、现金收入、耕地拥有量、资源利用水平等多种致贫因素进行研究后，认为可将贫困人口基本划分为经济贫困型、粮食或耕地缺乏贫困型、能源缺乏贫困型、水资源利用缺乏贫困型和失去生存条件贫困型五大类型。[⑤]

2.性质分类说

"性质分类说"是以贫困内涵或属性为标准而对贫困类型进行划分的一种学术观点。这是在贫困类型划分研究方面较为常见的一种研究

---

① 王晓毅：《反思的发展与少数民族地区反贫困——基于滇西北和贵州的案例研究》，《中国农业大学学报（社会科学版）》2015年第4期，5-14页。

② 郭利平：《文山州特困乡贫困类型划分》，《云南地理环境研究》2001年第1期，78-86页。

③ 朱金鹤、崔登峰：《新形势下新疆国家级贫困县的贫困类型与扶贫对策》，《农业现代化研究》2011年第3期，276-280页。

④ 任晓冬、高新才：《喀斯特环境与贫困类型划分》，《农村经济》2010年第2期，55-58页。

⑤ 冯彦：《滇西北"大河流域"区贫困类型及脱贫研究》，《云南地理环境研究》2001年第1期，87-93页。

视角。韦璞根据贫困概念的内涵，将贫困类型划分为广义贫困与狭义贫困、客观贫困与主观贫困两类。[①] 张鲜华根据贫困性质，将贫困类型划分为普遍性贫困、制度性贫困、区域性贫困和阶层性贫困四类。[②] 张永丽根据贫困性质差异和脱贫难度，将贫困划分为绝对贫困和相对贫困、长期性贫困和暂时性贫困、物质性贫困和能力性贫困等不同类型。[③] 杨树燕依据不同国家和地区的贫困性质，将贫困划分为广义贫困与狭义贫困、客观贫困与主观贫困、长期贫困与暂时贫困、区域贫困与个人贫困四类。[④] 冯贺霞等人认为，贫困是人类基本能力缺失的结果，而不仅仅是收入不足，因而既存在货币收入方面的贫困，也存在非货币收入方面的贫困，从这种因素出发，他们将贫困划分为收入贫困与非收入贫困两大类型。[⑤] 安强以南疆三地州为研究区，根据贫困的归属不同，将贫困划分为经济型贫困、社会型贫困和生态型贫困三种类型。[⑥] 康晓光根据贫困人口生活质量的群体性差异，把贫困划分为制度性贫困、区域性贫困和阶层性贫困三类。[⑦] 汤夺先、高朋根据对"贫困"内涵的不同解释，将失地农民的贫困划分为经济贫困、精神文化贫困、权利贫困（就业权、社会保障权、子女平等受教育权以及选举与被选举权等）与能力贫困四类。[⑧] 党国英从工业发展的角度考察了贫困发生主体的范围差异，

① 韦璞：《贫困、贫困风险与社会保障的关联性》，《广西社会科学》2015 年第 2 期，134–141 页。

② 张鲜华：《甘肃省精准扶贫的现实困境与可行路径选择》，《兰州财经大学学报》2017 年第 1 期，103–109 页。

③ 张永丽：《"教育致贫"悖论解析及相关政策建议——以甘肃省 14 个贫困村为例》，《西北师大学报（社会科学版）》2017 年第 2 期，20–29 页。

④ 杨树燕：《流动儿童发展性贫困现状研究》，《新西部（理论版）》2017 年第 3 期，12–13 页。

⑤ 冯贺霞、王小林、夏庆杰：《收入贫困与多维贫困关系分析》，《劳动经济研究》2015 年第 6 期，38–58 页。

⑥ 安强、杨兆萍、徐晓亮等：《南疆三地州贫困与旅游资源优势空间关联研究》，《地理科学进展》2016 年第 4 期，515–525 页。

⑦ 康晓光：《中国贫困与反贫困理论》，广西人民出版社 1995 年。

⑧ 汤夺先、高朋：《城市化进程中失地农民的贫困问题及其治理》，《中国人口：资源与环境》2012 年第 8 期，114–120 页。

认为当今世界的贫困可划分为前工业文明之下的普遍贫困、工业文明时代的局部贫困以及个人禀赋或"运气"引起的随机发生的贫困三种类型。①

3. 程度分类说

"程度分类说"是以贫困程度为标准而对贫困类型进行划分的一种学术观点。这也是在贫困类型划分研究方面较为常见的一种研究视角。李实等人的研究具有代表性。他们根据贫困程度将城镇贫困划分为持久型贫困、暂时型贫困和选择型贫困三种类型：所谓持久型贫困，是指某一时期人们的收入和消费都低于贫困线；所谓暂时型贫困，是指收入低于贫困线而消费高于贫困线的状况（这种情况主要是由他们的持久收入高于现期收入，他们有储蓄或者可以根据其预期的收入和资产状况借款消费）；所谓选择型贫困，是指家庭虽然有高于贫困线的收入，但是由于过去或未来有着特殊的支出需要不得不将其现在消费压低到贫困线以下。②张建华根据贫困程度，将贫困划分为极贫困、很贫困和较贫困三种类型。③张鲜华根据贫困程度，将贫困类型可划分为绝对贫困和相对贫困两种。④谭贤楚和朱力根据对湖北省恩施州的实证研究结果，将西部民族地区转型期的农村贫困划分为生存型贫困（基本生活没有保障，基本的生存受到威胁）、温饱型贫困（文化、经济等发展方面比较困难，比如子女教育问题、社会保障问题等）、发展型贫困（个体因谋求社会生活的进一步发展而面临的一种发展受限的生活状态）三种基本类型，并发现绝大多数贫困人口属于温饱型贫困（占调查对象的65%）。⑤此外，还有一些学者用持久型贫困、暂时型贫困和选择型贫困的贫困类型划分法研究了

---

① 党国英：《贫困类型与减贫战略选择》，《改革》2016年第8期，68-70页。
② 李实、John、Knight：《中国城市中的三种贫困类型》，《经济研究》2002年第10期，47-58、95页。
③ 张建华：《大同市农村科技扶贫问题及对策研究》，山西农业大学2016年。
④ 张鲜华：《甘肃省精准扶贫的现实困境与可行路径选择》，《兰州财经大学学报》2017年第1期，103-109页。
⑤ 谭贤楚、朱力：《贫困类型与政策含义：西部民族山区农村的贫困人口——基于恩施州的实证研究》，《未来与发展》2012年第1期，109-113页。

重点国有林区职工家庭的贫困问题和移民搬迁农户的贫困问题。[①②]

　　毋庸置疑，在扶贫史上，关于贫困类型划分研究上的"成因分类说"、"性质分类说"、"程度分类说"三种代表性观点都发挥过一定的工具主义价值。可以说，正确认识贫困的成因、性质和程度，是开展扶贫工作的基础。但是，由于"成因分类说"、"性质分类说"、"程度分类说"对贫困类型划分的标准不同，侧重点也就不同，因此，它们均具有单向性、静态性和混沌性的实践局限性。这就意味着，无论用"成因分类说"还是"性质分类说"，抑或是用"程度分类说"去指导精准扶贫中的分类扶持工作，均难以达到预期的效果。换言之，从实践指导意义来看，"成因分类说"、"性质分类说"、"程度分类说"三种贫困类型划分观点都不利于正确落实精准扶贫中的分类扶持工作。因此，要正确落实精准扶贫中的分类扶持工作，就必须对贫困类型划分进行再认识，必须凸显贫困类型划分的实践指导意义。

　　（二）收入型贫困与支出型贫困：对贫困类型划分的再认识

　　要凸显贫困类型划分的实践指导意义，就必须凸显贫困类型划分的综合性、动态性和简约性。从综合性来看，贫困类型划分必须对贫困的成因、性质和程度进行全面考察；从动态性来看，贫困类型划分必须将贫困视为一个"贫困—脱贫—返贫"的循环变化过程；从简约性来看，贫困类型划分必须有利于增强分类扶持的针对性。这就要求，要对贫困类型划分进行再认识，就必须立足于综合性、动态性和简约性三个基本维度。在这方面，诺贝尔经济学奖获得者阿玛蒂亚·森的观点给了我们有益的启示。他认为，贫困的真正含义是贫困人口创造收入能力和机会的贫困，因而贫困不是单纯由于低收入造成的，还要考虑诸如高额医疗、

---

　　① 刘伟、黎洁、李聪等：《移民搬迁农户的贫困类型及影响因素分析——基于陕南安康的抽样调查》，《中南财经政法大学学报》2015 年第 6 期，41–48 页。

　　② 朱洪革、胡士磊：《重点国有林区职工家庭贫困类型及影响因素研究》，《农林经济管理学报》2017 年第 1 期，105–113 页。

养老、教育、住房等等带来的高额支出。①这就是说，贫困类型划分既应该考虑贫困人口的收入状况，更应该考虑贫困人口的支出状况。从这个角度来看，我们可以将贫困划分为收入型贫困和支出型贫困两种类型。所谓收入型贫困，是指那些因家庭劳动力不足、家庭结构残缺，或因家庭成员患有重大疾病、残疾等，或因家庭所处的自然环境、经济、社会、文化等限制，使得整个家庭获取财富的能力不足而造成的贫困。所谓支出型贫困，是指将家庭收入中的绝大部分甚至全部收入用于支出和消费，使得家庭积累少甚至举债生活而造成的贫困。支出型贫困最显著的特征是因病、因学、因突发性事件等带来的家庭刚性支出过大，远远超出家庭的承受能力。无论是收入型贫困还是支出型贫困，都是对贫困的成因、性质和程度的全面考察，都是将贫困视为一个动态的循环过程，都有利于增强分类扶持的针对性，因而契合了贫困类型划分的综合性、动态性和简约性三个基本要求。

1. 收入型贫困

从收入角度界定贫困，贫困是一种收入不足带来的经济困境。无论是经典贫困理论还是贫困经验研究，基本上都是从收入角度来定义贫困的。经典贫困理论中的结构主义认为，制度设置、政策安排带来的社会不平等是造成收入型贫困的根源；经典贫困理论中的文化主义认为，文化要素（知识、技能等文化资本）和贫困文化是造成收入型贫困的根源。由于在贫困山区，受恶劣的地理环境、落后的技术水平、闭塞的信息渠道以及生产要素配置不合理等方面的制约，社会化生产通常在低效甚至负效的层次上重复进行，导致投入多、产出少，结果是社会净产值率低，国民收入难以有效增长，②因此，贫困经验研究将自然条件制约、经济区

---

① ［印度］阿马蒂亚·森：《贫困与饥荒》，商务印书馆2001年。
② 王太清：《贫困山区走出国民收入困境的思考——对郧西县国民收入运行轨迹的分析》，《经济评论》1993年第5期，55-59页。

位的劣势以及人口问题作为导致农民陷入收入困境的根源。[①]

2013年4月，习近平总书记在海南考察时指出："小康不小康，关键看老乡。要大力促进农民增加收入，不要平均数掩盖了大多数，要看大多数农民收入水平是否得到提高。"2015年1月，他在人民大会堂同中央党校第一期县委书记研修班学员座谈交流时又强调："扶贫工作要只争朝夕，绝不能让贫困地区群众掉队，也不能让'平均收入'掩盖了'不平均'。"2015年11月，他在中央扶贫开发工作会议上指出："到2020年，通过产业扶持，可以解决3000万人脱贫；通过转移就业，可以解决1000万人脱贫；通过易地搬迁，可以解决1000万人脱贫，总计5000万人左右。还有2000多万完全或部分丧失劳动能力的贫困人口，可以通过全部纳入低保覆盖范围，实现社保政策兜底脱贫。"无论是通过产业扶持、转移就业、易地搬迁脱贫还是实现社保政策兜底脱贫，其目的都是为了提高农村贫困人口的收入水平。可见，就当前我国的扶贫工作而言，贫困更多的是一个收入问题，是一个经济问题。

由于农村贫困地区经济发展水平滞后，因此贫困人口收入结构较为单一，收入来源多为在家务农。[②]我国农村贫困人口的家庭收入主要由工资性收入、经营性收入、财产性收入、政策性收入和社会支持性收入（慈善、亲属资助、社会帮扶）五部分组成。农村贫困人口的家庭经营性收入和工资性收入是极其微薄的，集体土地承包权和个人住宅是他们持有的主要资产，也是个人成本分担的核心来源。[③]根据《2015中国农村贫困监测报告》的统计结果显示，农村贫困人口收入水平只相当于农村常住居民收入水平的24.4%。从收入结构来看，农村贫困人口收入更

---

① 郑晓园：《农村消费型贫困的发生机理与治理策略——以鄂东S镇农民建房为例》，《湖南农业大学学报（社会科学版）》2016年第4期，42–48页。

② 秦国伟、刘利敏、卫夏青：《皖西北地区农村综合改革助推精准扶贫研究——以界首市刘寨村为例》，《安徽行政学院学报》2016年第5期，67–70页。

③ 王海宝、施国庆、严登才：《精准扶贫视角下扶贫移民成本分担机制的构建》，《云南社会科学》2016年第6期，42–47页。

加依赖农业，农村贫困人口收入来源中约四成来自第一产业经营；与全国农村平均水平相比，贫困地区农村居民工资性收入占比低 6.9 个百分点，财产净收入低 0.9 个百分点。①一项针对我国草原牧区贫困人口的调查显示，2009 年牧区农牧民人均收入 4411.39 元，仅是全国农民人均水平的 85.6% 和全国城乡居民人均收入的 41.0%。②一项针对北京地区的研究表明，1992—2008 年低收入人口平均收入从 1650 元增加到 9929 元，年均增长 11.9%，高收入人口平均收入从 3912 元增加到 44471 元，增长16.4%，而贫困人口人均收入从 1508 元增加到 2008 年的 4559 元，年均仅增长 7.1%。如果考虑价格因素的影响，2004 年、2007 年和 2008 年，低收入人口的人均收入甚至出现了负增长，而同期高收入人口的增长速度均保持在 10% 以上。③可见，无论是东部地区还是西部地区，无论是发达城市还是欠发达农村，贫困人口都面临着低收入困境。

　　基于收入视角的贫困，与生理最低需要相联系，低于这个需要，人就不能正常成长和生活。因此，收入型贫困一般通过"贫困线"进行衡量，贫困线指特定时空条件下维持人们基本生存所必须消费的最低费用。④我国现行的贫困线标准是"2010"标准。按相应年份的价格水平，2015年是 2855 元。⑤为反映近十年来全球不断上升的生活成本，2015 年 10月 4 日，世界银行按照购买力平价计算将国际贫困线标准从此前的一人一天 1.25 美元上调到 1.9 美元（2011 年购买力平价，PPP）。⑥如果按

① 国家统计局：《2015 中国农村贫困监测报告》，中国统计出版社 2015 年。

② 马林、张扬：《我国草原牧区可持续发展模式及对策研究》，《中国草地学报》2013年第 2 期，104–109 页。

③ 刘扬、赵春雨：《我国城镇低收入群体动态变迁及微观致贫因素分析——以北京市为例的考察》，《城市发展研究》2010 年第 8 期，99–105 页。

④ 唐平：《中国农村贫困标准和贫困状况的初步研究》，《中国农村经济》1994 年第 6 期，39–43 页。

⑤ 中共中央组织部干部教育局等：《精准扶贫　精准脱贫——打赢脱贫攻坚战辅导读本》，党建读物出版社 2016 年。

⑥ 钱亚梅：《论风险社会的责任机理》，《湖北师范学院学报：哲学社会科学版》2017年第 1 期，71–77 页。

照世界银行 2015 年 10 月修订的国际贫困线标准，中国的贫困人口人数在世界上同样排名第三，预测显示 2015 年世界贫困人口中约有 7% 居住在中国。[①] 国际经济合作与发展组织提出以一个国家或地区居民收入平均水平的 1/2 或 1/3 作为这个国家或地区的贫困线。[②] 按照 2016 年我国农村居民人均可支配收入 12363 元的标准[③]，1/2 的标准是 6181.5 元，1/3 的标准是 4121 元。无论是 1/2 标准的 6181.5 元，还是 1/3 标准的 4121 元，都比 2016 年我国 3000 元左右的贫困线标准高。

2. 支出型贫困

从收入角度研究贫困可以很好地界定属于绝对贫困的家庭，根据这种理论构建的城市居民最低生活保障制度也较好地覆盖了这些绝对贫困群体，保障了他们的最低生活需要。然而，随着社会的发展，一部分收入高于最低生活保障线、由于遭遇种种家庭难以承受的刚性支出而陷入贫困的居民却难以得到制度的保障。[④] 也就是说，收入只能反映人类发展和贫困的一个方面，但不能充分反映收入之外其他维度的贫困状况，如因病、因学、因突发性事件等导致的支出型贫困。[⑤] 近年来随着物价的不断上涨以及医疗、教育服务成本的上升，一部分贫困家庭的人均收入虽然超过了低保标准，但因家中有必须支出的大额开支（如看病、上学等）致使家庭支出过大，远远超出家庭收入的承受能力，实际生活水平仍然处于绝对贫困状态。[⑥] 类似这样的"支出型贫困"的大量增多，已引起了

[①] 高传胜：《重构社会帮扶体系的思考》，《苏州大学学报（哲学社会科学版）》2016 年第 6 期，22–27 页。

[②] 广东省统计局农村处课题组：《广东农村贫富差距问题研究》，《调研世界》2012 年第 2 期，27–31 页。

[③] 《2016 年中国居民人均可支配收入情况分析》，中国产业信息网，见 http://www.chyxx. com/industry/201702/491941.html？ winzoom=1。

[④] 路锦非、曹艳春：《支出型贫困家庭致贫因素的微观视角分析和救助机制研究》，《财贸研究》2011 年第 2 期，86–91 页。

[⑤] 刘文龙：《当前精准扶贫存在的问题》，《合作经济与科技》2017 年第 3 期，185–187 页。

[⑥] 林闽钢：《城市贫困救助的目标定位问题——以中国城市居民最低生活保障制度为例》，《东岳论丛》2011 年第 5 期，13–19 页。

社会的广泛关注。从实际情况来看，一些"支出型贫困"家庭的生活比"收入型贫困"家庭还要困难。

根据《2015 中国农村贫困监测报告》的统计结果显示，农村贫困人口消费支出水平只相当于全国农村常住居民平均水平的 30.1%。从消费支出结构看，农村贫困人口七成以上的消费支出用于满足衣食住这些基本的生存需求，用于改善生活质量的其他各项消费支出较少。① 一项针对黑龙江省农村贫困地区的研究表明：2015 年典型贫困户家庭总支出平均为 28170.46 元，其中 45% 用于医疗支出，23% 用于家庭经营支出（主要为种植业和养殖业生产成本），13% 用于教育费用，12% 用于日常生活支出，7% 用于其他支出（主要为随礼和子女生活费）；贫困户家庭总支出大于家庭总收入，家庭收支不均衡，赤字现象普遍。② 城乡差异分析发现，农村地区的食品、医疗、教育支出占比高于城市地区。家庭消费性支出中，支出型贫困家庭医疗支出、教育支出和住房支出明显高于一般性居民家庭，成为导致家庭贫困支出过高的三大关键项目。③ 有的支出型贫困家庭甚至出现"吃药挤占吃饭"或"交了学费难买米"的窘况。④ 相关研究还显示，残疾人家庭人均医疗康复支出是全国居民医疗保健支出的 1.7 倍，是典型的支出型贫困人群。⑤

疾病问题是目前导致贫困的最重要原因之一，也是支出型贫困的主要成因。⑥ 疾病不仅可以使一个家庭收入型贫困，还会形成支出型贫困，

---

① 国家统计局：《2015 中国农村贫困监测报告》，中国统计出版社 2015 年。
② 杜国明、冯悦、杨园园：《黑龙江省农村贫困地域特征与精准扶贫策略研究》，《农业经济与管理》2016 年第 6 期，5–14 页。
③ 王瑜、杨晓军：《基于定量视角的支出型贫困分析》，《新西部（理论版）》2017 年第 3 期，10–11 页。
④ 沈琰：《要重视"支出型贫困"》，《经济》2010 年第 5 期，60–60 页。
⑤ 陈莹、陈岩：《推进"海云工程"建设 促进农村健康扶贫——以宁德市为例》，《中外企业家》2016 年第 34 期，238–241 页。
⑥ 王错：《积极救助的中国探索：精准扶贫与低保制度的衔接——基于政府职能的考量》，《福建行政学院学报》2016 年第 6 期，48–54 页。

而最终的负面效应（陷入绝对贫困）是两种效应的综合。① 自 2013 年习近平总书记提出精准扶贫的战略思想以来，全党上下齐心协力将脱贫攻坚作为一项政治任务来抓，取得了举世瞩目的成就。2013 年至 2016 年 4 年间，每年农村贫困人口减少都超过 1000 万人，累计脱贫 5564 万人；贫困发生率从 2012 年底的 10.2% 下降到 2016 年底的 4.5%，下降 5.7 个百分点。② 但是，根据国务院扶贫办于 2016 年底所进行的"回头看"数据统计显示，因病致贫、因病返贫户的占比不仅没有下降，反而上升到 44.1%。与 2013 年的 42.4% 相比，增加了近两个百分点。③ 以上情况都说明，因病支出型贫困已成为当前贫困人口脱贫的最大"拦路虎"。如果因病带来的"支出型贫困"没有被有效遏制，又必然导致病与贫之间的恶性循环：疾病—支出加大—贫困加深—无力医治—疾病加重……而这种恶性循环的最终结果就是"因病滞贫"，即因常年受到疾病的纠缠而只能长期滞留在贫困的境地。④

（三）对贫困类型划分进行再认识的政策意义

将贫困类型划分为收入型贫困和支出型贫困两种类型，既凸显了贫困类型划分的综合性、动态性和简约性，又凸显了贫困类型划分的实践指导意义。这种实践指导意义就在于在精准扶贫中要有效推进分类扶持的工作机制，就必须以消除收入型贫困和减少支出型贫困为目标进行有针对性的政策调整。这一点已为许多脱贫村中的非脱贫户的主导性需求所佐证。

---

① 褚亮：《贫困人口医疗救助的经济学分析》，复旦大学 2009 年。

② 《习近平：更好推进精准扶贫精准脱贫 确保如期实现脱贫攻坚目标》，新华网，见 http://news.xinhuanet.com/2017-02/22/c_1120512040.htm。

③ 《健康扶贫是脱贫攻坚战的重要一环》，中国经济网，见 http://health.ce.cn/news/201607/05/t20160705_4011302.shtml。

④ 陈成文：《从"因病滞贫"看农村医疗保障制度改革》，《探索》2017 年第 2 期，39–43 页。

1. 以消除收入型贫困为目标，着力提高农村贫困人口的工资性收入和资产性收入

（1）着力提高农村贫困人口的工资性收入。由于工资性收入是收入差距的主要来源，因此，当前要有效提高农村贫困人口的收入水平，就必须制定有利于贫困人口的就业政策，让更多的贫困人口参与经济活动。第一，要加强贫困人口的技能培训。受教育水平、劳动技能以及信息的获取能力等诸多因素的限制，农村贫困人口在获取工资性收入的机会和能力上均处于劣势地位。[①] 也就是说，农村贫困人口的工资性收入与他们的受教育水平、劳动技能以及信息的获取能力等因素密切相关。这些因素决定着农村贫困人口就业能力的高低。在这些影响因素中，提升农村贫困人口的受教育水平，不仅是促进贫困人口掌握脱贫致富本领、阻断贫困代际传递的根本之举，也是提高他们工资性收入的根本之策。但是，提升农村贫困人口的受教育水平，需要长期的"扶智"政策作为支持，短时间内效果不明显。在这些影响因素中，提高农村贫困人口就业能力最直接、见效最快的方法就是提升他们的劳动技能。因此，必须开展技能培训，提升扶贫对象的就业能力。一是开展"订单式"技能培训。要大力开展劳动力转移培训、农村实用技术培训、就业技能培训和创业培训等专题培训、实训。二是鼓励企业开展扶贫性就业培训。鼓励园区企业优先招用扶贫对象，对园区企业与新招聘的扶贫对象签订劳动合同并开展岗前培训的，给予企业相应的培训补贴。第二，增加公益性工作岗位。一是开发村组公益性就业岗位。要抓好公益性岗位的适度开发和规范管理，试点开发社会治安协管、乡村道路维护、保洁保绿等村组公益性岗位，促进贫困家庭就业人员实现就地就近就业。二是整合现有政府购买公益性岗位。要整合现有乡镇、社区的政府购买公共服务公益性岗

---

① 汪三贵、刘未：《以精准扶贫实现精准脱贫：中国农村反贫困的新思路》，《华南师范大学学报（社会科学版）》2016 年第 5 期，110–115 页。

位，优先安排贫困家庭中符合岗位条件的劳动者在公共卫生服务、劳动保障协管等政府购买公益性岗位就业。

（2）着力提高农村贫困人口的资产性收入。2015 年 11 月 29 日，中共中央、国务院共同出台的《关于打赢脱贫攻坚战的决定》（以下简称《决定》）中明确提出了"探索资产收益扶贫"的精准扶贫方略，并指出："在不改变用途的情况下，财政专项扶贫资金和其他涉农资金投入设施农业、养殖、光伏、水电、乡村旅游等项目形成的资产，具备条件的可折股量化给贫困村和贫困户，尤其是丧失劳动能力的贫困户。……支持农民合作社和其他经营主体通过土地托管、牲畜托养和吸收农民土地经营权入股等方式，带动贫困户增收。"资产收益扶贫是指将自然资源、公共资产（资金）或农户权益资本化或股权化，相关经营主体利用这类资产产生经济收益后，贫困村与贫困农户按照股份或特定比例获得收益的扶贫项目。[1] 资产收益扶贫的核心是"股权量化、按股分红、收益保底"，具体做法是将贫困户获得的财政补贴资金、拥有的土地和集体资产等以资产形式投入到企业、合作社等经营性组织，使贫困户能够作为股东获得股息，以增加其财产性收入。[2] 由于资产收益扶贫不依赖农户的独立经营能力，因此是扶持失能和弱能贫困人口的一种有效模式。当前，要在吸收和借鉴我国部分地区资产收益扶贫成功经验的基础上，不断创新资产收益扶贫的模式。鼓励到户的产业帮扶资金（尤其是丧失劳动能力的贫困户的产业帮扶资金）投入金融、设施农业、工业、乡村旅游等领域，实现资产收益。支持农民合作社和其他经营主体通过托管贫困户产业基地和吸收农民土地经营权入股等方式带动贫困户增收。

---

[1] 汪三贵：《增加财产性收入是贫困人口脱贫的有效途径》，见 http://politics.people.com.cn/n1/2016/1017/c1001-28785527.html。

[2] 戴旭宏：《精准扶贫：资产收益扶贫模式路径选择——基于四川实践探索》，《农村经济》2016 年第 11 期，22-26 页。

2. 以减少支出型贫困为目标，着力提高农村社会保障制度的契合度

（1）着力增强农村医疗保障制度的衔接性。医疗保障不仅是我国多层次社会保障制度体系的重要组成部分，而且也是一项托底保障困难群众基本医疗权益的制度安排。[①]它是切断"疾病—支出加大—贫困加深—无力医治—疾病加重……"这一恶性循环链条的有效手段，是"因病滞贫"这一现实困境的有效化解机制。正因如此，《决定》中明确提出了"开展医疗保险脱贫"的精准扶贫方略，并指出："实施健康扶贫工程，保障贫困人口享有基本医疗卫生服务，努力防止因病致贫、因病返贫。对贫困人口参加新型农村合作医疗个人缴费部分由财政给予补贴。"当前，必须建立新型农村合作医疗、新农合大病保险、农村贫困人口重大疾病商业补充保险、城乡医疗救助四道防线相衔接的农村医疗保障体系，着力解决由"因病滞贫"造成的支出型贫困问题。第一，新型农村合作医疗和大病保险制度要对农村贫困人口实行政策倾斜，门诊统筹率先覆盖所有农村贫困地区。第二，要将农村贫困人口全部纳入重特大疾病救助范围，使他们的大病救治得到有效保障。第三，针对农村贫困对象设立疾病医疗商业补充保险。可按照一定的筹资标准以政府购买服务的方式为建档立卡贫困对象购买疾病医疗商业补充保险，并实行统一的补偿方案。

（2）着力创新农村社会救助制度。社会救助是指由政府承担责任，为城乡贫困家庭提供物质帮助，使这些家庭能够抵御生存危机、维持基本生活的一种社会保障制度。最低生活保障制度是当前我国最重要的一项社会救助制度。最低生活保障是一种补差型现金救助制度，是政府为无法通过自身努力获得维持基本生活的足够经济收入的群众提供的物质帮助。[②]随着党中央和国务院将"实施农村最低生活保障制度兜底脱贫"

[①] 徐娜、田固：《医疗救助在健康扶贫中的作用及思考》，《中国医疗保险》2016 年第 11 期，34—36 页。

[②] 中共中央组织部干部教育局等：《精准扶贫　精准脱贫——打赢脱贫攻坚战辅导读本》，党建读物出版社 2016 年。

列为实施精准扶贫的重要方略以来，大多数生活特别困难的农村人口都已经进入低保范围。然而，由于低保政策规定只计算家庭收入，不考虑家庭支出，因此导致了一些因病、因学、因突发性事件等原因产生的困难户难以被低保制度所瞄准。有些家庭收入虽好于低保家庭，但偶然遇到的病灾打击会造成较大甚至巨大的家庭开支，继而陷入生活困境。① 这说明社会救助的核定标准需要进一步考虑考察家庭的收支平衡状况，特别是要充分考虑不同类型困难群众的基本需求及其家庭刚性支出。② 因此，当前必须综合考虑收入、支出两方面的贫困，强调基本生活救助对收入性贫困的兜底作用及专项救助对支出型贫困的"弥补短板"作用。③ 要构建收入型贫困与支出型贫困相结合的识别系统，创新农村贫困人口的社会救助体系。第一，构建由低保以及其他生活救助制度组成的收入型贫困救助体系。收入型贫困救助体系以低保线为贫困识别指标，面向低保线以下的贫困人口。第二，构建由专项救助制度组成的支出型贫困救助体系。支出型贫困救助体系以各种必要支出为贫困识别指标，面向低保线以上的贫困人口。

二、习近平关于贫困治理的系列重要论述

习近平关于贫困治理的系列重要论述是新时代中国贫困治理的重要理论基础。贫困治理问题一直是习近平总书记所关注的重大民生问题。他在党的十九大报告中指出："让贫困人口和贫困地区同全国一道进入全面小康社会是我们党的庄严承诺。"④ 自 2013 年 11 月提出"精准扶贫"的

---

① 马庆钰、马福云：《社会救助政策及其执行缺陷的矫正》，《行政管理改革》2016 年第 12 期，38–42 页。

② 林闽钢：《城市贫困救助的目标定位问题——以中国城市居民最低生活保障制度为例》，《东岳论丛》2011 年第 5 期，13–19 页。

③ 李运华、魏毅娜：《贫困衡量视角下"精准"救助的体制机制构建》，《东北大学学报》社会科学版 2017 年第 1 期，61–66 页。

④ 习近平：《摆脱贫困》，福建人民出版社 2016 年。

战略构想以来[①]，习近平总书记始终坚持"以人民为中心"的发展思想，对贫困治理的战略理念、战略目标、战略举措和战略格局等问题进行了诸多开拓性的探索，逐渐形成了关于贫困治理的系列重要论述。习近平关于贫困治理的系列重要论述是对过去三十多年扶贫开发经验的系统概括与科学提炼，是马克思主义扶贫理论在当代中国的新发展，是习近平新时代中国特色社会主义思想的重要组成部分，也是我国打赢脱贫攻坚战的重要理论指南。2016年井冈山在全国率先实现脱贫。井冈山的率先脱贫不仅体现了井冈山对习近平关于贫困治理系列重要论述的坚定遵循，而且也体现了井冈山对习近平关于贫困治理系列重要论述的创造性运用。

（一）习近平关于贫困治理系列重要论述的内容体系

2013年是习近平总书记实现扶贫开发由理念向理论转变的历史性跃升的一年。这一年，他在对我国二十多年扶贫开发经验和教训进行了历史性反思和战略性判断的基础上创造性地提出了精准扶贫理论。2013年11月，他在湖南省湘西土家族苗族自治州花垣县调研时，首次提出了"实事求是、因地制宜、分类指导、精准扶贫"的战略构想。2014年开始，国家将每年的10月17日设立为"扶贫日"。在首个"扶贫日"上，习近平总书记强调："全面建成小康社会，最艰巨最繁重的任务在贫困地区。各级党委、政府和领导干部对贫困地区和贫困群众要格外关注、格外关爱，履行领导职责，创新思路方法，加大扶持力度，善于因地制宜，注重精准发力。"[②]2015年6月，他在贵州召开部分省区市党委主要负责同志座谈会上进一步将精准扶贫浓缩为"六个精准"[③]。同年11月，在中央

---

① 佚名：《习近平论扶贫工作——十八大以来重要论述摘编》，《党建》2015年第12期，5—7、13页。

② 佚名：《习近平论扶贫工作——十八大以来重要论述摘编》，《党建》2015年第12期，5—7、13页。

③ 即扶持对象精准、项目安排精准、资金使用精准、措施到户精准、因村派人精准、脱贫成效精准。

扶贫开发工作会议上他创造性地将精准帮扶概括为"解决三个问题"①。
2016 年 3 月，他又提出了"扶到点上、扶到根上"、"做好对口支援工作"、
"加强东西部扶贫协作"、"推动区域协调、协同、共同发展"、"建立长效
扶贫机制"等扶贫理念。经过近五年的扶贫实践，2017 年 2 月，他在主
持中共中央政治局第三十九次集体学习时总结出了"五条经验"②，并对精
准扶贫工作提出了"七个强化"③。很显然，习近平总书记的精准扶贫理论
已经构成了一个系统完整、逻辑严密的科学体系。它不仅实现了习近平
新时代中国特色社会主义扶贫开发思想的历史性跃升，而且成为习近平
新时代中国特色社会主义扶贫开发思想的核心内容。作为一个系统性理
论体系，习近平总书记的精准扶贫理论可以概括为"一个核心"、"四个
目标"、"六个精准"和"一个格局"。

1. 以发展为核心的战略理念

发展是习近平总书记系列重要讲话的"高频词"。党的十八大以来，
在习近平总书记的公开讲话和文章中，发展被提及上百次。精准扶贫是
习近平在全面了解中国贫困状况的基础上，对新时期中国贫困问题进行
深入的分析后提出的契合中国实际的扶贫战略理念。发展是这一战略理
念的核心，是摆脱贫困的总办法。早在 1988 年，习近平总书记就提出了
在贫困地区搞超常发展是完全可能的。他指出："贫困地区完全可以依靠
自身的努力、政策、长处、优势在特定领域实现'弱鸟先飞'。"④在习近
平总书记关于精准扶贫的诸多论述中均体现了"发展"这一核心理念。
2012 年 12 月，他在河北省阜平县考察扶贫开发工作时指出："注重增强
扶贫对象和贫困地区自我发展能力，注重解决制约发展的突出问题，努

---

① 即解决好"扶持谁"、"谁来扶"和"怎么扶"的问题。
② 即：加强领导是根本；把握精准是要义；增加投入是保障；各方参与是合力；群众参与
是基础。
③ 即：强化领导责任；强化资金投入；强化部门协作；强化东西协作；强化社会合力；强
化基层活力；强化责任落实。
④ 习近平：《摆脱贫困》，福建人民出版社 2016 年。

力推动贫困地区经济社会加快发展。"2013 年 11 月，他在湖南和山东考察时又指出："发展是甩掉贫困帽子的总办法……要紧紧扭住发展这个促使贫困地区脱贫致富的第一要务，立足资源、市场、人文旅游等优势，因地制宜找准发展路子。"2015 年 7 月，他在吉林调研时再次指出："要全面把握发展和民生相互牵动、互为条件的关系，通过持续发展强化保障和改善民生的物质基础，通过不断保障和改善民生创造更多有效需求。"①

党的十八大以来，习近平总书记在深刻把握我国经济社会建设所处的时代背景的基础上，对毛泽东、邓小平等老一辈国家领导人的发展观进行了拓展和创新。在十八届五中全会上，他提出"创新、协调、绿色、开放、共享"五大发展理念②。2017 年 10 月 18 日，他在中国共产党第十九次全国代表大会所作报告中再次强调："发展是解决我国一切问题的基础和关键，发展必须是科学发展，必须坚定不移贯彻创新、协调、绿色、开放、共享的发展理念。"习近平以发展为核心的扶贫战略理念与他的发展观是一脉相承、相互联系的。具体而言，"创新"发展理念指引我们在精准扶贫实践中要注重创新扶贫模式；"协调"发展理念指引我们在精准扶贫实践中要注重整体性效益，注重各参与主体的协调一致；"绿色"发展理念指引我们在精准扶贫实践中要注重绿色可持续发展；"开放"发展理念指引我们在精准扶贫实践中要注重推动多元开放的扶贫格局；"共享"发展理念指引我们在精准扶贫实践中要注重扶贫成果切实惠及广大贫困对象。

2."两不愁，三保障"和"一高于，一接近"的战略目标

2012 年 12 月，习近平总书记在河北省阜平县考察扶贫开发工作时指出："深入推进扶贫开发……到 2020 年稳定实现扶贫对象不愁吃、不愁

---

① 《习近平论扶贫工作——十八大以来重要论述摘编》，《党建》2015 年第 12 期。
② 徐苑琳：《扶贫路上不能少了文化力量》，《人民论坛》2017 年第 19 期，84–85 页。

穿，保障其义务教育、基本医疗、住房，是中央确定的目标。"2013年11月，他在山东菏泽调研时又指出，扶贫开发"要紧紧扭住包括就业、教育、医疗、文化、住房在内的农村公共服务体系建设这个基本保障，编织一张兜住困难群众基本生活的安全网，坚决守住底线"。2014年11月，他在福建调研时再次指出："加快科学扶贫和精准扶贫，办好教育、就业、医疗、社会保障等民生实事，支持和帮助贫困地区和贫困群众尽快脱贫致富奔小康。"①2015年11月，他在中央扶贫开发工作会议上再次强调："'十三五'期间脱贫攻坚的目标是，到2020年稳定实现农村贫困人口不愁吃、不愁穿，农村贫困人口义务教育、基本医疗、住房安全有保障；同时实现贫困地区农民人均可支配收入增长幅度高于全国平均水平、基本公共服务主要领域指标接近全国平均水平。"可见，实现扶贫对象不愁吃、不愁穿，义务教育、基本医疗、住房安全有保障，支持和帮助所有贫困地区和贫困人口一道迈入全面小康社会，是习近平精准扶贫思想的战略目标。

精准扶贫理论中所体现出来的战略目标与习近平总书记的民生观是一脉相承、相互联系的。习近平总书记高度重视和改善民生，并对毛泽东、邓小平等老一辈国家领导人的民生观进行了继承和发展。2012年11月，他在党的十八届一中全会上发表讲话时就强调，要"着力保障和改善民生"。②2017年10月18日，他在中国共产党第十九次全国代表大会所作报告中再次强调："必须多谋民生之利、多解民生之忧，在发展中补齐民生短板、促进社会公平正义，在幼有所育、学有所教、劳有所得、病有所医、老有所养、住有所居、弱有所扶上不断取得新进展。"可见，习近平精准扶贫的战略目标是建立在其民生观基础上的。也就是说，扶贫开发要以改善民生为基本目的，以实现共同富裕为根本方向。

① 《习近平论扶贫工作——十八大以来重要论述摘编》，《党建》2015年第12期。
② 习近平总书记系列讲话精神学习读本课题组：《习近平总书记系列讲话精神学习读本》，中共中央党校出版社2013年。

3."六个精准"的战略举措

在对精准扶贫战略理念和战略目标进行科学定位的基础上，习近平总书记又对精准扶贫的实践要求进行了独具特色的探索，开拓性地提出了"六个精准"的战略举措，即扶持对象精准、项目安排精准、资金使用精准、措施到户精准、因村派人（第一书记）精准、脱贫成效精准。

扶持对象精准即是要对扶贫对象进行精准识别。精准识别是精准扶贫工作的前提和基础，没有精准识别，也就不可能有精准扶贫[①]。精准识别包括贫困户的精准识别和致贫原因的精准识别两个方面。而这其中又以贫困户的精准识别最为重要。正因如此，在习近平总书记所提出的"六个精准"中，"扶持对象精准"被置于首要地位。习近平总书记在关于精准扶贫的系列重要讲话中，多次强调过精准识别问题。2015年10月，他在"2015减贫与发展高层论坛"上深刻地指出，要"找到'贫根'，对症下药，靶向治疗"[②]。同年11月，他在中央扶贫开发工作会议上又指出："要解决好'扶持谁'的问题，确保把真正的贫困人口弄清楚，把贫困人口、贫困程度、致贫原因等搞清楚，以便做到因户施策、因人施策。"2016年2月，他在井冈山调研考察时强调："扶贫、脱贫的措施和工作一定要精准，要因户施策、因人施策，扶到点上、扶到根上，不能大而化之。"同年4月，他在安徽考察时又指出："做好精准扶贫，建档立卡制度要坚持，依靠群众精准找到和帮助贫困户。"习近平总书记的这一系列讲话不仅深刻地诠释了什么是精准识别，更指出了怎样去践行精准识别。

项目安排精准即是要在选择、安排扶贫项目上做到精准无误。项目精准对精准扶贫的其他环节特别是措施落实情况和脱贫成效，具有直接

---

① 洪名勇、洪霓：《论习近平的精准扶贫思想》，《河北经贸大学学报》2016年第6期，1-5页。

② 《习近平论扶贫工作——十八大以来重要论述摘编》，《党建》2015年第12期，5-7、13页。

而重要的决定作用。2015 年 1 月，习近平总书记在云南考察工作时指出：
"项目安排和资金使用都要提高精准度，扶到点上、根上，让贫困群众
真正得到实惠。"同年 4 月，他在中共中央政治局第二十二次集体学习时
指出："中央要做好政策制定、项目规划……省级要做好目标确定、项目
下达……市（地）县要做好进度安排、项目落地。"由于致贫原因的综合
性和差异性，扶贫项目必须是综合性的，需要短期和长期扶持项目相结
合①。比如在生态环境恶劣、资源极度匮乏的贫苦地区，应当以易地搬迁
安置扶贫为主；在经济发展基础较差，但具有一定发展条件的贫困地区，
就应当以扶持生产和就业、教育扶贫等为主，为当地经济发展"输血"，
激发群众脱贫致富的积极性和"造血"功能。为此，2015 年 12 月，习近
平总书记在中央扶贫开发工作会议上提出了"五个一批"，即：发展生产
脱贫一批，易地搬迁脱贫一批，生态补偿脱贫一批，发展教育脱贫一批，
社会保障兜底一批。

　　资金使用精准就是要提升扶贫资金使用的精准度与效率，确保扶贫
资金落实到贫困村和贫困户。2012 年 12 月，习近平总书记在阜平顾家
台村的座谈会上指出："我非常不满意，甚至愤怒的是扶贫款项被截留和
挪作他用。"②2015 年 11 月，他在中央扶贫开发工作会议上又指出："要
加大扶贫资金整合力度。要做好金融扶贫这篇文章，加快农村金融改革
创新步伐。要加强扶贫资金阳光化管理，集中整治和查处扶贫领域的职
务犯罪，对挤占挪用、层层截留、虚报冒领、挥霍浪费扶贫资金的要从
严惩处。"③习近平总书记关于资金使用精准的系列论述表明，扶贫资金的
使用要与建档立卡结果相衔接，围绕激发贫困群众内生力、增强贫困群

---

①　汪三贵、刘未:《"六个精准"是精准扶贫的本质要求——习近平精准扶贫系列论述探析》，
《毛泽东邓小平理论研究》2016 年第 1 期，40—43、93 页。

②　《习近平论扶贫工作——十八大以来重要论述摘编》，《党建》2015 年第 12 期，5—7、
13 页。

③　《习近平论扶贫工作——十八大以来重要论述摘编》，《党建》2015 年第 12 期，5—7、
13 页。

众自我发展能力，由"大水漫灌"向"精准滴灌"转变，由偏重"输血"向注重"造血"转变，切实发挥扶贫资金的使用效益，确保"扶真贫""真扶贫""真脱贫"①。

农户致贫原因千差万别，即使同一个村庄，户与户之间也有所不同，因此，扶贫政策也应多样化、有针对性。措施到户精准就是要根据不同地区、不同人群、不同致贫原因精准地设计帮扶策略，克服以往一刀切、大而全的帮扶弊端②，即习近平总书记所说的"对症下药、精准滴灌、靶向治疗"。习近平总书记不仅多次谈到措施精准的重要性，而且对如何做到措施精准进行了科学论述。2015 年 6 月，他在贵州召开部分省区市党委主要负责同志座谈会上指出："要坚持因人因地施策，因贫困原因施策，因贫困类型施策，区别不同情况，做到对症下药、精准滴灌、靶向治疗，不搞大水漫灌、走马观花、大而化之。"③2016 年 1 月，他在重庆调研时再次强调，要"明确靶向，量身定做、对症下药，真正扶到点上、扶到根上"。习近平总书记针对措施精准的一系列论述是对过去不精准扶贫工作方式方法的根本性改革，能够有效提高脱贫攻坚的精准度和有效性。

正如治病救人的关键在医生一样，扶贫工作的关键在于精准派人。精准派人的本质要求就是要实现在脱贫一线凝聚起强大的核心力量，确保各项扶贫举措得到有效落实。这一核心力量就是党组织④。换而言之，要确保各项扶贫举措得到有效落实，就必须加强党的领导，落实领导责

---

① 中共中央组织部干部教育局：《精准扶贫精准脱贫——打赢脱贫攻坚战辅导读本》，党建读物出版社 2016 年。

② 陈成文：《牢牢扭住精准扶贫的"牛鼻子"——论习近平的健康扶贫观及其政策意义》，《湖南社会科学》2017 年第 6 期，63—70 页。

③ 《习近平论扶贫工作——十八大以来重要论述摘编》，《党建》2015 年第 12 期，5—7、13 页。

④ 早在 1992 年习近平总书记担任中共宁德地委书记时就指出："党对农村的坚强领导，是使贫困的乡村走向富裕道路的最重要保证""脱贫越深入，农村第一线党组织的力量越要增强"。（参见习近平：《摆脱贫困》，福建人民出版社 2016 年版，第 159—162 页）

任，建立自上而下的精准扶贫管理体制。2015 年 11 月，习近平总书记在中央扶贫开发工作会议上指出："各级党委和政府必须坚定信心、勇于担当。要层层签订脱贫攻坚责任书、立下军令状。要把脱贫攻坚实绩作为选拔任用干部的重要依据，在脱贫攻坚第一线考察识别干部，激励各级干部到脱贫攻坚战场上大显身手。要把夯实农村基层党组织同脱贫攻坚有机结合起来，选好一把手、配强领导班子。"① 可以说，习近平总书记的精准派人思想是扶贫管理的一次大飞跃，有效解决了"如何将扶贫工作落到实处"这一难题。

成效是精准脱贫措施的衡量标准。高成效的脱贫不仅仅是实现扶贫对象的"两不愁，三保障"，还在于扶贫资源的高效率利用，即确保扶贫对象有进有出，使扶贫资源始终作用于真正的贫困对象。这就表明，脱贫成效精准实质上体现的是一种精准退出。精准退出是习近平总书记精准扶贫战略举措的重要组成部分，也是避免"数字脱贫"和虚假脱贫的关键环节。习近平总书记对精准退出问题也发表过一系列重要论述。2015 年 11 月 28 日，他在中央扶贫开发工作会议上明确指出："精准扶贫是为了精准脱贫。要设定时间表，实现有序退出，既要防止拖延病，又要防止急躁症。要留出缓冲期，在一定时间内实行摘帽不摘政策。要实行严格评估，按照摘帽标准验收。要实行逐户销号，做到脱贫到人，脱没脱贫要同群众一起算账，要群众认账。"② 习近平总书记的精准退出思想以脱贫实效为依据，以群众认可为标准，为建立严格、规范、透明的贫困退出机制提供了方向指引，有助于促进贫困人口、贫困村、贫困县在 2020 年以前有序退出。

---

① 中共中央组织部干部教育局：《精准扶贫精准脱贫——打赢脱贫攻坚战辅导读本》，党建读物出版社 2016 年。

② 《习近平论扶贫工作——十八大以来重要论述摘编》，《党建》2015 年第 12 期，5—7、1 页。

4. 政府、社会、市场协同推进的"三位一体"战略格局

精准扶贫资源配置的方式是多种多样的，既有行政组织配置，也有社会力量配置（包括市场组织配置、社会组织配置和公民个体配置）。在当前我国精准扶贫资源配置正面临着严重的"内卷化"①的困境下，广泛动员社会力量参与扶贫开发是必然之举②。这是因为社会力量扶贫是精准扶贫资源配置的一种补充性吸纳机制，有利于实现精准扶贫资源配置的广泛性③。也就是说，扶贫开发不是政府"单打独斗"，而是要整合一切资源，动员一切社会力量，形成精准扶贫大格局。习近平总书记的精准扶贫大格局思想也充分体现在他所发表的一系列扶贫论述中。2015 年 6 月，他在贵州召开部分省区市党委主要负责同志座谈会上强调："要坚持专项扶贫、行业扶贫、社会扶贫等多方力量、多种举措有机结合和互为支撑的'三位一体'大扶贫格局。"④同年 7 月，他在吉林调研时又指出，要"广泛动员社会力量扶危济困"。同年 10 月，他在 2015 减贫与发展高层论坛上再次指出："我们坚持动员全社会参与，发挥中国制度优势，构建了政府、社会、市场协同推进的大扶贫格局，形成了跨地区、跨部门、跨单位、全社会共同参与的多元主体的社会扶贫体系。"⑤理想的扶贫过程应该是一个贫困户在政府的帮助下主动脱贫的过程。也就是说，扶贫对象也是贫困治理多元主体中最为重要的参与主体。正因如此，2017 年 2 月，习近平总书记在主持中共中央政治局第三十九次集体学习时又进一步强调："贫困群众既是脱贫攻坚的对象，更是脱贫致富的主体。要注重扶贫同扶志、扶智相结合，把贫困群众积极性和主动性充分调动起来，引导

---

① 易棉阳：《论习近平的精准扶贫战略思想》，《贵州社会科学》2016 年第 5 期，139–144 页。

② 陈成文、吴军民：《从"内卷化"困境看精准扶贫资源配置的政策调整》，《甘肃社会科学》2017 年第 2 期，112–117 页。

③ 陈成文、陈建平：《社会组织与贫困治理：国外的典型模式及其政策启示》，《山东社会科学》2018 年第 3 期，58–66 页。

④ 《习近平论扶贫工作——十八大以来重要论述摘编》，《党建》2015 年第 12 期，5–7、1 页。

⑤ 《习近平论扶贫工作——十八大以来重要论述摘编》，《党建》2015 年第 12 期，5–7、1 页。

贫困群众树立主体意识，发扬自力更生精神，激发改变贫困面貌的干劲和决心，靠自己的努力改变命运。"① 很显然，习近平总书记的这一系列论述中包含着两个重要的"构建"：一是多元主体和多重资源的构建；二是志与智的构建。

（二）习近平关于贫困治理系列论述的精神实质

习近平关于贫困治理的系列论述不仅是对过去 30 多年扶贫开发经验的总结与提升，也是马克思主义扶贫理论在当代的新发展。② 马克思主义经典作家的消除贫困思想主要探讨了贫困产生的制度根源、解决无产阶级贫困化问题的根本之策。③ 这是习近平关于贫困治理系列论述形成的最主要的理论基石和最重要理论基础。马克思主义反贫困理论有三个重要的核心内容：一是无产阶级贫困的根源在于资本主义制度；二是消除贫困的根本途径是消灭剥削制度；三是在社会主义（共产主义）制度基础上，能够通过大力发展生产力来消除贫困。④ 习近平关于贫困治理系列论述在扶贫目标、致贫原因、扶贫主体、扶贫内容等方面继承了马克思主义的反贫困理论。⑤ 习近平关于贫困治理系列论述的理论渊源不仅包括马克思主义贫困与反贫困理论，还包括中国共产党历届领导集体的扶贫思想和我国的优秀传统文化。在他的贫困治理思想中继承和发扬了老一辈领导人的"共同富裕"思想。他曾指出："消除贫困、改善民生、实现共同富裕，是社会主义的本质要求。"⑥ "消除贫困是社会主义的本质要求"这一论断，是习近平总书记对于社会主义本质的最新发展。⑦ 此外，以人民为中心的

　　① 陈成文、陈建平：《社会组织与贫困治理：国外的典型模式及其政策启示》，《山东社会科学》2018 年第 3 期，58–66 页。

　　② 易棉阳：《论习近平的精准扶贫战略思想》，《贵州社会科学》2016 年第 5 期，139–144 页。

　　③ 郝涛：《习近平扶贫思想研究》，湖南大学，2017 年。

　　④ 欧健、刘晓婉：《十八大以来习近平的扶贫思想研究》，《社会主义研究》2017 年第 6 期，13–21 页。

　　⑤ 张赛群：《习近平精准扶贫思想探析》，《马克思主义研究》2017 年第 8 期，33–40 页。

　　⑥ 王辉：《试论习近平扶贫观》，《人民论坛》2015 年第 20 期，208–210 页。

　　⑦ 蒋永穆、周宇晗：《习近平扶贫思想述论》，《理论学刊》2015 年第 11 期，11–18 页。

发展思想和为民情怀，在习近平关于贫困治理系列论述中有着重要体现，构成其重要的理论品格。[①] 习近平总书记的贫困治理思想也是在参考国外反贫困理论和实践模式的基础上不断深化和提升的，其中提升贫困人口发展能力、因地制宜扶贫、国家福利救济以及国家有效干预等思想，对习近平关于贫困治理系列论述的形成具有重要的参考价值。[②]

习近平总书记关于贫困治理的系列论述，综合运用了战略思维、系统思维和精准思维，蕴含着鲜明的唯物辩证法思维[③]，体现着坚定的唯物史观立场、科学的唯物主义认识论方法。[④] 习近平关于贫困治理系列论述是发展理念的反映，是其治国理念的重要组成部分，从根本上阐明了发展"为了谁"的问题，提出要切实维护最广大人民的根本利益，就是要让全体人民共享发展成果；[⑤] 体现着创新理念、协调理念、绿色理念、开放理念、共享理念。[⑥] 习近平关于贫困治理系列论述从中国共产党人的历史使命、全面建成小康社会的内在要求、社会主义初级阶段的现实要求和社会主义本质的必然要求等方面论述了扶贫工作的必然性和必要性，针对党的十八大以前扶贫工作中存在的一系列问题，相应地提出了精准扶贫、转变扶贫方式、加强扶贫民主法治建设、社会治理与扶贫并重、依靠基层党组织扶贫等重要论断；[⑦] 反映了党对自身历史使命的自觉认识和对人民负责的担当精神，是对社会主义生产力发展与追求共

---

① 张琦、杨增崇：《习近平扶贫开发战略思想的理论品格》，《人民论坛》2018 年第 4 期，63-64 页。
② 苟颖萍、白冰：《习近平精准扶贫思想浅析》，《西南交通大学学报（社会科学版）》2017 年第 3 期，122-128 页。
③ 刘明合、李霞：《习近平扶贫开发思想探析》，《学校党建与思想教育》2017 年第 6 期，80-82 页。
④ 王辉：《试论习近平扶贫观》，《人民论坛》2015 年第 20 期，208-210 页。
⑤ 孙康、陈琦：《习近平扶贫开发思想的理论体系、价值遵循与行动路径》，《中南民族大学学报（人文社会科学版）》2018 年第 2 期，10-14 页。
⑥ 王金艳：《习近平扶贫开发理念探析》，《理论学刊》2016 年第 10 期，18-23 页。
⑦ 王安忠：《习近平扶贫思想探析》，《学习论坛》2017 年第 12 期，19-23 页。

同富裕互为动力的社会主义制度优越性的规律把握。①概括来看，实事求是、精准发力，是习近平贫困治理理论的首要特征；标本兼治、深处着力，是习近平贫困治理理论的重要特征；着眼大局、形成合力，是习近平贫困治理理论的鲜明特征；从严治党、强化主力，是习近平贫困治理理论的最本质特征。②

（三）"井冈山模式"：习近平关于贫困治理系列论述的实践成果

2016年底，井冈山市贫困发生率降至1.6%，低于国家2.0%的贫困县退出标准；贫困村从2015年的35个减少到6个，退出率达83%，远高于江西省60%的贫困县退出要求；贫困户人均纯收入由2013年的2600元增长到4500元以上③。基本实现了"农村贫困人口不愁吃、不愁穿，农村贫困人口义务教育、基本医疗、住房安全有保障，农村最低生活保障标准和贫困农户人均可支配收入增幅高于全市平均水平，贫困村基本公共服务领域主要指标接近全市平均水平"。井冈山的率先脱贫，不仅充分地彰显了习近平精准扶贫理论的实践魅力，而且也有力地体现了井冈山对习近平精准扶贫理论的创造性运用。

1. 对习近平关于贫困治理战略理念的创造性领悟

井冈山的扶贫实践正是以习近平总书记的发展理念为战略指导，将发展作为脱贫攻坚的根本，坚持以发展增收带动贫困户及贫困村脱贫致富。一方面，井冈山按照"一户一丘茶园，一户一片竹林，一户一块果园，一户一人务工"的"四个一"产业扶贫要求，重点发展茶竹果产业，全力实施农业产业"231"富民工程（力争在"十三五"期间，打造20万

---

① 蒋英州：《使命担当与理论开创：习近平精准扶贫思想的新时代意义》，《四川师范大学学报（社会科学版）》2018年第1期，48—54页。

② 杨力源：《习近平新时代扶贫攻坚工作思想的基本特征》，《毛泽东思想研究》2018年第1期，43—48页。

③ 2017年4—7月，我们的研究团队多次赴井冈山进行实地调查，除对相关政府、企业、农民的访谈外，也专门针对农民进行了问卷调查。文中所引材料，除注明出处外，均来自这一实地调查。

亩茶叶、30 万亩毛竹、10 万亩果业）。另一方面，井冈山大力发展扶贫产业合作社，实现了贫困户加入产业合作社全覆盖。同时开展"旅游＋扶贫"、"电商＋扶贫"、资产收益扶贫等多种扶贫模式。2016 年，井冈山全市新增种茶面积 2 万亩，毛竹低改 1.65 亩，果业 1 万亩；35 个贫困村发展主导产业 3500 亩，短期效益产业 3500 亩；共投入产业扶贫资金 6942 万元，使竹果产业面积达到 28.3 万亩，覆盖贫困户 2320 户，户均年增收 1500 元；"旅游＋扶贫"、"电商＋扶贫"、资产收益扶贫等模式则实现户均增收 2000 元以上 [①]。从调研中发现，井冈山对习近平总书记精准扶贫战略理念的创造性践行具体体现在发展要求、发展方式和发展策略上。

（1）发展要求："四个到位"

在发展要求上，井冈山确定了"四个到位"。一是政策保障到位。结合实际，井冈山制定出台了《加快农业产业发展助推脱贫攻坚实施意见》，成立了"茶竹果"重点产业发展领导小组，明确了 2016 年至 2020 年每年的发展目标和任务。二是资金扶持到位。井冈山积极整合财政、扶贫等涉农项目和资金 5000 万元，按照"统筹规划、相对集中、各负其责、各记其功"的原则，将赣南等原中央苏区和特困区产业扶贫资金 2239.4 万元及资产收益扶贫试点资金 1000 万元全部用于扶持 4163 户建档立卡红蓝卡户的产业帮扶。三是资产收益到位。井冈山成立了市金融产业指导委员会，注册了井冈山惠龙宝产业投资有限公司。根据贫困户自愿的原则，井冈山所有红卡户以政府扶持的每户 1 万元产业帮扶资金入股惠龙宝公司。股东年收益率按不低于股本金的 15% 标准执行。四是技术指导到位。井冈山从农业局、林业局等相关部门抽调技术人员 20 余人成立技术帮扶工作队，对原地选择、基地规划、品种选育、基地管理、果实采摘等产前、产中、产后各个生产环节进行技术指导，为农业产业的发

---

① 文中的相关数据如未作特别说明，均是截止到 2016 年底。

展保驾护航。

（2）发展方式："四个结合"

在发展方式上井冈山坚持了"四个结合"。一是结合美丽乡村建设。井冈山大力实施老乡工程，动员广大农户利用房前屋后、庭院、村旁路旁的空闲地、荒坡荒地、自有林地发展富民产业，既带动了贫困户增收又美化了环境。二是结合撂荒地整治工作。井冈山把消灭撂荒土地与脱贫攻坚有机结合，充分利用撂荒土地发展产业，切实增加贫困群众收入。采取"统一翻耕、统一流转、统一规划、统一种植，按股分红，贫困户全覆盖"模式，在撂荒地种植玉米、大豆、芝麻等经济作物，确保贫困户持续性收益。三是结合全域性旅游概念。井冈山是红色旅游胜地，旅游资源丰富。因此，依靠旅游资源优势，发展"旅游＋农业产业"模式是必然的发展方式。四是结合"互联网＋"概念。井冈山顺应时代潮流，完善网络基础设施，积极搭建电商平台，拓宽销售渠道，帮助贫困户把资金、技术、管理"引进来"，把资源、产品、服务"卖出去"。截至2016年底，已建立"村邮乐购·农村 e 邮"电商扶贫站点 18 个，让井冈山的精准扶贫搭上了互联网的时代快车。

（3）发展策略："四个一批"

在发展手段上井冈山突出了"四个一批"。一是龙头企业带动一批。即推行"龙头企业＋合作社＋贫困户"产业扶贫模式。这种模式又分为两种形式：一种形式是贫困户通过流转土地、参与发展和优先务工从龙头企业获得收入；另一种形式是以"订单"为联结，由龙头企业和贫困村、贫困户签订农产品购销协议，实现"订单脱贫"。二是合作组织吸纳一批。即推行"农民专业合作社＋基地＋贫困户"产业扶贫模式。贫困户以资金、土地、山林资源或劳动力入股等形式参与合作社，在合作社产业发展中取得各类收益。三是能人大户联动一批。即推行"能人大户＋公司（合作社）＋贫困户"或"能人大户＋贫困户"产业扶贫模式。鼓励本地群众创业兴业、外出人员返乡创业、外来人员投资兴业。鼓励这些能人大户通过各类形式吸收、组织、带领贫困户增收脱贫。四是"党建+"促动一批。即推行"党员+贫困户"的产业扶贫模式。党员干部尤其是贫困村的党员干部积极发挥资源、智力、信息和管理优势，带领贫困对象挖掘资源，发展特色产业。

2. 对习近平关于贫困治理战略目标的创造性领悟

井冈山牢记习近平总书记精准扶贫思想的战略目标，为自己的扶贫确立了"两个确保"、"两不愁，三保障，两高于，一接近"、"六有五通"三大总体目标。

（1）"两个确保"

一是确保贫困发生率控制在 1.89% 以内；二是确保"十三五"期间 35 个贫困村中 33 个脱贫摘帽。

（2）"两不愁，三保障，两高于，一接近"

"两不愁"指稳定实现扶贫对象不愁吃不愁穿；"三保障"指贫困人口的义务教育、基本医疗和住房安全有保障；"两高于"指农村最低生活保障标准和贫困农户人均可支配收入增幅均高于全市平均水平；"一接近"指贫困村基本公共服务领域主要指标接近全市平均水平。为此，井冈山延伸织密贫困家庭医保、低保、社保、教育"四张保障网"，完善大病救助制度，实施健康扶贫工程，加大医疗救助、临时救助、慈善救助等帮扶力度，实现了农村低保与扶贫开发保障措施的有效衔接。将无力无业的红卡户（特困户）全部纳入低保或政府救助保障范围，切实做到了应保尽保，应扶尽扶。当前，井冈山贫困户人均纯收入已由2013 年的 2600 元增长到 4500 元以上，基本实现"两不愁、三保障、两高于、一接近"的扶贫目标。

（3）"六有五通"

"六有"指贫困村有特色富民产业、有专业合作组织、有产业风险补偿抵押担保贷款互助资金会、有标准化卫生室、有综合性文化服务中心、有新村新貌，"五通"指通水泥路、通安全饮用水、通动力电、通广播电视、通宽带网络。为了实现这一目标，近三年，井冈山整合涉农扶贫资金 7.47 亿元，实施了 1800 多个项目，实现了 25 户以上自然村全部通水泥路、通自来水、移动通信网络和电力全覆盖，且所有行政村卫生室、文化室、党建活动室均达标。井冈山已实现贫困村生产生活设施大变样。

3. 对习近平关于贫困治理战略举措的创造性领悟

井冈山以习近平总书记关于"六个精准"的战略论断为指针，从精准识别、项目精准、资金精准、措施精准、精准落实和精准退出六个方面对精准扶贫的具体举措进行了创造性的践行。

（1）井冈山对习近平"扶持对象精准"论断的践行

在对象识别方面，井冈山摒弃了以往贫困识别过程中的"大概印象、笼统数据"，精准聚焦"对象是谁？程度怎样？数量多少？如何分布？"。在具体的识别过程中，井冈山以"村内最穷、群众公认"为原则，严格按照"一访、二榜、三会、四议、五核"①的程序进行对象识别，确保"精准扶贫、不落一人"。在贫困户建档立卡上，井冈山创造性地提出红卡（特困户）、蓝卡（一般贫困户）、黄卡（2014 年实现脱贫的贫困户）建档立卡办法。在精准"扫描"每一户贫困户的基础上，用三色卡标记不同程度的贫困户，做到心中有数，一目了然。在贫困对象的识别过程中，井冈山严格执行识别标准，不符合贫困标准的一律排除在识别范围之外，符合标准的一个不落。井冈山还建立了精准扶贫大数据管理平台。通过大数据管理，确保每一户贫困户的基本情况一目了然，致贫原因和脱贫门路清晰可查。通过这一系列精准识别举措，井冈山做到了变"面上掌握"为"精准到人"，共识别出贫困户 4638 户（16934 人），其中红卡户 1483 户、5014 人，蓝卡户 2218 户、7787 人，黄卡户 937 户、4133 人。

---

① "一访"即走访农户；"二榜"即在村和镇张榜集中公示；"三会"即分别召开村民代表大会、村委两会、乡镇场党政班子会；"四议"即通过村民小组提议、村民评议、村两委审核、乡镇场党政班子决议；"五核"即村民小组核对、村两委审核、驻村工作组核实、乡仲裁小组核查、乡镇场党政班子会初核。

（2）井冈山对习近平"项目安排精准"论断的践行

井冈山深刻领会习近平总书记"项目安排精准"论断的要义，以"十大工程"①为抓手，以产业扶贫、安居扶贫、保障扶贫为龙头，让"项目资金跟着穷人走"。在产业扶贫方面，一是推进"产业＋"，实现"资源变资产、资金变股金、农民变股东"；二是推进"旅游＋"，变"单一为综合、过客为常客、潜力为实力"，如建立了菖蒲金葡萄园、国家农业科技园八角楼园区等一批农业观光项目，吸引了大批自驾游游客旅游观光、采摘体验，让一大批种菜、种果的贫困群众都成为了受益者；三是推进"就业＋"，实现"一户一人务工，全家不再受穷"，如开发公益性岗位、开展免费创业培训项目。在安居扶贫方面，实行拆旧建新、维修加固、移民搬迁、政府代建等建房模式；并构造出"引农出山、移民建镇、特困上楼"三管齐下的新型移民搬迁扶贫模式。在保障扶贫方面，一是推进社会保障扶贫，让贫困群众日常生活不愁；二是推进健康扶贫，让贫困群众看得起病，解决"因病致贫和因病返贫"；三是推进教育扶贫，让贫困群众子女上得起学。

（3）井冈山对习近平"资金使用精准"论断的践行

为了提高财政涉农扶贫资金的精准度和使用效益，井冈山加快推进财政涉农资金科学化精细化管理。井冈山按照投入科学、安排规范、使用高效、运行安全的要求，探索资金整合的有效途径，为脱贫攻坚和农村发展升级提供资金保障。一方面，井冈山整合中央、江西省、吉安市、井冈山市四级财政安排用于农业生产发展和农村基础设施建设等方面的资金；另一方面，井冈山结合脱贫攻坚任务和贫困人口变化情况，将教育、医疗、卫生等社会事业方面的部分资金也纳入整合范围。整合资金以"十大扶贫工程"为平台，精确瞄准建档立卡贫困人口和贫困村。通

---

① "十大扶贫工程"是指江西省实施的产业发展扶贫工程、就业扶贫工程、易地搬迁扶贫工程、危旧房改造扶贫工程、村庄整治扶贫工程、基础设施建设扶贫工程、生态保护扶贫工程、社会保障扶贫工程、健康扶贫工程和教育扶贫工程。

过统筹整合财政涉农扶贫资金，井冈山形成了"多渠道引水，一个龙头放水"的扶贫资金投入新格局。在扶贫资金的使用过程中，井冈山不断完善资金管理方式，加快资金拨付进度，完善资金项目公示公告制度。为了加大对整合资金使用的监督检查力度，井冈山建立了以审计、纪检监察、财政部门以及"两代表、一委员"为主体的整合资金使用监督委员会，乡镇、村两级同时成立相应的机构。同时，井冈山还积极探索引入了第三方监督机制，引导贫困人口主动参与监督，构建多元化的资金监管机制。

（4）井冈山对习近平"措施到户精准"论断的践行

井冈山认真践行了习近平总书记的"措施到户精准"思想。针对不同致贫原因，井冈山"对症下药"，政策因户"滴灌"，做到方略有谱。第一，针对有劳动能力的贫困对象实施"就业/创业"扶贫。通过技能培训、开发公益性岗位等就业扶贫措施，帮助有就业意愿的贫困对象获得合适的工作岗位；通过资金支持和技术服务等创业扶贫措施，帮助有创业意愿的贫困对象发展致富产业。第二，针对劳动能力不足的贫困对象实施资产收益扶贫。井冈山鼓励贫困户，尤其是丧失劳动能力的贫困户，将扶贫资金投入金融、设施农业、工业、乡村旅游等领域中，以获得长效收益；同时，支持农民合作社和其他经营主体通过托管贫困户产业基地和吸收农民土地经营权入股等方式，带动贫困户增收。第三，针对因病、因残等支出型贫困对象实施保障扶贫。井冈山按照"摸清底数、区分类型、找准问题、分类实策"的思路坚持依法救助、托底救急、精准救助、统筹衔接的原则，充分发挥社会保障在扶贫攻坚中的积极作用，编织了一张"覆盖全面、救急解难、托底有力、持续发展"的基本民生安全网。第四，针对居住型贫困实施安居扶贫。井冈山实行拆旧建新、维修加固、移民搬迁、政府代建4种安居扶贫模式，引导贫困移民向中心村镇、工业园区和城区有序"转移"。

（5）井冈山对习近平"因村派人精准"论断的践行

井冈山认真践行了习近平总书记的"因村派人精准"思想，在脱贫第一线凝聚起强大的核心力量。为汇聚起脱贫攻坚的强大力量，把力量全部引导至脱贫攻坚上来，一方面，井冈山加大了脱贫攻坚在乡镇经济社会发展实绩考核指标中的权重（提升至60%）；另一方面，井冈山不断强化党组织在脱贫一线的战斗堡垒作用，让党员干部率先垂范，实打实做。井冈山将扶贫一线作为培养和考验干部的重要阵地，建立了领导挂乡、单位挂村、企业扶乡的帮扶机制，要求每乡都有市领导和实力企业，每村都有市直单位，每户都有扶贫干部，规定县处级以上领导干部帮扶3户贫困户、科级干部帮扶2户贫困户、一般党员干部帮扶1户贫困户。截至2016年底，井冈山市共有17位市领导、126个市直单位、17家重点企业进驻到了脱贫攻坚第一线；共选派了112名科级干部到村担任扶贫"第一书记"、109名科级后备干部担任"村党组织副书记兼主任助理"；实现了3000多名党员干部人人都参与脱贫攻坚。为了将党组织的力量挺立在脱贫攻坚最前沿，全力发挥党组织的政治优势和组织优势，井冈山创造性地实施了"党建＋脱贫攻坚"行动，让党建工作跟着脱贫项目走。井冈山采取"支部＋企业＋基地＋贫困户""支部＋移民安置点"等模式，把党组织建在扶贫产业链、移民安置区、专业合作社和龙头企业中，实现了306个专业合作社和产业协会、43个移民集中安置点党的工作全覆盖。

（6）井冈山对习近平"脱贫成效精准"论断的践行

为了实现有序脱贫，杜绝"贫困终身制"，井冈山实行"户有卡、村有册、乡有簿、市有电子档案"，通过数据系统对贫困户信息进行动态管理，及时更新贫困信息。井冈山严格按照国家制定的贫困退出标准，将已经实现脱贫的贫困户和贫困村进行脱贫管理，同时，将新识别出的贫困对象及时纳入，做到该退则退、该进则进、该扶则扶，确保"贫困在库、脱贫出库"。井冈山坚决杜绝"数字脱贫"，不搞纸上扶贫、填表式扶贫、口号式扶贫等形式主义作风，而是将扶贫举措落到实处，切实做到了真脱贫。为了做到帮扶措施落实情况明明白白，井冈山为每个贫困户都制作了基本信息卡、帮扶工作记录卡、脱贫政策明白卡和贫困户收益卡，并将四卡信息全部录入贫困户的电子档案。通过查询电子档案，便可了解贫困对象的所有信息。如谁来扶、怎么扶、解决了哪些问题、实现了哪些收入。为了做到贫困群众每项实际收入清清楚楚，井冈山分别为红、黄、蓝卡户印制了《贫困户收益确认公示表》，登记并公开每一项实实在在的收入，方便社会监督。《贫困户收益确认公示表》公示公开前都要经过贫困户签字确认。

4. 对习近平关于贫困治理战略格局的创造性领悟

井冈山清楚地认识到，仅靠井冈山政府的有限财力，要实现脱贫，犹如杯水车薪。为此，井冈山充分运用习近平总书记的精准扶贫大格局思想，科学构建了政府部门主导、爱心人士参与、企事业单位支持等多元主体参与的扶贫模式。井冈山动员组织企业和经济人士，通过定点帮扶贫困村，结对帮扶贫困户，认领微心愿，捐献爱心基金，吸纳劳动力就业，开展就业培训等多种途径，帮助贫困村开发优势资源，培育主导产业。先后吸引 380 名井冈山籍在外发展人士返乡创业，以公司＋农户的形式组织生产合作社。千方百计通过借力借帆"开大船"，争取到了华润集团 1.2 亿元投资和江铜集团 1 亿元捐赠等一系列帮扶资金。井冈山还特地从旅游门票收入和土地出让金中各截出 10%，筹措资金成立特殊扶贫基金。此外，井冈山积极推行"志智双扶"，以调动扶贫对象的积极性，发挥其主体作用，使贫困对象成为多元主体中的重要组成部分。一是通过"扶智"消除思想上的贫困。二是通过"扶技"消除能力上的贫困。三是通过"扶智"消除世代传递的贫困。

5. 以满足需求为导向的井冈山扶贫模式

任何供给都必须考虑需求，只有基于需求或者能够充分反映需求者需要的供给才可能成为有效供给。[①] 以满足需求为导向的扶贫模式即是指

---

① 陈成文：《从"内卷化"看精准扶贫资源配置的矫正机制设计》，《贵州师范大学学报（社会科学版）》2017 年第 1 期，36—44 页。

将贫困户的需求贯穿于扶贫的全过程。精准扶贫中的"精准"就是要根据"谁贫、贫的程度以及原因"去"扶"，其内在含义即在于精准扶贫政策必须做到供需匹配。换而言之，精准扶贫政策的供给必须做到有效地满足贫困对象的需求。

井冈山的精准扶贫实践即体现为以满足贫困对象的需求为导向。从表1-1可以看出，井冈山贫困人口的致贫原因包括交通条件落后、缺技术、缺劳动能力、缺土地、缺资金、因病、因残、因学、因灾、自身动力不足等10个方面。其中主要致贫原因为因病、因残、缺劳动能力和缺技术。对于因残和缺劳动能力的贫困对象而言，由于个人禀赋缺乏，他们很难获得必要的劳动收入，他们的主要脱贫需求属于生存性的，即满足基本生活需求。因此，这部分人只能通过社保政策兜底脱贫。井冈山即是这样做的。为了对贫困对象实现"因保尽保"，井冈山推进贫困线和低保线"双线合一"。2016年，新增贫困户低保指标880名，同时贫困户低保标准实现了12%的增长。到2016年底，井冈山累计发放贫困户低保金1320余万元，红卡户人均享有2340元，扎扎实实兜住了贫困底线。从表1-1可以看出，井冈山因残致贫人数从2015年的1157人迅速下降致2016年的327人，人均纯收入由2015年的4886元上涨至7010元，增长幅度高达30%；因缺劳动能力而致贫的人数从2015年的637人迅速下降致2016年的157人，人均纯收入由2015年的5460元上涨至6122元，增长了11%。对于因病致贫者，井冈山加强医疗救助扶持。对于缺技术的贫困对象，井冈山积极开展农业技术、职业教育、产业创新等技术培训，让有劳动能力的贫困人口有一技之长。当然，任何一项扶贫措施并不是只满足某一类贫困对象的需求。对于一些多源性贫困问题，需要综合采取多种措施，以满足贫困对象的多源性脱贫需求。井冈山探索实施的资产收益扶贫模式就能够很好地满足所有贫困对象的需求。与此同时，同一类贫困对象在不同的扶贫阶段，其主要扶贫需求也存在差异，这就要求在不同阶段采取不同的扶贫措施，例如，针对技术缺乏型贫困对象的扶贫，首先是要通过技术培训或职业教育提高他们的职业技能，然后再让他们参与到各类产业扶贫当中来。

表 1-1　井冈山贫困人口的主要致贫原因及扶贫效果

序号	主要致贫原因	2014 年		2015 年		2016 年	
		人数	人均纯收入（元）	人数	人均纯收入（元）	人数	人均纯收入（元）
1	交通条件落后	23	2918.3	8	4263.25	7	4523.86
2	缺技术	875	2436.80	365	3996.15	58	6768.19
3	缺劳动能力	1186	2282.41	637	5460.85	157	6122.01
4	缺土地	26	1842.15	18	1998.89	0	
5	缺资金	378	2535.71	144	4162.48	20	6902.20
6	因病	7632	2419.39	4361	4533.90	875	5970.21
7	因残	1887	2295.25	1157	4886.23	327	7010.52
8	因学	378	2357.39	230	4856.90	15	8001.59
9	因灾	119	2358.67	56	5014.10	13	6781.37
10	自身动力不足	210	2855.48	97	4522.13	22	4196.06
合计		12714		7073		1494	

注：本表根据全国扶贫开发信息系统江西业务管理子系统中的数据整理。

从理论上总结脱贫攻坚的成功经验，我们可以发现，井冈山正是深刻领会了习近平总书记的精准扶贫理论，并创造性地将其运用于实践之中，从而形成了独具特色的以满足贫困对象需求为导向的扶贫模式。由于这一模式注重了精准扶贫政策与农村贫困人口需求的互补性契合和一致性契合，因此，从本质上看它是一种以满足需求为导向"契合型扶贫模式"（见图 1-1）。这种"契合型扶贫模式"是习近平新时代中国特色社会主义扶贫开发思想在井冈山扶贫实践中的科学运用，也是马克思主义扶贫理论中国化的最新成果，具有面向全国的普适性推广价值。

扶贫主体

精准瞄准靶心　　扶持谁
　　　　　　　　怎么扶　　　　　　　扶智
　　　　　　　　谁来扶　　提升能力　扶技
　　　　　　　　　　　　　　　　　　扶志

消除贫困
改善民生　　产业长效造血　特色产业
共同富裕　　　　　　　　　专业合作社
　　　　　　　　　　　　　资产入股　　　　　　医保
　　　　　　　　　　　　　　　　社会保障兜底　低保
　　　　　　整合多方资源　项目整合　　　　　　社保
　　　　　　　　　　　　　资金整合

一致性契　————————————————————————　互补性契

公平的收入分配　　基本生活需求
优质的公共服务　　住房需求
平等的发展机会　　医疗需求
　　　　　　　　　教育需求

贫困对象

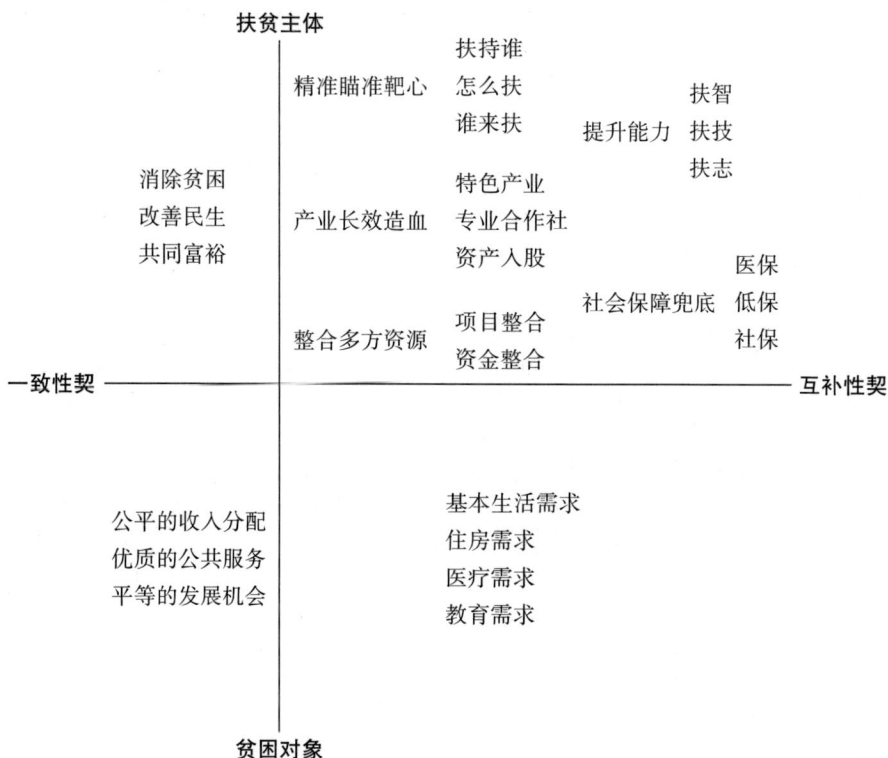

图 1-1　以满足需求为导向的"契合型扶贫模式"

（1）注重互补性契合

互补性契合度强调事物双方之间的互补性或补足性，意味着在事物双方之间，一方拥有另一方所没有的特性或特质，通过这种特性，彼此都能在某些方面满足对方的需求，由此产生出一种互补性契合感。互补性契合主要从供给—需求契合和要求—能力契合两个方面来测量。[1]

第一，注重供给—需求契合。供给—需求契合主要是指精准扶贫政策的供给与农村贫困人口需求之间的契合问题。[2] 以往的扶贫政策供给

————————

[1] 陈成文、李春根：《论精准扶贫政策与农村贫困人口需求的契合度》，《山东社会科学》2017 年第 3 期，42-48 页。

[2] 陈成文、李春根：《论精准扶贫政策与农村贫困人口需求的契合度》，《山东社会科学》2017 年第 3 期，42-48 页。

较少从供给—需求契合出发，导致政策实施效果无法达到预期目的。这是因为：一方面，以往的扶贫政策难以瞄准真正的贫困对象，导致大量贫困人口漏出；另一方面，以往的扶贫政策难以完全契合贫困根源，导致扶贫成效低下。井冈山现有的扶贫模式以"精准瞄准""长效造血""政策整合"和"社保兜底"为抓手，不断提高精准扶贫的供给—需求契合度。

一是精准瞄准靶心。这是井冈山实现率先脱贫的关键核心。精准，包含"扶持谁""怎么扶""谁来扶"等多方面精准的内涵。以往的粗放型扶贫工作存在着一系列问题，如贫困群众底数不清、致贫原因不明、扶贫举措针对性不强、扶贫资金和项目指向不准，等等。这些问题带来的结果就是扶贫政策供给不能很好地契合真正的贫困人口，以及贫困人口的真实需求。正因如此，习近平总书记将"对象精准"作为六大精准的首要环节。为了落实习近平总书记提出的"对象精准"，井冈山率先提出"红蓝"两卡识别办法，并在实践中探索实施"三卡"识别、"四卡"合一、"三表"公开等。

二是实施产业长效造血。发展产业是井冈山率先脱贫的根本。"输血"式扶贫只能解决贫困对象的基本生存需求问题。要解决贫困人口的长期发展问题，则必须提高贫困对象自身的"造血"能力。井冈山认识到，脱贫攻坚，一方面是扶业增收，另一方面是扶困解难，两个方面不可或缺。其中，发展产业，增加就业和提高收入，是根本之举。扶贫真正扶到根上，关键是提高困难群众的自我发展能力，实现"村村有主导产业""户户有增收门路"。井冈山认为，发展产业，既不能一蹴而就，更不能盲目蛮干，务必实事求是、因地制宜。因此，井冈山注重激活贫困对象的资源资产，探索了"三变"①的产业"造血"模式，在产业扶贫过程中依托丰富的土地资源优势，大力发展"茶、竹、果"等优势特色

---

① "三变"即变资源为资产，变资金为股金，变农民为股东。

产业，有效增强了贫困对象的"造血"能力。

三是整合多方资源。资源聚焦贫困，是井冈山实现率先脱贫的有力支撑。具体实践中，贫困人口与低保人口不衔接、"扶农"与"扶贫"不衔接、资金项目"大水漫灌"、社会力量扶贫碎片化等问题让井冈山深感资源聚焦贫困的重要性。井冈山在资源聚焦贫困方面总结出了两条经验。一是注重涉农政策与脱贫政策之间的衔接与整合。以脱贫摘帽为目标，以减贫成效为导向，实现惠农政策的"普惠式"、"区域式"投放向"差异化"、"特定化"投放转变。二是注重对口支援和多方协作。通过东西部扶贫协作，党员干部帮扶、爱心人士参与、企事业单位支持，井冈山构建了汇聚多方力量的精准扶贫大格局。

四是社会保障"兜底"。井冈山按照"社会保障兜底一批"的要求，健全完善社会保障、社会救助制度，提高保障水平，编密兜底保障网，重点强化对"无业可扶和无力脱贫贫困人口"的保障。让贫困群众不愁吃、不愁穿、基本生活有坚实保障，一个都不落、一个都不少地同步全面小康。在具体实施过程中，重点实现一个全覆盖，提高三项保障，健全三大体系。第一，严格按照"应保尽保"的要求，推进贫困线和低保线"双线合一"，实施贫困群众低保全覆盖；第二，切实提高贫困群众收入保障、医疗救助保障和养老服务保障；第三，健全临时救助体系、社会救助体系和精准识别体系。

第二，注重要求—能力契合。要求—能力契合主要是指精准扶贫政策对农村贫困人口的要求与农村贫困人口能力之间的契合问题。产业扶持、转移就业、易地搬迁、教育支持等这些脱贫方式属于开发性扶贫，具有明显的发展性。这种发展性扶贫本质上是一种以农村贫困人口的发展为核心的社会积极变迁。只有得到农村贫困人口的主动参与和积极支持，这种发展性扶贫才能够获得成功。[①] 在扶贫攻坚中，农村贫困人口

---

① 陈成文、李春根：《论精准扶贫政策与农村贫困人口需求的契合度》，《山东社会科学》2017 年第 3 期，42–48 页。

的主动参与和支持程度直接决定着要求—能力契合的程度。为了提高要求—能力契合度，井冈山突出志智双扶，并将其作为战胜贫困的内生动力。物质扶贫固然重要，精神扶贫、文化扶贫更为重要。井冈山认识到"党和政府是扶持我们，并非抚养"，最大的贫困是依赖心态，外部主导的扶贫既可能改变这种心态，也可能强化这种心态。因此，井冈山将"扶志""扶技""扶智"作为扶贫工作的三个重要要义。

一是通过"扶志"消除思想上的贫困。一方面，井冈山打破固有思维模式，创新资金补助方式，将发放生活补贴转变为发放产业奖补，重点扶持产业发展，引导贫困对象进城务工、自主创业，激发贫困群体自身想脱贫致富的源动力，从根本上摆脱"等靠要"的思想观念，彻底拔除贫困的"病根"。另一方面，井冈山加大脱贫攻坚宣传力度，深入挖掘贫困群众依靠自身努力脱贫致富的先进事迹，树立脱贫光荣的鲜明导向。

二是通过"扶技"消除能力上的贫困。提高农村贫困人口就业能力最直接、见效最快的方法就是提升他们的劳动技能。[①]"扶技"即是提升农村贫困人口的劳动技能。井冈山因地制宜、因户施策，在尊重个人意愿的基础上，充分挖掘个人所长，对有劳动能力的贫困人口进行技能培训，如讲授农业技术、开展职业教育，使他们都能拥有一技之长。同时，出台多项扶持政策鼓励大众创业，如向有创业意愿且具备一定创业条件的贫困人口开展免费的创业培训和创业指导，向符合规定条件的贫困人口提供创业担保贷款贴息扶持。截至2016年底，井冈山累计发放创业担保贷款560万元。井冈山还积极与园区企业沟通协调，鼓励园区企业对新招聘的扶贫对象开展岗前培训。截至2016年底，井冈山共组织了869名红、蓝卡贫困劳动力参加精准扶贫就业技能培训。

三是通过"扶智"消除贫困代际传递。井冈山按照"全面改善，精

---

① 陈成文：《对贫困类型划分的再认识及其政策意义》，《社会科学家》2017年第6期，8—14页。

准帮扶，多重资助，不落一生，扶智脱贫"的要求，建立到校、到户、到学生的教育精准扶贫平台，从幼儿园开始全程追踪到大学，按奖、贷、助、补、免等资助政策给予多元资助。通过内外兼修、"软硬兼施"、多管齐下，阻断贫困代际传递，打通教育扶贫的"中梗阻"。首先，做足外功，提升硬件水平。不断完善农村教学基础设施，增加图书数量，增设教学器材，让学生有个良好的学习环境。其次，勤练内功，提升软实力。主要措施包括：调结构，优化资源配置；抓培训，提升师资水平；提待遇，稳定师资队伍。最后，多管齐下，凝聚脱贫合力。主要措施包括：完善助学体系，疏通帮扶通道；打造"互联网＋教育"模式，共享优质教育资源；吸纳社会资本，壮大扶贫力量。

（2）注重一致性契合

一致性契合度①主要是从价值理念角度来分析精准扶贫政策与农村贫困人口需求的契合问题。只有精准扶贫政策的核心价值理念与农村贫困人口脱贫的核心价值追求具有内在的一致性时，我国精准扶贫才能切实提高成效的可持续性。井冈山率先脱贫充分彰显了这种一致性契合的重要性。

从农村贫困人口的需求来看，吃穿不愁、学有所教、病有所医和住有所居固然是他们脱贫的核心价值追求，但是，公平的收入分配制度、优质的公共服务、平等的发展机会也是他们脱贫的核心价值追求。我国精准扶贫政策的核心价值理念是消除贫困，让农村贫困人口共享经济社会发展成果，促进农村贫困地区的可持续发展，最终实现共同富裕。这一核心价值理念既体现在社会主义本质和党的历史使命之中，又体现在

---

① 一致性契合度是指事物双方在某些特征方面的一致性或相似性程度。比如，个人的价值观、目标与工作的某些特性相符合，由此产生出一种"工作让我成为了我想成为的那种人"的一致性契合感。（相关内容参见陈成文、李春根：《论精准扶贫政策与农村贫困人口需求的契合度》，《山东社会科学》2017年第3期）

精准扶贫的战略目标之中，也体现在精准扶贫的基本原则之中。①2012
年12月，习近平总书记在河北省阜平县考察时强调："消除贫困、改善
民生、实现共同富裕，是社会主义的本质要求，是我们党的历史使命。"②
党的十八大以来，党中央把脱贫攻坚纳入"四个全面"的战略布局，作
为实现第一个百年奋斗目标的重点工作。2016年2月2日，习近平在井
冈山革命老区茅坪乡神山村考察时指出："我们要永远珍惜、永远铭记
老区和老区人民的牺牲和贡献。加快老区发展步伐，做好老区扶贫开发
工作，让老区农村贫困人口尽快脱贫致富，确保老区人民同全国人民一
道进入全面小康社会，是我们党和政府义不容辞的责任。"井冈山牢记这
份"义不容辞的责任"，牢记"全面建成小康社会，没有老区的全面小
康，没有老区贫困人口脱贫致富，是不完整的"，将"让老区群众过上更
加美好的生活"作为自身的使命，各级党员干部带头冲在脱贫攻坚第一
线，带领贫困群众一块苦、一块干，共商脱贫致富大计。可以说，正是
党和政府这份"义不容辞的责任"以及"让老区群众过上更加美好的生
活"的历史使命与井冈山人民脱贫的核心价值追求天然地契合在了一起，
才使得井冈山在全国率先实现脱贫。

---

① 陈成文、李春根：《论精准扶贫政策与农村贫困人口需求的契合度》，《山东社会科学》
2017年第3期，42–48页。
② 习近平总书记系列讲话精神学习读本课题组：《习近平总书记系列讲话精神学习读本》，
中共中央党校出版社2013年。

第二章　精准扶贫政策与农村贫困人口需求的契合度

精准扶贫政策如何契合农村贫困人口的需求，乃是精准扶贫实践中提出的一个亟待解决的现实问题。习近平总书记对这一问题十分关注。2015 年 1 月 19 日，他在云南调研时就指出："要以更加明确的目标、更加有力的举措、更加有效的行动，深入实施精准扶贫、精准脱贫，项目安排和资金使用都要提高精准度，扶到点上、根上，让贫困群众真正得到实惠。"[①] 很显然，他所说的"扶到点上、根上"，实质上就是要求精准扶贫政策要提高契合度，有效地契合农村贫困人口的需求。2016 年 9 月 17 日，民政部、国务院扶贫办等部门联合出台的《关于做好农村最低生活保障制度与扶贫开发政策有效衔接的指导意见》中也明确指出："加强农村低保和扶贫开发在对象认定上的衔接。"[②] 这里所说的"衔接"问题，本质上也就是"契合度"问题。我国精准扶贫已经到了攻坚拔寨、啃硬骨头的冲刺期。要实现 2015 年 11 月习近平总书记在中央扶贫开发工作会议上所提出的，"到 2020 年稳定实现农村贫困人口不愁吃、不愁穿，农村贫困人口义务教育、基本医疗、住房安全有保障；同时实现贫困地

---

① 《习近平再谈精准扶贫：我正式提出就是在十八洞村》，人民网，见 http: //politics. people.com.cn/n1/2016/0308/c1024-28182678.html。

② 《国务院办公厅转发〈关于做好农村最低生活保障制度与扶贫开发政策有效衔接的指导意见〉》，民政部网站，见 http: //www.mca.gov.cn/article/zwgk/mzyw/201609/20160900001898. shtml。

区农民人均可支配收入增长幅度高于全国平均水平、基本公共服务主要
领域指标接近全国平均水平"[1]的脱贫攻坚目标，就必须切实提高精准扶
贫政策与农村贫困人口需求的契合度。

一、研究背景

自世界银行 1990 年提出"自我瞄准法"的概念以后，扶贫的契合
度问题早已纳入了国际学术界的研究视野。不同的学者从不同的角度
对这一问题进行了探索。Grosh（1994）提出了区域瞄准法、人口学瞄准
法和群体瞄准法[2]；Narayan-Parker（1997）提出社区瞄准法[3]；Ford
Foundation（2002）建立了以瞄准、消费支持、储蓄、技能培训、资产
转化为基石的"脱贫模型"（Graduation Model）[4]；Coady 等（2004）对
阿根廷的研究发现，存在弃真型和存伪型两种瞄准精度问题[5]；Karlan
（2005）对秘鲁和洪都拉斯的研究表明，精准瞄准需要将"贫困排序"和"家
庭情况验证调查"相结合[6]；Heather Montgomery 和 John Weiss（2006）对
亚洲和拉丁美洲相关国家的研究发现，存在贫困人口精准确认模型不完
善问题[7]；Nolan（2007）对爱尔兰的研究发现，贫困对象精准识别机制是

---

① 《习近平论扶贫工作——十八大以来重要论述摘编》，新华网，见 http://news.
xinhuanet.com/politics/2015-12/01/c_128491293.htm。

② Grosh M E，Administering targeted social programs in Latin America: from platitudes to
practice，World Bank Publications，1994.

③ Narayan-Parker D，Ebbe K，Design of social funds: participation，demand orientation，
and local organizational capacity，World Bank Publications，1997.

④ 刘胜林、王雨林、庄天慧：《基于文献研究法的精准扶贫综述》，《江西农业学报》
2015 年第 12 期。

⑤ Coady D，Grosh M E，Hoddinott J，Targeting of transfers in developing countries: review of
lessons and experience，World Bank，2004.

⑥ Karlan，D，Using Experimental Economics to Measure Social Capital and Predict Financial
Decisions，American Economic Review，2005，95（5）：1688-1699.

⑦ Heather Montgomery，John Weiss，Modalities of Microfinance Delivery in Asia and Latin
America: Lessons for China，*China & World Economy*，Vol.14，NO.1，2006，p.30-43.

解决贫困的关键手段[①]；Fiszbein 等（2013）研究发现，影响扶贫效果的两大因素是资源投入和瞄准效率[②]。值得注意的是，中国扶贫的契合偏差问题备受国外学者的批评。Riskin 等指出，中国扶贫瞄准到县增加了扶贫资金被挪用的风险，众多贫困人口被排除在瞄准范围之外，降低了贫困人口享有资金的比例[③][④]；Copestake 等指出，中国信贷扶贫对贫困户的瞄准是无效的，较富裕穷人比绝对穷人获益更多[⑤]。

近年来，扶贫的契合度问题也受到了国内学术界的广泛青睐。严静（2010）通过分析乡村文化精英在乡村发展中的作用，对农村扶贫与乡村文化精英的契合与互动进行了研究，指出扶贫政策要以培育乡村文化精英为支撑。[⑥]王三秀（2010）从可持续生计视角分析了我国农村低保与扶贫开发进行有机衔接的重要性。她指出，农村最低生活保障制度和扶贫开发政策进行有效衔接的基本精神，是两种制度相辅相成、相互配合，发挥二者的整体效益，既保障贫困农民的基本生活，又提高贫困农民的人口素质和自我发展能力。[⑦]李庆梅（2010）等认为，社会保障与扶贫是不能分割的，只有实现开发式扶贫与社会保障式扶贫双管齐下，才能真正实现消除贫困的目标。并指出，要实现农村最低生活保障制度和扶贫

---

① Nolan B and Whelan C T, On the Multidimensionality of Poverty and Social Exclusion, Jenkins S P and Micklewright J, *Inequality and Poverty Re-Examined*, Oxford: Oxford University Press, 2007: 146–163.

② Fiszbein A, Kanbur R, Yemtsov R, Social Protection, Poverty and the Post-2015 Agenda, World Bank, Policy Research Paper 6469, 2013.

③ Riskin, et al.Rural Poverty Alleviation in China: An Assessment and Recommendation, Report prepared for UNDP, 1996.

④ Wing-fai, Poverty Alleviation in the Ningxia Hui Autonomous Region, China, 1983–1992, Hong Kong: The Chinese University of Hong Kong, 2000.

⑤ Copestake, J., P. Dawson, J. Fanning, A. McKay & K. Wright-Revolledo, 2005, Monitoring the diversity of the poverty outreach and impact of microfinance: A comparison of methods using data from Peru, Development Policy Review 23（6）, pp.703–723.

⑥ 严静：《海西农村扶贫与乡村文化精英的契合与互动》，《福建农林大学学报（哲学社会科学版）》2010 年第 1 期，7–10 页。

⑦ 王三秀：《可持续生计视角下我国农村低保与扶贫开发的有机衔接》，《宁夏社会科学》2010 年第 4 期，73–77 页。

开发政策的有效衔接，就必须对现有的低保资源与扶贫资源进行整合。[①]
庄天慧（2012）等基于致贫因子与孕灾环境契合的视角，对民族地区扶
贫开发进行了研究。他们认为，民族地区贫困与灾害所表现出来的相关
性（即贫困程度浅，受灾程度轻；贫困程度深，受灾程度重），除了灾害
所体现的贫困效应（即灾害具有加剧贫困的作用）外，从根本上说还与致
贫因子与孕灾环境的契合性密切相关。这里契合主要是指孕灾环境与致
贫因子具有内在的一致性。[②]王淑娟（2012）等分析了农村低保与扶贫开
发的区别与联系，指出，低保制度是对扶贫开发的有效补充，扶贫开发
则能巩固低保制度的成果。[③]莫光辉（2016）等从政策理念的角度分析了
创新、协调、绿色、开放、共享"五大发展理念"与精准扶贫政策的契
合性，这里的契合是指"五大发展理念"与精准扶贫的政策导向、过程
导向和路径导向方面存在价值方面的一致性。[④]焦克源（2016）等认为，
实现扶贫政策与低保政策的有效衔接，使贫困人口生存权与发展权的保
障紧密衔接，并统一到我国反贫困体系中，有利于提升脱贫的有效性、
精准性与可持续性。[⑤]

综上所述，国外学术界对于扶贫契合度问题的研究主要集中于对扶
贫对象的精准瞄准问题，而国内学术界对于扶贫契合度问题的研究则主
要集中于扶贫政策与低保政策的衔接性或互补性问题。国内外已有的研
究无疑具有较强的启迪意义。然而，从甘肃发生的"杨改兰悲剧事件"

---

① 李庆梅、聂佃忠：《负所得税是实现扶贫开发与农村低保制度有效衔接的现实选择》，
《中共中央党校学报》2010 年第 5 期，22-25 页。

② 庄天慧、张军：《民族地区扶贫开发研究——基于致贫因子与孕灾环境契合的视角》，
《农业经济问题》2012 年第 8 期，50-55 页。

③ 王淑娟、杨成波：《我国农村低保制度与扶贫开发衔接问题分析》，《山西师大学报（社
会科学版）》2012 年第 2 期，59-62 页。

④ 莫光辉、陈正文、王友俊：《新发展理念与精准扶贫的契合及实践路径》，《广西社
会科学》2016 年第 6 期，158-162 页。

⑤ 焦克源、杨乐：《扶贫开发与农村低保衔接研究：一个文献述评》，《中国农业大学学
报社会科学版》2016 年第 5 期，81-88 页。

来看，当前扶贫契合度问题的焦点在于精准扶贫政策如何契合农村贫困人口的需求。因此，如何科学理解和测量精准扶贫政策与农村贫困人口需求的契合度，以正确调整我国精准扶贫政策，仍然是学术界亟待破解的一个重要理论和现实课题。

二、互补性与一致性：契合度的两个分析维度

契合通常是指一种符合、相称或彼此满足的状态。契合可以用来探究事物之间的联系以及这种联系的逻辑关系。由契合的定义可以引申出契合度。在《牛津当代百科大辞典》中，契合度被定义为一种相称、适应或胜任的状态。[1]这就是说，契合度主要体现的是事物之间的一种匹配状态。这种匹配状态是对事物之间的特性进行比较后的一种结果。从这个意义上说，契合度是指事物之间的互补性和一致性匹配状态。换而言之，我们可以从互补性与一致性两个基本维度来分析契合度。互补性契合度强调事物双方之间的互补性或补足性，意味着在事物双方之间，一方拥有另一方所没有的特性或特质，通过这种特性，彼此都能在某些方面满足对方的需求，由此产生出一种互补性契合感。一致性契合度是指事物双方在某些特征方面的一致性或相似性程度。比如，个人的价值观、目标与工作的某些特性相符合，由此产生出一种"工作让我成为了我想成为的那种人"[2]的一致性契合感。很显然，互补性契合度的意义在于考察精准扶贫政策的供给质量；而一致性契合度的意义则在于考察精准扶贫政策的价值理念。

1. 精准扶贫政策与农村贫困人口需求的互补性契合度

从互补性契合度的角度来看，可以从供给—需求契合度和要求—能

---

[1] 转引自熊勇清、全云峰：《个人—工作契合度测量研究的新进展》，《社会心理科学》2006 年第 4 期，79-82 页。

[2] 熊勇清、全云峰：《个人—工作契合度测量研究的新进展》，《社会心理科学》2006 年第 4 期，79-82 页。

力契合度两个方面[①]来分析精准扶贫政策与农村贫困人口需求的契合问题。供给—需求契合度主要是指精准扶贫政策的供给与农村贫困人口需求之间的契合问题；要求—能力契合度主要是指精准扶贫政策对农村贫困人口的要求与农村贫困人口能力之间的契合问题。

（1）供给—需求契合度。2013 年 11 月，习近平总书记到湖南湘西考察时作出了"实事求是、因地制宜、分类指导、精准扶贫"的重要指示，首次提出了"精准扶贫"的战略构想。[②]2014 年 1 月，中央办公厅详细规制了精准扶贫工作模式的顶层设计，推动了"精准扶贫"战略的落地。截至 2015 年，我国还有农村贫困人口 7000 多万[③]，他们的需求主要表现在基本生活、住房安全、基本医疗和义务教育四个方面。基于此，2015 年 11 月 29 日，中共中央、国务院共同出台的《关于打赢脱贫攻坚战的决定》中明确指出："到 2020 年，稳定实现农村贫困人口不愁吃、不愁穿，义务教育、基本医疗和住房安全有保障。"[④]这一精准扶贫政策供给与农村贫困人口在基本生活、住房、医疗和教育方面的需求具有高度的契合性。这种契合性正好反映了我国精准扶贫政策供给与农村贫困人口需求的互补性关系。

（2）要求—能力契合度。2015 年 11 月 23 日，中共中央政治局在召开会议审议《关于打赢脱贫攻坚战的决定》时明确指出："到 2020 年通过产业扶持、转移就业、易地搬迁、教育支持、医疗救助等措施解决

---

① 这种划分参考了个人—工作契合度和个人—组织契合度的相关研究观点，具体见：熊勇清、全云峰：《个人—工作契合度测量研究的新进展》，《社会心理科学》2006 年第 4 期，79-82 页；丁夏齐、杨崇森、田坤：《个人—组织契合度的测量指标研究——基于相似性契合与互补性契合的分类研究》，《人力资源管理》2010 年第 11 期，92-94 页；宋晓梅、李傲、李红勋等：《基于个人—工作契合度员工敬业度的研究》，《科学管理研究》2009 年第 6 期，100-104 页。

② 《习近平精准扶贫方略料进十三五规划》，见 http://news.qq.com/a/20151029/028176.htm.

③ 中共中央、国务院：《关于打赢脱贫攻坚战的决定》，2015 年 11 月 29 日。

④ 中共中央组织部干部教育局等：《精准扶贫 精准脱贫——打赢脱贫攻坚战辅导读本》，党建读物出版社 2016 年。

5000 万人左右贫困人口脱贫，完全或部分丧失劳动能力的 2000 多万人口全部纳入农村低保制度覆盖范围，实行社保政策兜底脱贫。"[①] 这就是说，在 7000 多万农村贫困人口中，只有 2000 多万人口由于个人禀赋缺乏（即完全或部分丧失劳动能力）而只能通过社保政策兜底脱贫。这种脱贫方式完全属于救助性扶贫，具有明显的被动性。而其余 5000 万左右的农村贫困人口只能通过产业扶持、转移就业、易地搬迁、教育支持、医疗救助等方式脱贫。这种脱贫方式主要属于开发性扶贫，具有明显的发展性。这种发展性扶贫本质上是一种以农村贫困人口的发展为核心的社会积极变迁。[②] 只有得到农村贫困人口的主动参与和积极支持，这种发展性扶贫才能够获得成功。农村贫困人口的主动参与和积极支持主要表现为他们通过职业技能培训，增强职业适应能力和职业发展能力。农村贫困人口只有增强了职业适应能力和职业发展能力，才能适应产业扶贫、劳务输出扶贫、易地搬迁扶贫和教育扶贫等政策的基本要求。

2. 精准扶贫政策与农村贫困人口需求的一致性契合度

一致性契合度主要是从价值理念角度来分析精准扶贫政策与农村贫困人口需求的契合问题。我国精准扶贫政策的核心价值理念是消除贫困，让农村贫困人口共享经济社会发展成果，促进农村贫困地区的可持续发展，最终实现共同富裕。这一核心价值理念既体现在社会主义本质和党的历史使命之中，又体现在精准扶贫的总体目标之中，也体现在精准扶贫的基本原则之中。正如 2015 年 11 月 29 日中共中央、国务院共同出台的《关于打赢脱贫攻坚战的决定》中所指出的："消除贫困、改善民生、逐步实现共同富裕，是社会主义的本质要求，是我们党的重要使命"；"到 2020 年，稳定实现农村贫困人口不愁吃、不愁穿，义务教育、基本

---

① 《中共中央政治局召开会议审议〈关于打赢脱贫攻坚战的决定〉》等，新华网，见 http://news.xinhuanet.com/politics/2015-11/23/c_1117235232.htm.

② 陈成文、李秋洪：《从可持续发展观看扶贫的机制和效益》，《湖南师范大学社会科学学报》1997 年第 6 期，26-31 页。

医疗和住房有保障。实现贫困地区农民人均可支配收入增长幅度高于全国平均水平，基本公共服务主要领域指标接近全国平均水平"；"扶贫开发贵在精准，重在精准，必须解决好扶持谁、谁来扶、怎么扶的问题，做到扶真贫、真扶贫、真脱贫，切实提高扶贫成果可持续性，让贫困人口有更多的获得感"。[①]从农村贫困人口的需求来看，吃穿不愁、学有所教、病有所医和住有所居固然是他们脱贫的核心价值追求，但是，收入分配的公平感、公共服务的获得感也是他们脱贫的核心价值追求。这就是说，精准扶贫政策的核心价值理念与农村贫困人口脱贫的核心价值追求具有内在的一致性。只有遵循这种一致性契合，我国精准扶贫才能切实提高成效的可持续性。

三、精准扶贫政策与农村贫困人口需求契合度的测量指标

任何供给都必须考虑需求，而基于需求或者能够充分反映需求者需要的供给才可能成为有效供给。[②]这种供给的有效性即可通过契合度来进行测量。要准确测量精准扶贫政策与农村贫困人口需求的契合度，就必须构建一套科学合理的测量指标。我们可以从互补性和一致性两个维度来考察契合度的测量指标。

1. 互补性契合度的测量指标

（1）供给—需求契合度的测量指标

供给—需求契合度的测量是一种差距测量。它主要测量精准扶贫政策供给是否满足了农村贫困人口的脱贫需求。从公共政策绩效评价的角度来看，精准扶贫政策供给应该包括效益性和公平性两个方面。精准扶贫政策供给的效益性是指在既定的支出水平下精准扶贫政策预期

---

① 中共中央组织部干部教育局等：《精准扶贫　精准脱贫——打赢脱贫攻坚战辅导读本》，党建读物出版社 2016 年。

② 郑宝华、蒋京梅：《建立需求响应机制 提高扶贫的精准度》，《云南社会科学》2015年第 6 期，第 90—96 页。

目标的实现程度；精准扶贫政策供给的公平性是指农村贫困人口是否得到了平等的精准扶贫政策服务。这就是说，只有立足效益性和公平性两个角度，才能正确测量供给—需求契合度。

从效益性角度来看，供给—需求契合度主要包括以下测量指标：低保标准是否达到农村贫困人口所在地的年人均纯收入水平；低保家庭中的老年人、未成年人、重度残疾人等重点救助对象的基本生活需求是否得到了满足；农村贫困户危旧房改造补助标准是否足够支付危旧房改造的基本用工成本；参加新型农村合作医疗个人缴费部分的财政补贴、给贫困户造成较大医疗负担的慢性疾病费用报销比例是否能够有效减轻农村贫困人口的经济压力；针对贫困家庭学生的各类资助标准是否能有效减轻贫困家庭的经济负担。

从公平性角度来看，供给—需求契合度主要包括以下测量指标：完全或部分丧失劳动能力的农村贫困人口是否全部被纳入低保的覆盖范围之内；低保户和建档立卡贫困户资格的认定标准是否公正、认定程序是否透明；需要进行危旧房改造的农村贫困户是否得到了全面的识别与平等对待；是否将所有农村贫困人口纳入重特大疾病救助范围；是否对所有农村贫困人口大病实行分类救治和先诊疗后付费的结算机制；贫困家庭学生的资助体系是否覆盖了所有的贫困家庭学生。

（2）要求—能力契合度的测量指标

要求—能力契合度的测量也是一种差距测量。它主要测量农村贫困人口的自身特性、职业适应能力和职业发展能力是否满足精准扶贫政策的基本要求。主要测量指标包括：产业扶贫政策是否适应农村贫困人口的个人特性；在经营形式上是否充分考虑到有劳动能力的农村贫困人口与无劳动能力的农村贫困人口在个人禀赋上的差异性；劳务输出扶贫政策是否充分考虑到农村贫困人口的职业适应能力和职业发展能力；易地搬迁扶贫政策是否充分考虑到农村贫困人口的身体素质和社会适应性；教育扶贫政策是否充分考虑到农村贫困人口的贫困代际传递和自我发展能力。

3. 一致性契合度的测量指标

一致性契合度的测量是一种相关测量。它主要用来测量农村贫困人口脱贫的核心价值目标与精准扶贫政策的核心价值理念之间的相容性。一致性契合度的测量可以分为主观契合度测量和客观契合度测量两个方面。主观契合度测量是农村贫困人口对自身的脱贫价值目标和精准扶贫政策价值理念之间相容程度的一种自我认知与评价。这种主观契合度测量的可信度取决于以下三个基本条件：一是农村贫困人口意识到自身脱贫的核心价值追求；二是农村贫困人口知晓精准扶贫政策的核心价值理念，包括指导思想、总体目标、基本原则等；三是农村贫困人口不需要借助其他辅助手段或帮助就有能力进行相容性比较。客观契合度是一种事实上存在的匹配程度，它不一定能被个体感知，是一种间接契合和实际契合。因此，客观契合度测量是一种间接测量，主要是考察政府与农村贫困人口对扶贫和脱贫的价值追求与目标的判断差距。很显然，客观契合度的测量指标应该包括以下两个方面：一是精准扶贫政策的核心价值导向、总体目标与具体目标；二是农村贫困人口脱贫的核心价值追求、近期目标与长远目标。

四、以提升契合度为目标的精准扶贫政策调整方向

上述的分析表明，契合度是衡量一项公共政策绩效的核心指标。当前我国精准扶贫资源配置正面临着严重的"内卷化"困境。这种"内卷化"困境集中表现在：在资源不断增加的情况下，精准扶贫的整个内部系统变得更加精细化和复杂化，从而导致扶贫边际效应递减，农村贫困人口资源禀赋脆弱性未见根本改变，贫困农村内部分化加剧，难以完全实现从"救济式"向"开发式"转变的可持续扶贫目标，致使精准扶贫陷入难有实质性发展的刚性结构之中。这种"内卷化"困境在一定程度上折射了我国精准扶贫政策未能完全契合农村贫困人口需求的实践矛盾。因此，要走出"内卷化"困境，就必须以提升精准扶贫政策与农村贫困人

口需求的契合度为目标，尽快调整精准扶贫的政策方向。

1. 产业扶贫政策调整要以降低市场风险为目标

产业扶贫主要帮助农村贫困人口融入产业化进程中，通过发展产业增加收入，主要表现为农村贫困人口因地制宜发展特色产业。但是，受资源禀赋和发展条件的限制，许多农村贫困地区的扶贫产业仍以种养殖业为主，且重生产、轻销售，培育主要依靠行政主导。行政主导式的农村贫困地区产业扶贫重视基础设施建设和前期农业生产，倾向于关注产业前期的规模、技术、生产等有形状态，而忽视了相关产品销售的市场潜在风险。农村贫困人口大多具有禀赋上的脆弱性，其抵抗市场风险的能力是十分有限的。我们还应该看到，绝大多数农村贫困地区地理位置偏僻、远离中心城市、远离产品消费市场，市场主体缺乏（农业经纪人、批发商、专业性销售组织等商业主体数量少），无法受到富裕经济地区的经济辐射，使得农村贫困地区成为经济社会发展的边缘地带。可见，行政主导式的农村产业扶贫如果忽视了市场的潜在风险，忽视了农村贫困人口的脆弱禀赋，那么，其效果往往也难以达到预期目标。

产业扶贫不同于单方面帮扶，只有以市场为导向，以双赢为目的，提高产业发展的抗市场风险能力，才能形成长效的扶贫机制。这也符合十八届三中全会提出的"市场在资源配置中起决定性作用"的精神。[①]因此，产业扶贫政策调整要以降低市场风险为目标。第一，合理选择产业方向。各地要根据资源禀赋以及贫困户的经营能力和脱贫需求，合理确定产业发展方向、重点和规模，提高产业发展的持续性和有效性，不能不顾实际，盲目一哄而上，引进水土不服的产业[②]。产业发展方向不能仅限于种养殖业，还应包括加工业、光伏发电、乡村旅游等一系列能提高农村贫困人口参与面和受益度的优势、高效产业。特别是要依托农村贫困地区

---

① 韩文、岳普煜：《市场是产业扶贫的核心》，《中国经济周刊》2014 年第 10 期，第 43 页。
② 冯华：《产业扶贫也要遵循市场规律》，《农村·农业·农民》2016 年第 7 期。

特有的自然人文资源，深入实施乡村旅游扶贫工程。第二，创新产业经营形式。对有劳动能力的农村贫困人口支持其通过自身经营发展产业，或通过投资合作社、龙头企业与自身参与生产经营结合起来，发展产业。对无劳动能力的，主要探索资产收益性扶贫方式。支持农民合作社和其他经营主体通过土地托管、牲畜托养和吸收农民土地经营权入股等方式，带动农村贫困人口增收。第三，重视营销和保障体系建设。要加大对贫困地区农产品品牌推介营销支持力度。大力推进电商扶贫，积极引导和鼓励农民进行网上交易，拓宽市场供需渠道。要通过强化技术服务支持、建立质量保障体系、注重产业风险防控，完善产业保障体系。

2. 易地搬迁政策调整要以增强社会适应性为目标

易地搬迁扶贫主要是对居住在生存条件恶劣、生态环境脆弱、自然灾害频发等地区的农村贫困人口，通过搬迁安置实现其有业可就、稳定脱贫。以扶贫为目标的易地搬迁必然产生扶贫移民。而扶贫移民必然面临着一个社会适应性的问题。这种社会适应性问题主要表现在他们的生产、生活和心理等方面。在生产方面，扶贫移民在原居住地的生产方式多以传统种养殖业为主，可能缺乏在迁入地就业的劳动技能和经验积累；在生活方面，迁入地的饮食结构、语言文字、文化习俗和居住方式可能与原居住地存在差异；在心理方面，迁入地民众对扶贫移民的接纳程度以及扶贫移民的乡土情结可能带来扶贫移民社会交往的"内卷化"问题。扶贫移民能否经受住这些来自生产、生活和心理等方面的一系列挑战取决于他们在迁入地的社会适应状况。

扶贫移民的社会适应是一个长期、渐进的过程，且易地搬迁方式、搬迁距离、安置地点等都会对扶贫移民的社会适应状况产生显著影响。因此，易地搬迁政策调整要以增强社会适应性为目标。第一，科学制定实施规划，在群众自愿的基础上，以居住点、自然村或行政村为整体搬迁单元，努力做到应搬尽搬，尽量做到不破坏扶贫移民原有居住结构所形成的社会关系网络。第二，充分考虑扶贫移民原有的生产生方式和自身特性，选择合适的安置地点，确保搬迁对象充分就业、发展产业稳定收入。第三，合理确定住房建设标准，加大对建档立卡贫困人口的补助力度，对无能力搬迁的特困户，由政府统一提供安置房，实行兜底安置。第四，完善后续社会服务政策，确保扶贫移民享有与当地群众同等的基本公共服务；加强农村社会工作队伍建设，发挥社会工作的专业优势，从个体、关系与外部环境三个层面增强扶贫移民的自我效能感和自我发展能力。

3.劳务输出政策调整要以提升职业技能为目标

劳务输出扶贫是利用经济发达地区既有的就业机会来培训和输出农村贫困劳动力，提高他们的就业素质从而达到扶贫目的。由于劳务输出是一种异地就业，兼具人力资源开发和促进就业的双重特性，因而扶贫成效快。[①] 随着经济社会的不断发展，各种工作岗位对劳动者素质的要求越来越高，技能性职业在劳动市场上所占的比例不断增大。我国农村贫困人口大多文化层次较低，只能从事技能简单的体力劳动，这就必须加大对农村贫困人口的技能教育培训力度。只有加大技能教育培训力度，才能增强农村贫困人口在劳动力市场中的适应性和竞争力。

中共中央、国务院共同出台的《关于打赢脱贫攻坚战的决定》中明确指出："加大劳务输出培训投入，统筹使用各类培训资源，以就业为导向，提高培训的针对性和有效性。"[②] 这就是说，劳务输出政策调整要以提升职业技能为目标。第一，整合各类培训资源，优化培训体系。发挥各种就业培训中心、职业技术学校等培训机构在农村贫困人口劳务输出培训中的作用。引导企业扶贫与职业教育相结合，支持用人企业在贫困地区建立劳务培训基地，开展好订单定向培训，建立和完善输出地和输入地劳务对接机制。第二，强化实用型技能培训，提高输出质量。所

① 何道峰、萧延中：《异地就业：扶贫与人力资源开发——中国西南劳务输出扶贫项目的个案分析》，《开放时代》1997年第3期，第5–19页。
② 中共中央组织部干部教育局等：《精准扶贫 精准脱贫——打赢脱贫攻坚战辅导读本》，党建读物出版社2016年。

谓"艺养千口，力养一人"，一门好的技能能够有效提高一个家庭的经济收入水平。职业技能培训要确保农村贫困家庭劳动力至少掌握一门实用型致富技能，实现靠技能脱贫。要以"培训一人，就业一人，脱贫一户"为目标，建立就业帮扶对象基础台账，提高就业服务、技能培训精准度。

4.教育扶贫政策调整要以优化资助体系为目标

教育扶贫的目的在于让贫困家庭子女都能接受公平有质量的教育，阻断代际贫困。2013年12月，习近平总书记到河北阜平考察时专门指出："治贫先治愚，要把下一代的教育工作做好，特别是要注重山区贫困地区下一代的成长。把贫困地区的孩子培养出来，这才是根本的扶贫之策。"[①]2015年10月16日，习近平总书记在2015减贫与发展高层论坛上发表的《携手消除贫困　促进共同发展》主旨演讲中再次强调："扶贫必扶智，让贫困地区的孩子们接受良好教育，是扶贫开发的重要任务，也是阻断贫困代际传递的重要途径。"[②]在农村贫困地区，许多贫困家庭的子女很早就辍学进入职场，由于缺乏文化知识和工作技能，他们不仅收入水平低、抗风险能力差，而且也无力教育和培养自己的下一代，由此便带来了贫困代际传递。可见，"扶智"是扶贫的根本之举。"扶智"的根本手段是发展教育，就是要通过教育来提升劳动者的综合素质，促进贫困人口掌握脱贫致富本领，阻断贫困代际传递。[③]

贫困家庭的子女辍学的主要原因在于家庭收入水平低，父母无力负担子女上学。2016年1月15日，教育部部长袁贵仁在全国教育工作会议上指出："中央把'发展教育脱贫一批'作为重要举措。我们要加快实施

①　朱之文：《扎实推进教育脱贫着力阻断贫困代际传递》，《行政管理改革》2016年第7期，4-10页。
②　习近平：《携手消除贫困　促进共同发展》，《人民日报》2015年10月17日。
③　王嘉毅、封清云、张金：《教育与精准扶贫精准脱贫》，《教育研究》2016年第7期，12-21页。

教育扶贫工程，实施精准帮扶，把钱花在对特定人群特殊困难的针对性帮扶上。"①因此，保障农村贫困家庭子女公平享受优质教育资源的关键在于继续完善家庭经济困难学生资助体系。也就是说，教育扶贫政策调整要以优化资助体系为目标。第一，建立从学前教育、小学教育、中学教育（包括中等职业教育）到高等教育的覆盖各个教育阶段的贫困家庭学生资助政策，并且要提高各类资助标准。第二，率先从建档立卡的家庭经济困难学生实施普通高中免除学杂费；逐步分类推进中等职业教育免除学杂费。第三，对贫困家庭离校未就业的高校毕业生提供就业帮助。

5. 社会保障政策调整要以满足基本生存性需求为目标

由于开发式扶贫主要针对"在扶贫标准以下具备劳动能力的农村人口"，因此，当前我国还有大量部分或全部丧失劳动能力的贫困人口无法通过扶贫开发增加收入摆脱贫困。②正因如此，2015 年 10 月 16 日，习近平在 2015 年减贫与发展高层论坛上发表的《携手消除贫困 促进共同发展》主旨演讲中提出了"五个一批"的脱贫思路，即"通过扶持生产和就业发展一批，通过易地搬迁安置一批，通过生态保护脱贫一批，通过教育扶贫脱贫一批，通过低保政策兜底一批"。③在"五个一批"中，低保政策即属于社会保障政策。2015 年 11 月 29 日，中共中央、国务院共同出台的《关于打赢脱贫攻坚战的决定》明确提出了"实行农村最低生活保障制度兜底脱贫"和"开展医疗保险和医疗救助脱贫"的精准扶贫方略。④可以说，当前我国扶贫的总体性特征是转型性的，即尚处于从"救济式扶贫"向"开发式扶贫"的转型过程之中。这种转型性特征决定了我国

---

① 袁贵仁：《以新的发展理念为引领全面提高教育质量 加快推进教育现代化——在 2016 年全国教育工作会议上的讲话》，见 http://www.moe.edu.cn/jyb_xwfb/moe_176/201602/t20160204_229466.html。

② 中共中央组织部干部教育局等：《精准扶贫 精准脱贫——打赢脱贫攻坚战辅导读本》党建读物出版社 2016 年。

③ 习近平：《携手消除贫困 促进共同发展》，《人民日报》2015 年 10 月 17 日。

④ 中共中央组织部干部教育局等：《精准扶贫 精准脱贫——打赢脱贫攻坚战辅导读本》，党建读物出版社 2016 年。

精准扶贫的阶段性特征，即应该以保障性扶贫为重点。

对于一般贫困家庭而言，亟须用钱的地方往往不在产业发展上，而是在基本生活和住房、小孩上学、老人看病等刚性支出上。[①] 因此，社会保障扶贫政策的调整要以满足农村贫困人口的基本生存性需求为目标。第一，提高低保标准。低保标准要能满足农村贫困人口的基本饮食需求。第二，提高危旧房改造标准。危旧房改造标准、形式要切合实际，要以住房安全有保障为原则，补助金额要能足够支付危旧房改造的用工成本。第三，提高医疗保障水平。加大资金投入，有效整合中央财政、地方财政和社会资金，完善针对农村贫困人口的医疗保险和医疗救助体系，对农村贫困人口参加医疗保险个人缴费部分给予定额补助。第四，健全农村贫困人口社会帮扶体系。积极引导和鼓励社会力量参与农村贫困人口关爱服务工作，引导和鼓励社会力量参与农村贫困人口慈善医疗救助。

---

① 吕德文：《正视基层扶贫中的执行问题——对一个贫困县脱贫工作的调研》，《南风窗》2016 年第 21 期，46-47 页。

第三章　农村贫困人口退出标准："契合度偏差"及其测度转向

　　实现"弱有所扶"，让农村贫困人口和贫困地区同全国人民一道进入全面小康社会，既是中国共产党在新时代对践行"以人民为中心"发展思想的庄严承诺，也是中国共产党对在新时代补齐民生关键"短板"问题的战略决断。[①] 要实现"弱有所扶"，就必须坚定不移地打赢扶贫攻坚战，踏踏实实地坚持精准扶贫、精准脱贫。正如党的十九大报告所强调的："确保到二〇二〇年我国现行标准下农村贫困人口实现脱贫，贫困县全部摘帽，解决区域性整体贫困，做到脱真贫、真脱贫。"贫困人口的精准退出，直接关系到贫困村和贫困县的精准退出。可以说，实现贫困人口的精准退出，是实现"真脱贫"的前提和基础。从现行党和国家的政策来看，"真脱贫"就是要使农村贫困人口达到"两不愁"、"三保障"的基本要求。[②] 然而，目前我国精准扶贫在实践中正面临着严重的"契合度"偏差困境[③]，主要表现为需求性"契合度"偏差、公平性"契合度"偏差和度量性"契合度"偏差。这种"契合度"偏差又严重制约着"两不愁"、"三保障"标准的科学测度，

　　① 陈成文：《从"五有"到"七有"：补齐"民生短板"与推进社会建设》，《江西财经大学学报》2017年第6期，11—12页。
　　② 陈成文、戴玮：《精准扶贫研究要根植于实践沃土——江西财经大学陈成文教授访谈》，《社会科学家》2017年第6期，3—7页。
　　③ 陈成文、李春根：《论精准扶贫政策与农村贫困人口需求的契合度》，《山东社会科学》2017年第3期，42—48页。

最终严重制约着农村贫困人口的"真脱贫"。因此，要实现农村贫困人口的"真脱贫"，就必须制定科学合理的贫困人口退出标准，从根本上走出"契合度"偏差的实践困境，实现"两不愁"、"三保障"的测度转向。只有这样，才能真正实现党的十九大报告所提出的"真脱贫"扶贫攻坚目标。

一、研究背景

贫困标准也称贫困线，是测量贫困人口规模和贫困程度的重要基础和工具，也是贫困退出的重要依据。英国是最早制定收入贫困标准的国家。[①] 早在 1901 年，英国就用"获得维持体力的最低需要的购物篮子"计算贫困线，其中包括了基本食物、住房、衣着、燃料和其他杂物支出。[②]1979 年后，英国将"家庭收入中位数的 60%"作为贫困标准。欧盟国家也普遍采用这一标准。美国的贫困标准也是基于收入视角的，但与欧盟国家不同，美国在测算贫困标准时，通常假设恩格尔系数（食品支出占总消费支出的比重）为 30%。[③] 发展中国家则将"是否达到了最低生活水准"作为贫困标准。这也是一种绝对贫困标准，即贫困的内涵仅限于"饥饿或基本生活不能得到保障"。[④] 目前国内外的贫困标准可以概括为基于收入视角的贫困标准和基于权力视角的贫困标准两大类。

1. 基于收入视角的贫困标准

基于收入视角的贫困标准即是以收入水平为标准作为划分贫困的依据。这类贫困标准的计算方法主要有四种。

（1）标准预算法

标准预算法也称"市场菜篮法"，用这种方法制定出来的贫困线属于

---

① 王小林：《贫困标准及全球贫困状况》，《经济研究参考》2012 年第 55 期，41–50 页。
② 鲜祖德、王萍萍、吴伟：《中国农村贫困标准与贫困监测》，《统计研究》2016 年第 9 期，3–12 页。
③ 中共中央组织部干部教育局等：《精准扶贫精准脱贫——打赢脱贫攻坚战辅导读本》，党建读物出版社 2016 年，第 225 页。
④ 陈成文：《对贫困类型划分的再认识及其政策意义》，《社会科学家》2017 年第 6 期，8–14 页。

"最低生活保障线"。它首先要求确定一张生活必需品清单，内容包括维持社会认定的基本生活水准的必需品种类和数量，然后根据市场价格来计算拥有这些生活必需品需要多少现金，以此确定的现金金额就是贫困线，即最低生活保障线。[①] 关于标准预算法也一直存在争议。因为最后选择纳入"菜篮子"的总是最容易取得一致的项目，而有争议的项目往往会被搁置起来，这就造成用市场菜篮法制定的贫困线标准容易偏低。[②]

（2）恩格尔系数法

恩格尔系数这一概念最早由德国统计学家恩格尔·厄恩斯提出，指的是一个家庭食品消费支出占生活消费总支出的比例[③]。通常把食品消费支出占生活消费总支出比例高于60%的家庭或个人确定为绝对贫困人口，这一系数下的生活支出费用即为绝对贫困标准[④]。国际上一般认可根据恩格尔系数对居民生活水平进行大体划分：60%及以上为贫困，50%—60%为温饱，40%—50%为小康，30%—40%为富裕，30%以下为极富裕。[⑤]另有一些学者提出用标准预算法来确定生活必需品清单和贫困线，用恩格尔系数法调整低保标准的"综合法"测量贫困。[⑥]

（3）马丁法

马丁法是国际上主流的一种贫困测算方法，由世界银行著名经济学家、著名贫困问题专家马丁·雷布林（Martin Ravallion）提出，当前主要

---

① 李瑞林：《中国城市贫困问题研究综述》，《学术探索》2005年第6期，43-49页。

② 唐钧：《确定中国城镇贫困线方法的探讨》，《社会学研究》1997年第2期，62-73页。

③ 19世纪，德国统计学家恩格尔根据统计资料，对消费结构的变化得出一个规律：一个家庭收入越少，家庭收入中（或总支出中）用来购买食物的支出所占的比例就越大，随着家庭收入的增加，家庭收入中（或总支出中）用来购买食物的支出比例则会下降。推而广之，一个国家越穷，每个国民的平均收入中（或平均支出中）用于购买食物的支出所占比例就越大，随着国家的富裕，这个比例呈下降趋势。（参见张祖群：《从恩格尔系数到旅游恩格尔系数：述评与应用》，《中国软科学》2011年第s2期，100-114页）

④ 王振军：《甘肃城乡统筹的贫困标准及贫困人口分析》，《西安财经学院学报》2014年第6期，90-95页。

⑤ 徐映梅、张提：《基于国际比较的中国消费视角贫困标准构建研究》，《中南财经政法大学学报》2016年第1期，12-20页。

⑥ 唐钧：《确定中国城镇贫困线方法的探讨》，《社会学研究》1997年第2期，62-73页。

运用于发展中国家的贫困测量。马丁法根据食品消费支出函数回归模型来客观地计算低收入人群的非食物消费支出。主要原理是通过回归方法计算总支出等于食物贫困线的人口中平均的非食物支出，以此作为非食物贫困线，最后加总食物贫困线和非食物贫困线就得到了贫困线。[①] 用马丁法计算出的贫困线有低贫困线和高贫困线两种，高贫困线是在低贫困线的基础上适当提高非食物支出得到的。马丁法克服了恩格尔系数法只能反映不同的食物消费偏好，不能准确反映居民的不同收入水平的缺陷。[②]

（4）中位数法

用中位数法测得的贫困标准属于相对贫困标准。1976 年，经济合作与发展组织在对其成员国进行调查后提出了一种相对贫困标准，即以一个国家或社会的生活水平中位数或平均值的 50% 作为其贫困线。[③] 随后，这一相对贫困线的测量方法为发达国家广泛采用。如英国以"低于全国居民收入中位数的 60%"作为评判城市人口贫困的标准（这里的"收入中位数"是指处于中间收入分配阶层的家庭所获得的税后收入）。[④] 这种贫困测定方法的主要优点在于可以使受助者得到的救助金额与社会上大多数人的收入同步增长，从而达到分享经济、社会发展成果的目的。[⑤] 但这一贫困标准主要是针对发达国家的经济社会发展水平制定的，发展中国家如果不考虑国情简单套用，可能会脱离实际，不利于贫困治理的开展。

2. 基于权力视角的贫困标准

随着国际反贫困研究的不断深入，国际社会对贫困表现多元性的特质已逐渐形成了共识，即贫困不仅仅是缺乏收入，也是对人类发展的权

---

① 张全红、张建华：《中国农村贫困变动：1981—2005——基于不同贫困线标准和指数的对比分析》，《统计研究》2010 年第 2 期，28—35 页。

② 许应春、李姝姝：《完善我国城市居民最低生活保障制度的思考》，《人口与经济》2006 年第 2 期，66-69 页。

③ 谷晓然：《中国居民收入流动性研究》，中央财经大学 2016 年。

④ 徐李璐邑、苏红键、韩镇宇等：《不同国家应对城市贫困问题的经验及启示》，《现代经济探讨》2017 年第 3 期，83-87 页。

⑤ 唐钧：《确定中国城镇贫困线方法的探讨》，《社会学研究》1997 年第 2 期，62-73 页。

利包括过上长寿而健康的生活、接受良好的教育和拥有有尊严且体面的生活水平等方面的剥夺。① 如阿马蒂亚·森认为，贫困陷阱的精准破解应是塑造和提升个人的可行能力，为人们创造权利关系以及拓展参与经济社会分享的机会。② 我国学者也指出，贫困是指由于基本物质生活资料的缺乏或者基本发展能力的欠缺而导致生存权或发展权不能实现的一种人的生活状态。③ 由此，贫困标准的制定依据也开始由收入视角转向权利视角。基于权力视角的贫困标准可分为两大类。

（1）人类发展指数

人类发展指数（HDI）由联合国开发计划署创立，最初是用来衡量联合国各成员国经济社会发展水平的指标，是对传统的 GNP（国民生产总值）指标挑战的结果。④ 该概念首次出现在联合国发布的《1990 年人类发展报告》之中。后来在 1997 年的《人类发展报告》中联合国将人类发展指数作为一个测定贫困程度的新指标，旨在弥补收入贫困标准的不足。⑤ 人类发展指数是对人类发展情况的一种总体衡量，可以从宏观上综合反映一个地区的贫困状况。它从寿命、知识和生活水平三个方面衡量一个国家或一个地区的平均成就。最初的人类发展指数的计算方法主要由两部组成：第一步是对每个维度绝对量数据进行标准化，得到维度指数；第二步是将维度指数加总成人类发展指数。⑥ 自人类发展指数诞生之日起就纷争不断，褒贬不一，联合国开发计划署对此也做出了必要的回

---

① 郭建宇、吴国宝：《基于不同指标及权重选择的多维贫困测量——以山西省贫困县为例》，《中国农村经济》2012 年第 2 期，12—20 页。

② 岳映平、贺立龙：《精准扶贫的一个学术史注脚：阿马蒂亚·森的贫困观》，《经济问题》2016 年第 12 期，17—20 页。

③ 刘晓霞、周凯：《我国农村贫困标准的政策演进与立法研究——基于生存权、发展权的视角》，《甘肃理论学刊》2013 年第 4 期，159—165 页。

④ 尹应凯、崔茂中：《国际碳金融体系构建中的"中国方案"研究》，《国际金融研究》2010 年第 12 期，59—66 页。

⑤ 李小云、张雪梅、唐丽霞：《当前中国农村的贫困问题》，《中国农业大学学报》2005 年第 4 期，67—74 页。

⑥ 王小林：《贫困标准及全球贫困状况》，《经济研究参考》2012 年第 55 期，41—50 页。

应，不断对人类发展指数的构成指标、阈值与算法等做出必要的调整。[①]但是，由于人类发展指数反映的是一种宏观上的综合指标，因此在具体的贫困治理实践中对贫困退出标准的制定指导意义不大。

（2）多维贫困指数

虽然人类发展指数对收入贫困标准作了重要补充，但仍不足以反映人的基本可行能力被剥夺情况。因此，联合国开发计划署（UNDP）在对人类发展指数进行拓展的基础上，于2010年推出了与英国牛津大学合作开发的"多维贫困指数"（multidimensional poverty index，简称"MPI"）。这一"多维贫困指数"对人类发展指数的3个指标（健康、教育和生活水平）进行了扩充，提出了10个具体的贫困测量维度。[②]多维贫困指数已成为当前贫困测度的最常用的方法之一。多维贫困指数编制的常用方法有权重法、频率法和统计法等。[③]从国内研究现状来看，基于多维视角研究贫困测量的文献也逐渐增多。如有学者利用AF多维贫困测量方法从收入、教育、健康、生活质量和社会资源5个维度对贫困地区农户的多维贫困状况进行测度，并从政府社区内部项目资源管理能力、扶贫项目参与能力和农户自我发展能力三个方面对连片特困区农户多维贫困的影响因素进行分析。[④]还有学者从家庭禀赋、生态环境、基础设施与公共服务这三个维度构建了易地扶贫搬迁户识别的多维指标体系，以此检验了多维指标体系下的扶贫搬迁户的识别情况，并采用回归分解方法分析了不同指标对识别准确率的贡献度。[⑤]

总体来看，自20世纪70年代以来，贫困的多维性逐渐在国际上形成共

① 陈友华、苗国：《人类发展指数：评述与重构》，《江海学刊》2015年第2期，90–98页。

② 郭建宇、吴国宝：《基于不同指标及权重选择的多维贫困测量——以山西省贫困县为例》，《中国农村经济》2012年第2期，12–20页。

③ 陈成文、陈建平：《社会组织与贫困治理：国外的典型模式及其政策启示》，《山东社会科学》2018年第3期，58–66页。

④ 周常春、翟羽佳、车震宇：《连片特困区农户多维贫困测度及能力建设研究》，《中国人口·资源与环境》2017年第11期，95–103页。

⑤ 殷浩栋、王瑜、汪三贵：《易地扶贫搬迁户的识别：多维贫困测度及分解》，《中国人口·资源与环境》2017年第11期，104–114页。

识，普遍认为贫困不仅仅表现为收入贫困，也可能表现为多种形式，如教育贫困、健康贫困等；在收入并不贫困的地区，其他维度的贫困程度也可能很高。虽然我国现行农村贫困人口退出标准，在判断人均纯收入的基础上进一步考察了"两不愁"，"三保障"，是以多维贫困理论为依据，但是贫困退出的识别与测量仍旧主要依赖收入指标，贫困线的计算依据和多维标准的测度还有待于进一步完善。而且当前国内已有的多维贫困标准研究大多注重于多维指标的拓展，对各个维度指标的具体测量、相关数据采集和控制研究不够，没有形成科学合理同时又便于操作的测度方法。因此，从这个角度看，对农村贫困人口退出标准及测度方法进行优化设计具有重要的政策意义。

二、"契合度"偏差：我国现行农村贫困人口退出标准的实践困境

2016 年 4 月，中共中央办公厅、国务院办公厅印发的《关于建立贫困退出机制的意见》明确指出："贫困人口退出以户为单位，主要衡量标准是该户年人均纯收入稳定超过国家扶贫标准且吃穿不愁，义务教育、基本医疗、住房安全有保障。"这一农村贫困人口退出标准具体包括三大指标，第一大指标是户年人均纯收入稳定超过国家贫困线，第二大指标是实现"两不愁"，第三大指标是实现"三保障"。应该说，贫困户只要不折不扣地实现了这三大指标，就肯定可以被认定为"真脱贫"。[①] 然而，我国现行农村贫困人口退出标准在实践中存在着严重的"契合度"偏差，这种偏差主要表现为贫困标准的计算依据未能很好地契合农村贫困人口的现实消费需求，未能很好地契合不同贫困家庭的差异性，也未能很好地契合测度的统计要求。

1. 需求性"契合度"偏差：消费清单单一化

我国现行贫困标准（贫困线）的计算方法采取的是马丁法，由基本

---

① 陈成文：《从"内卷化"看精准扶贫资源配置的矫正机制设计》，《贵州师范大学学报（社会科学版）》2017 年第 1 期，36–44 页。

食物消费支出和基本非食物支出两部分组成。基本食物支出限定为"满足每天 2100 大卡热量以维持人体基本需要的食物支出"，具体计算方法为由一篮子基本食物消费量和相应价格计算并加总而成。基于这一基本食物篮子的食物消费清单为：每人每天 1 斤大米或面粉、1 斤蔬菜、1 两肉或一个鸡蛋。[①] 按照这一食物消费清单折算出的金额为每人每年 1498元（2014 年水平）。按照相应年份的价格水平，2015 年的基本食物支出标准为 1527 元。这一食物消费清单完全排除了一些有害的、非必需的和奢侈性的食物支出，如烟酒[②] 等。很显然，在基本食物消费清单中完全排除一些有害的、非必需的和奢侈性的食物支出是不科学的，因为农村贫困居民在这些项目上也是有支出的。根据《2016 年中国农村贫困监测报告》，2015 年贫困地区人均食品烟酒合计支出为 2411 元（见表 3-1），远高于 1527 元的食品支出标准。再有，我国现行运用马丁法制定的贫困标准虽然在考虑人口必需热量摄入的基础上增加了必要的非食物需求，但经回归后得到的这一非食物需求线仅仅是统计学意义上的需求量，也没有考虑到我国贫困地区农村居民的消费支出习惯，计算依据缺少符合农村贫困家庭消费结构和消费习惯的消费清单。

表 3-1　2015 年贫困地区与全国农村消费水平和结构对比

指标	贫困地区人均消费支出（元）	全国农村人均消费支出（元）	贫困地区相当于全国农村平均水平（%）	贫困地区居民消费构成（%）	全国农村居民消费构成（%）
人均消费支出	6656	9223	72.2	100.0	100.0
食品烟酒[③]	2411	3048	79.1	36.2	33.0
衣着	405	550	73.6	6.1	6.0
居住[④]	1376	1926	71.4	20.7	20.9

---

① 中共中央组织部干部教育局等：《精准扶贫　精准脱贫——打赢脱贫攻坚战辅导读本》，党建读物出版社 2016 年。

② 烟酒具有成瘾性质，在很多贫困家庭，每天一定量的烟酒与基本食品同等重要。

③ 这里的食品烟酒包括食品、烟酒、饮料、饮食服务四个方面。

④ 这里的居住消费支出包括租赁房房租，住房维修及管理，水、电、燃料及其他，自有住房折算租金四个方面。

续表

指标	贫困地区人均消费支出（元）	全国农村人均消费支出（元）	贫困地区相当于全国农村平均水平（%）	贫困地区居民消费构成（%）	全国农村居民消费构成（%）
生活用品及服务	411	546	75.3	6.2	5.9
交通通信	693	1163	59.6	10.4	12.6
教育文化娱乐	680	969	70.2	10.2	10.5
医疗保健	567	846	67.0	8.5	9.2
其他用品和服务	114	174	65.5	1.7	1.9

数据来源：《2016 中国农村贫困监测报告》。

2. 公平性"契合度"偏差：家庭差异等同化

我国现行贫困退出的核心标准是"户年人均纯收入稳定超过国家的贫困线"。在这里，我们忽视了"不同规模家庭满足其最低需要所必需的收入的差异性"，将计算简化为"家庭收入除以家庭成员数"。这种做法不仅忽视了许多消费项目使用中的规模经济，也忽视了儿童与成人的不同需要，还忽视了家庭内部可能存在的消费权不平等。[1] 这是因为：当家庭不止一位成员时，众多家庭成员往往可以共享生活基础设施、一般商品和服务项目；不同家庭结构中不同年龄成员各方面的营养需求不一样；家庭内部可能存在收入分配的不公平。正是考虑到家庭结构对消费支出带来的影响，美国基于不同人口规模和不同年龄结构的家庭制定了不同的贫困线标准[2]。从表 3-2 中可以发现，在我国贫困地区，不同人口规模家庭的人均消费支出差异性较大。因此，不同人口规模的家庭采用统一的年人均纯收入贫困标准来衡量贫困有违公平性原则。

---

[1] 阿马蒂亚：《贫困与饥荒》，王宇、王文玉译，商务印书馆 2001 年。
[2] 参见王小林：《贫困标准及全球贫困状况》，《经济研究参考》2012 年第 55 期，41—50 页。

表 3-2　2015 年按家庭规模分组的贫困地区农村常住居民消费情况

（单位：元）

指标	合计	1 人户	2 人户	3 人户	4 人户	5 人户	6 人以上户
人均消费支出	6656	12476	8473	7457	6386	5394	4644
食品烟酒	2411	4997	3381	2620	2195	1908	1703
衣着	405	748	450	466	401	337	300
居住①	1376	2931	1907	1572	1277	1037	874
生活用品及服务	411	822	539	475	386	322	266
交通通信	693	1170	778	791	668	588	550
教育文化娱乐	680	504	393	804	854	658	492
医疗保健	567	1074	877	589	504	462	372
其他用品和服务	114	229	148	139	100	82	85

数据来源：《2016 中国农村贫困监测报告》

3. 度量性"契合度"偏差：退出指标模糊化

收入贫困是贫困的核心问题，但贫困不仅仅是收入问题，也是多维度的综合问题。[②] 基于这一观点，我国当前的贫困退出标准也是一种多维标准。按照中共中央办公厅、国务院办公厅印发的《关于建立贫困退出机制的意见》，农村贫困人口退出不仅要符合"户年人均纯收入稳定超过贫困线"，还要达到"吃穿不愁，义务教育、基本医疗、住房安全有保障"，即"两不愁"，"三保障"。然而，"两不愁，三保障"是一个很模糊的指标，在实际执行中面临着如何准确测量的问题。当前很多地方将"两不愁，三保障"中的"两不愁"归纳到"家庭年人均收入三年稳定超过贫困线"当中；将"三保障"落实为"不住危旧房，没有辍学子女，购买了医疗保险"。很显然，我国当前3000元左右的贫困线最多只能算温饱线（国际上恩格尔系数 50%—60% 为温饱，我国现行贫困标准中基本食物支出比重为 53.5%），就算家庭年人均收入超过贫困线也很难谈得上

---

① 这里的居住消费支出依然包括租赁房房租，住房维修及管理，水、电、燃料及其他，自有住房折算租金四个方面。

② 中共中央组织部干部教育局：《精准扶贫　精准脱贫——打赢脱贫攻坚战辅导读本》，党建读物出版社 2016 年。

"吃穿不愁"。另外，就算实现了"不住危旧房，没有辍学子女，购买了医疗保险"，也很难说明贫困家庭实现了"三保障"。因为即使政府兜底帮助贫困家庭购买了医疗保险，在实际医疗支出中也还存在着一部分自负费用，尤其是患有慢性疾病的贫困对象，医疗支出占据了其非食物支出的很大一部分比例。[①] 同样实现不住危旧房，没有辍学子女，也需要贫困家庭承担一部分自负费用。考虑到我国现行贫困标准中供贫困对象用于非食物支出的费用仅为年人均 1327 元（2015 年水平），以及当前我国大多数贫困对象属于因病致贫和因病返贫对象[②]，如果继续使用这种模糊的度量指标作为农村贫困人口的退出标准，很难实现党的十九大报告中所要求的"真脱贫"。

总之，要实现十九大报告中所提出的"真脱贫"，就必须走出我国现行农村贫困人口退出标准的"契合度"偏差困境。而要走出这种"契合度"偏差困境，就必须从根本上实现农村贫困人口退出标准的测度转向："两不愁"的测度应由"单一化"走向"综合化"；"三保障"的测度应由"模糊化"走向"具体化"。

三、由"单一化"走向"综合化"："两不愁"测度的转型取向

上述分析已经表明，我国现行贫困标准中的食物需求线和非食物需求线的计算依据均没有较为全面地考虑到我国贫困地区居民的消费习惯，缺少符合农村贫困人口现实消费需求的食物消费清单和非食物消费清单。同时现有的贫困线也忽视了家庭规模经济效应可能带来的影响。因此，

---

① 陈成文：《牢牢扭住精准扶贫的"牛鼻子"——论习近平的健康扶贫观及其政策意义》，《湖南社会科学》2017 年第 6 期，63—70 页。

② 根据国务院扶贫办于 2016 年底所进行的"回头看"数据统计显示，因病致贫、因病返贫户的占比不仅没有下降，反而上升到 44.1%，与 2013 年的 42.4% 相比，增加了近两个百分点。（健康扶贫是脱贫攻坚战的重要一环，中国经济网，见 http://health.ce.cn/news/201607/05/t20160705_4011302.shtml）

只有优化我国现有的贫困标准，实现其计算依据由"单一化"走向"综合化"，才能确保农村贫困人口真正实现"两不愁"。

1. 拓展消费清单

2015 年 11 月 29 日，中共中央和国务院共同发布的《关于打赢脱贫攻坚战的决定》中明确提出，要"加快补齐全面建成小康社会中的这块突出短板，决不让一个地区、一个民族掉队"。2016 年 12 月 31 日，习近平总书记在 2017 年新年贺词中再次强调："小康路上一个都不能掉队。"这表明，我国当前脱贫攻坚的最终目标是要让农村贫困人口与全国人民一道实现小康。从这个意义上说，我国当前的贫困标准已不再属于以往的极端贫困标准，至少要达到小康的门槛线，才能实现"不愁吃，不愁穿"。因此，我国现行的贫困线应该进一步优化为"小康贫困线"。[1] 这就要求我们的贫困线必须在现有的基本食物支出的基础上进一步拓展消费清单。

从我国当前的国情来看，贫困地区居民平均生活水平、全国农村居民平均生活水平、城镇居民平均生活水平三者正好可以代表当前我国居民生活水平的三个层次。从"小康贫困线"的本质来看，其已经上升为一种相对贫困，而不仅仅是一种为解决生存危机的绝对贫困。参照发达国家通常以一个国家或社会的生活水平中位数或平均值的 50% 作为其贫困线的标准，我们"小康贫困线"至少要达到全国农村居民平均生活水平的 50%。[2]

从历年的中国农村贫困监测报告来看，农村贫困人口的消费支出主要由食品烟酒、衣着、居住、生活用品及服务、交通通信、文教娱乐、医疗保健、其他用品和服务 8 个方面组成。因此，我们制定小康贫困线的消费清单必须包括这 8 个方面的支出。可以进一步将这 8 个方面的支出概括为六大块。第一块为食物支出（食品烟酒）；第二块为衣着支出；

---

① 陈成文、陈建平、陶纪坤：《产业扶贫：国外经验及其政策启示》，《经济地理》2018 年第 1 期，127—134 页。

② 从历年《中国入户调查年鉴》中的统计数据来看，我国农村中等收入户（20%）的收入和消费水平与全国农村居民平均生活水平基本一致。

第三块为居住支出；第四块为教育支出；第五块为医疗支出；第六块为拓展性支出（生活用品及服务、交通通信、文化娱乐、其他用品及服务）。如果用 C1、C2、C3、C4、C5、C6 分别表示这六块支出，用表示"小康贫困线"，则贫困标准可简单表示为如下：

$$Pl=C1+C2+C3+C4+C5+C6$$

其中 C1=2100 大卡热量的基本食物 + 烟酒，由此我们可以得出调整后的贫困线为：2855×53.5%+2732.6 ≈ 4260 元（2015 年水平）。

表 3-3　2015 年我国农村居民非食品平均消费支出情况

（单位：元）

指标	烟酒	衣着	居住①	教育	医疗保健	拓展性支出				合计
						生活用品及服务②	交通通信	文化娱乐	其他用品及服务	
金额	400.2	550.5	816.5	730.3	846.0	545.6	1163.1	239.0	174.0	5465.2
取 50%	200.1	275.3	408.3	365.2	423.0	272.8	581.6	119.5	87.0	2732.6

数据来源：《2016 中国住户调查年鉴》。

2. 考虑规模效应

要进一步优化我国现行的贫困标准，就必须考虑家庭的规模效应。要按家庭规模设置贫困线，消除家庭内部结构对家庭消费支出的影响。由于相关研究已经表明，影响家庭消费效益的主要因素是家庭的人口规模。③ 因此本研究只考察不同人口规模家庭贫困标准的差异性。

根据《2016 中国住户调查年鉴》，2015 年我国农村家庭户均常住人口为 3.3 人，因此，本研究以 3 口之家为基准计算贫困地区不同人口规模家庭的消费支出影响系数。参照童星和林闽钢等人的研究④，这一规模影

---

① 这里的居住消费支出只包括住房维修及管理，水、电、燃料及其他两个方面的花费。
② 包括家具及室内装饰品、家用器具、家用纺织品、家庭日用杂品、个人护理用品、家庭服务六个方面。
③ 童星、林闽钢：《我国农村贫困标准线研究》，《中国社会科学》1994 年第 3 期，86-98 页。
④ 童星、林闽钢：《我国农村贫困标准线研究》，《中国社会科学》1994 年第 3 期，86-98 页。

响系数的计算公式可表示如下：

$$S_i = \frac{C_i}{C_3} \bigg/ \frac{I_i}{I_3} = \frac{C_i I_3}{C_3 I_i}$$

这里，S_i 代表家庭人口数为 i 时的规模影响系数，C_i 代表人口数为 i 的家庭年人均消费支出，C_3 代表人口数为 3 的家庭年人均消费支出，I_i 代表人口数为 i 的家庭年人均可支配收入，I_3 代表人口数为 3 的家庭年人均可支配收入。由此，我们可以得出贫困地区不同人口规模家庭的生活消费影响系数，具体见表 3-4 所示。

表 3-4　2015 年贫困地区不同人口规模家庭的消费支出影响系数

家庭规模	人均可支配收入（元）	人均消费支出（元）	规模影响系数
1 人	12606	12476	1.128
2 人	10088	8473	0.957
3 人	8497	7457	1.000
4 人	7254	6386	1.003
5 人	6205	5394	0.991
6 人及以上	5481	4644	0.965

数据来源：《2016 中国农村贫困监测报告》。

从表 3-4 可以看出，3 口之家、4 口之家和 5 口之家之间的规模影响系数差距不大，因此，可以在根据家庭规模计算贫困线时取三者的平均值将其合并为一组。以上文计算出的 4260 元的贫困线为基准，最后得出的基于不同人口规模的贫困线如表 3-5 所示。

表 3-5　不同家庭规模的贫困线

家庭规模	1 人	2 人	3-5 人	6 人及以上
规模影响系数	1.128	0.957	0.998	0.965
贫困线（元）	4805	4076	4251	4110

四、由"模糊化"走向"具体化"："三保障"测度的转型取向

采用多维贫困测度理论对贫困退出进行识别，在维度选择的基础上，需要进一步确定各维度指标的退出临界值。我国现行多维贫困退出标准中的"三保障"由于其具有模糊性，没有针对相关指标制定出具体的临界值，因此在地方实践中采用的是一种主观上的公认标准。这种主观上的公认标准虽然简单可行，操作性强，但是不利于保证农村贫困人口退出的客观性和精准性。这就要求我们对"三保障"的测量标准进行更为具体的优化设计，从根本上实现其计算依据由"模糊化"走向"具体化"。

当前，在大多数地方的贫困退出实践中，"三保障"中的"义务教育有保障"在具体测量中被简化为"家庭无义务教育阶段辍学学生"，"基本医疗有保障"在具体测量中被简化为"家庭成员全部参加新型农村合作医疗和大病保险"。这两项测量标准虽然可操作性强，易于测量，但不具有科学性。就"义务教育有保障"而言，这一测量标准并不能反映出辍学是由于家庭贫困付不起学费这一原因导致的。而且也没有考虑到有些家庭虽然没有辍学儿童，但这一"无辍学"是依靠挤压家庭的其他正常消费支出实现的。就"基本医疗有保障"而言，这一测量标准忽视了这样一种现实：医疗支出的报销范围是有限制的，有些患有慢性疾病的贫困对象由于需要长期吃药治疗，仍旧不堪重负。因此，必须为义务教育和基本医疗有保障这两项贫困退出标准设计出一个科学客观的临界值。在这里，我们可以参考英国对饮用水贫困和燃料贫困定义方法。英国政府把饮用水贫困定义为"如果一个家庭水消费支出超过税后收入的3%，则为饮用水贫困；将燃料贫困定义为"如果一个家庭的取暖费超过税后收入的10%，则为燃料贫困"。[①] 同理，我们可以设计出一定的临界比例，当家庭的义务教

---

① 王小林、Sabina、Alkire：《中国多维贫困测量：估计和政策含义》，《中国农村经济》2009 年第 12 期，4-10 页。

育支出或基本医疗支出占总消费支出的比例超过临界比例时，则可认定其为"义务教育贫困"或"基本医疗贫困"。

上述分析表明，贫困地区农村居民的消费支出分为以下六大块：食物支出（C1）、衣着支出（C2）、居住支出（C3）、教育支出（C4）、医疗支出（C5）、拓展性支出（C6）。这六大块按需求的强度进行排列，由高到低分别是：食物支出（C1）、医疗支出（C5）、教育支出（C4）、居住支出[①]（$C3'$）、衣着支出[②]（C2）、拓展性支出（C6）。当这六大块有一块支出消费不够时，就会挤占其下一级的相应消费支出，挤占的顺序从最低一级开始。

就"义务教育有保障"而言，当贫困家庭的义务教育支出不够时，就会挤占其下一级的正常消费支出，挤占顺序为：拓展性支出、衣着支出、居住支出。当这三部分正常消费支出被挤占后，还不足以支撑起教育支出时，贫困家庭往往就会选择让子女辍学，因为从需求的强度而言，义务教育支出的需求强度低于医疗支出和食物支出，因此很难再挤占这两部分的消费支出。这就是说，义务教育贫困的临界值可表示如下：

$$Cri(edu) = \frac{C4 + C6 + C2 + C3'}{C1 + C2 + C3 + C4 + C5 + C6} \times 100\%$$

代入相关数据计算得出 $Cri(edu) \approx 44\%$。由此，农村贫困家庭实现"义务教育有保障"这一标准即可优化为：家庭无义务教育阶段辍学学生，同时义务教育支出占家庭总消费支出的比例不超过44%。

同理，就"基本医疗有保障"而言，当贫困家庭的基本医疗支出不

---

① 这里的居住支出与表1、表2、表3中的居住支出的内容不同，这里的居住支出只包含住房维修及管理方面的支出，因此用 $C3'$ 表示，根据《2016中国住户调查年鉴》可算得 $C3'=169.5$。

② 由于衣类和鞋类属于耐久性用品，因此，当一个家庭将每年正常的衣着支出转换为其他方面需求性更强的消费支出时其生活水平不一定会受到明显的影响。

够时，也会挤占其下一级的正常消费支出，挤占顺序为：拓展性支出、衣着支出、居住支出、教育支出。当这四部分正常消费支出被挤占后，还不足以支撑起医疗消费支出时，贫困家庭往往就会选择放弃治疗，因此，基本医疗保障贫困的临界值可表示如下：

$$Cri(med) = \frac{C5 + C2 + C3' + C4 + C6}{C1 + C2 + C3 + C4 + C5 + C6} \times 100\%$$

代入相关数据计算得出 $Cri(edu) \approx 54\%$。因此，农村贫困家庭实现"基本医疗有保障"这一标准即可优化为：家庭成员全部参加了新型农村合作医疗和大病保险，同时基本医疗支出占家庭总消费支出的比例不超过 54%。

这里需要说明的是，基本医疗支出和义务教育支出具有持续性（尤其是患有慢性疾病的贫困对象需要持续性医疗支出），而农村住房的维修和改建大多属于一次性支出消费。因此，上述基本医疗和义务教育保障的测度方法不适合用于农村贫困家庭"住房安全有保障"这一指标的测度。

"住房安全有保障"这退出一标准根据住房与城乡建设部编制的《农村危险房屋鉴定技术导则（试行）》（建村函〔2009〕69号）[①]基本就能把握，因此"住房安全有保障"这一退出标准的具体测度不在本研究的考察范围之内。

我国扶贫开发已进入到了最关键也是最艰巨的历史性时期。习近平总书记在 2018 年新年贺词中再次寄语我国的脱贫攻坚工作："全社会要行动起来，尽锐出战，精准施策，不断夺取新胜利。"要实现"全面打赢脱贫攻坚战"的最终目标，农村贫困人口的退出必须有序化和精准性推进。而科学合理的农村贫困人口退出标准和测度方法是实现精准退出的

---

① 中华人民共和国住房和城乡建设部：《关于印发〈农村危险房屋鉴定技术导则（试行）〉的通知》，见 http://www.mohurd.gov.cn/wjfb/200903/t20090330_188114.html。

坚实保障。换而言之,农村贫困人口的退出标准和测度方法是否科学合理,直接决定着贫困退出的精准性,影响着"真脱贫"这一目标的顺利实现。总之,在我国扶贫开发进入啃硬骨头、攻坚拔寨的冲刺期,只有不断优化和完善贫困退出标准和测度方法,提高脱贫质量,才能实现农村贫困人口稳定脱贫。

笔者在精准扶贫的调研过程中曾听当地老百姓这样说:"如果按照现行人均3000元左右的收入标准,很多贫困对象都不符合贫困标准,因为贫困家庭中只要有一人在外务工,家庭收入平均下来就不止当前的贫困标准,而事实上在外务工的家庭成员还面临着与农村消费习惯不一样的各种消费支出。正因为如此,为了符合'标准'一些地方的精准识别变成了'精准造假',伪造收入数据。"另外,由于现行的贫困标准不太符合一些地方的消费支出实情,同时多维测度又具有模糊性,这使得一些建档立卡贫困户虽然已经达到了现行的退出标准,但他们认为自身仍处于贫困状态,因此不愿意签字退出。这样一来又带来了另外一种恶果:一些地方为了按时实现脱贫摘帽,将贫困指标向非贫困户倾斜或向易于脱贫的轻度贫困户倾斜,真正的深度贫困地区和贫困户反而获得较少的贫困指标。这些现实都不符合十九大报告中提出的"脱真贫,真脱贫"要求。因此,基于上述研究,笔者建议将我国当前的农村贫困标准提高至4260元,并基于规模影响系数对不同人口规模的贫困家庭的贫困标准进行调整;在多维测度方面,建议将农村贫困人口的"义务教育有保障"具体化为"家庭无义务教育阶段辍学学生,同时义务教育支出占家庭总消费支出的比例不超过44%",将农村贫困人口的"基本医疗有保障"具体化为"家庭成员全部参加了新型农村合作医疗和大病保险,同时基本医疗支出占家庭总消费支出的比例不超过54%"。

第四章 "因病滞贫"与农村医疗保障制度改革

    我国精准扶贫已经进入了啃硬骨头的冲刺期。这块"硬骨头"集中表现为一种"因病滞贫"的现实困境：绝大多数农村贫困人口因常年受到疾病的纠缠只能长期滞留在贫困的境地。换言之，疾病不仅是绝大多数农村贫困人口陷入贫困的主要致因，而且也是绝大多数农村贫困人口长期难以摆脱贫困的根本痼瘤。这就意味着，当前精准扶贫要顺利度过啃硬骨头的冲刺期，就必须走出"因病滞贫"的现实困境。而要走出"因病滞贫"的现实困境，就必须加快农村医疗保障制度改革的步伐。可喜的是，这一问题早已引起党中央和国务院的高度关注。2014年12月，习近平总书记在江苏调研时就指出："要推动医疗卫生工作重心下移、医疗卫生资源下沉，推动城乡基本公共服务均等化，为群众提供安全有效、方便价廉的公共卫生和基本医疗服务，真正解决好基层群众看病难、看病贵问题。"2016年4月，习近平总书记在安徽调研时再次强调："因病致贫、因残致贫问题时有发生，扶贫机制要进一步完善兜底措施，在医保、新农合方面给予更多扶持。"2015年11月29日，中共中央、国务院出台的《关于打赢脱贫攻坚战的决定》(以下简称《决定》)中明确提出了"开展医疗保险和医疗救助脱贫"的精准扶贫方略，并强调要"实施健康扶贫工程，保障贫困人口享有基本医疗卫生服务，努力防止因病致贫、因病返贫"。2017年2月23日，民政部发布的《关于进一步加强医疗救助与城乡居民大病保险有效衔接的通知》(以下简称《通知》)中指出："医疗救助和城乡居民大病保险(以下简称大病保险)是我国多层次医保障体系的重要组成部分，发挥保障困难群众基本医疗权益的基础性作用。"可见，推进以新型农村合作医疗、新农合大病保险和医疗救助为主要内容的农村医疗保障制度改革，充分发挥农村医疗保障制度的扶贫功能，是走出"因病滞贫"困境的关键环节。

一、"因病滞贫"：一种"支出型贫困"状态

众所周知，因病致贫与因病返贫是精准扶贫战略推进中的现实瓶颈。国务院扶贫办 2013 年建档立卡数据显示，全国因病致贫和因病返贫贫困户有 1256 万户，占贫困户总数的 42.4%（吉林、浙江、安徽、江西、山东、湖北、湖南、四川等省甚至超过了 50%），其中，患大病的有 417 万人，占 4.7%，患长期慢性病的有 1504 万人，占 16.8%。在各种致贫原因中，因病致贫在各地区都排在最前[1]。到 2015 年底，全国建档立卡贫困户中，因病致贫与因病返贫贫困户占到 44.1%，患大病的有 240 万人，患长期慢性病的有 960 万人[2]。相比 2013 年，虽然患大病和患长期慢性病的贫困户大幅减少，但因病致贫与因病返贫贫困户所占的比例反而有所上升。这就表明，疾病问题已成为精准扶贫的根本痼瘤。一项针对农村家庭的抽样调查显示，有超过一半以上（54.5%）的农村受访家庭认为医疗支出负担偏重，其中感到医疗支出负担非常重的家庭占 23.4%，感觉较重的占 31.1%；只有 32% 的受访者认为家庭医疗支出负担一般，而认为负担较轻或很轻的受访家庭占比仅为 13.6%；在借债的农村受访家庭中，有一半以上（57.31%）是为了看病而借债[3]。相关统计还显示，2014 年农

---

① 中共中央组织部干部教育局等：《精准扶贫 精准脱贫——打赢脱贫攻坚战辅导读本》，党建读物出版社 2016 年。

② 《农村贫困人口 44% 因病致贫 国家卫计委部署健康扶贫》，见 http://mt.sohu.com/20160705/n457927540.shtml。

③ 民政部政策研究中心课题组、江治强：《困难家庭医疗保障状况及政策建议——基于"中国城乡困难家庭社会政策支持系统建设"项目调查数据的专题分析》，《中国民政》2016 年第 20 期，23-26 页。

村居民人均可支配收入增长 9.2%[①]，而当年农村居民医疗保健支出额同比增长 17.56%[②]。医疗保健费用支出增速明显超过可支配收入增速。这些情况充分说明，当前农村贫困人口的贫困主要属于支出型贫困，而这种支出型贫困主要是由于疾病所造成的。

因病致贫与因病返贫大体有以下三种情况：一是家庭主要劳动力患病，失去或部分丧失劳动能力，导致家庭收入减少，并且医疗费用支出增加，从而造成贫困；二是家庭成员中有长期患病或患大病者，导致医疗费用负担长期过重，有的甚至为治病倾家荡产、负债累累；三是上述两种情况同时发生在一个家庭中，从而出现最严重的因病致贫[③]。上述三种情况的共同特点是治疗费用负担重、患病相关生活开支大幅增加、患病家庭稳定收入减少。可见，无论是因病致贫还是因病返贫，其实质都是疾病造成家庭支出过大，远远超出家庭收入的承受能力，致使实际生活水平处于绝对贫困状态。也就是说，因病致贫与因病返贫必然导致"支出型贫困"。如果这种"支出型贫困"没有被有效遏制，又必然导致病与贫之间的恶性循环：疾病—支出加大—贫困加深—无力医治—疾病加重……而这种恶性循环的最终结果就是"因病滞贫"，即因常年受到疾病的纠缠而只能长期滞留在贫困的境地。可见，"因病滞贫"本质上就是一种"支出型贫困"状态。

二、农村医疗保障制度："支出型贫困"的有效化解机制

已有研究指出，在支付医疗费用后，部分家庭会陷入贫困，贫困差距指数会扩大，即医疗费用会加深贫困的广度和深度；但经新型农村合

---

① 社科院：《2014 年农村居民人均可支配收入增长 9.2%》，见 http: //finance.ifeng.com/a/20150422/13655173_0.shtml。

② 《2006–2015 年城乡居民人均医疗保健支出情况》，见 http: //bg.qianzhan.com/report/detail/459/160511–b17af97a.html。

③ 商丽景：《对我国农村医疗保险的探索——从"因病致贫"现象谈我国农村医疗保险》，《教育与教学研究》2004 年第 12 期，73–75 页。

作医疗（以下简称"新农合"）补偿后，贫困差距指数会缩小，贫困深度会得到减轻；另外，经大病保险补偿和医疗救助补偿后，贫困差距指数也会大幅缩小[①]。也就是说，农村医疗保障制度不仅能有效减少贫困的广度，还能有效缓解贫困深度。还有研究表明，各地农村人口中贫困人口参加"新农合"的比例越高，其农村贫困人口数量减少的幅度也越大：贫困人口的"新农合"参加率每增加1个百分点，当地农村贫困人口数平均减少约1.11%~1.49%[②]。可见，农村医疗保障制度具有明显的扶贫功能。这种扶贫功能决定了农村医疗保障制度是"因病滞贫"而导致的"支出型贫困"的有效化解机制。

1. 增加疾病型农村贫困人口的政策转移性收入

医院在医疗市场的相对垄断性使得低收入人群和高收入人群面临着同样的医疗费用支付标准（次均医疗费用[③]）。次均医疗费用的快速增加，意味着高收入人群和低收入人群对医疗费用的承受能力差距越来越大，社会公平性下降。虽然发生医疗费用是个概率事件，但对低收入群体来说，医疗费用对其收入公平性影响显著[④]。这就是说，有必要通过收入再分配机制保障贫困对象在医疗支出方面的公平性。以收入再分配的方式进行扶贫，实质上就是一种保障性扶贫。这是因为，保障式扶贫就是以公共财政和收入再分配机制为依托，通过在社会发展领域建立社会保障制度，以实现人类基本需求并达到减贫目的[⑤]。当前，我国农村贫困人口的家庭收入主要由工资性收入、经营性收入、政策转移性收入和社会支持性收

① 仇雨临、张忠朝：《贵州少数民族地区医疗保障反贫困研究》，《国家行政学院学报》2016年第3期，69-75页。
② 李晓嘉、刘鹏：《中国农村医疗保障制度与农民贫困的实证研究——以广东省为例》，《经济与管理》2007年第11期，18-22页。
③ 次均医疗费用是指某定点医院全年所有病人在该院治疗时发生费用的平均数。
④ 宋明山等：《浙江省新型农村合作医疗改善农村居民收入分布公平能力的评价研究》，《中国卫生经济》2006年第2期，34-36页。
⑤ 陈健生：《生态脆弱地区农村慢性贫困研究——基于600个国家扶贫重点县的检测数据》，经济科学出版社2009年。

入（慈善、亲属资助、社会帮扶）四部分组成。农村医疗保障制度以收入再分配的方式所进行的保障性扶贫，实质上就是增加疾病型农村贫困人口的政策转移性收入。

收入再分配是针对市场第一次分配不公平进行的。税收和社会保障是再分配环节调节收入分配最主要的制度安排，国际经验表明，社会保障缩小收入差距的作用甚至大于税收，因此成为很多国家进行收入再分配的重要手段[①]。根据尼古拉斯·巴尔的观点，调节收入再分配是医疗保障的重要目标，即医疗保障在国民收入再分配中可以起到重要的调节功能。他认为，通过医疗保障的"互助共济"实现"富人补贴穷人"（或者将健康者和富有者的一部分收入转移给了病人和穷人），可以调节高收入者和低收入者、高风险人群和低风险人群之间的收入分配[②]。这是因为，医疗保险降低了病人自行支付的医疗费用，可以让低收入病人利用更多的医疗服务并享受更多的补偿，从而在一定程度上承担收入转移的功能。因此，医疗保障制度是国民收入第二次分配的手段之一，在一定程度上能改善居民收入分配的公平性[③]。

作为我国社会保障体系的重要组成部分，农村医疗保障制度的收入再分配逻辑在于其通过对低收入者进行医疗补助或实施大病救助，有效增加了疾病型农村贫困人口的政策转移性收入。部分地区的实证研究表明，目前我国的"新农合"补偿更倾向于发挥收入再分配功能（即政策转移性收入功能），这是因为低收入农民所获得的补偿高于高收入农民所获得的补偿[④]。这就是说，"新农合"通过缩小患病群体与健康群体间的收

[①] 初可佳：《社会医疗保险与养老保险发展对居民收入分配的影响研究》，《现代财经（天津财经大学学报）》2015 年第 12 期，52-61 页。

[②] 李晓嘉、刘鹏：《中国农村医疗保障制度与农民贫困的实证研究——以广东省为例》，《经济与管理》2007 年第 11 期，18-22 页。

[③] 褚亮：《贫困人口医疗救助的经济学分析》，复旦大学 2009 年。

[④] 谭晓婷、钟甫宁：《新型农村合作医疗不同补偿模式的收入分配效应——基于江苏、安徽两省 30 县 1500 个农户的实证分析》，《中国农村经济》2010 年第 3 期，87-96 页。

入差距，不仅能改善贫困对象的就医水平，还能缓解农村地区的收入不平等的状况。而对于无力支付医疗保险的低收入人群或贫困人群，政府通过为其提供免费医疗服务或医疗保险，或者发放医疗券或现金补贴，也可以确保他们平等地享有医疗服务[①]。同样，在这个过程中，政府通过实物给付和现金补贴的形式也实现了对低收入人群的转移支付，从而在不同人群之间调节收入分配。

2. 转移疾病型农村贫困人口的疾病支出性风险

随着社会文明程度的不断提高，人们对贫困的理解开始向社会学领域拓展，2000 年，世界银行发布的《世界发展报告》中指出，贫困是一种不可接受的包括生理性与社会性贫困的人类福利贫乏，包括不适当的营养、健康和住所。由此，反贫困视角开始逐步演变为社会福利的提供，而不仅仅是经济上的援助。因此，具有福利功能的社会政策开始成为重要的反贫困战略[②]。具有健康投资功能的农村医疗保障制度必然具有福利功能。通过政府的财政支持（比如参保补贴、大病救助等），农村医疗保障制度无疑会提高农村贫困人口对医疗卫生服务的支付能力，以及获得必需的和具有质量保证的医疗卫生服务的机会[③]。也就是说，参保补贴、大病救助等专门针对贫困人群的医疗保障政策实质上是一种福利支持。

农村医疗保障制度为农村贫困人口提供福利支持的目的在于转移疾病型农村贫困人口的疾病支出性风险，其内在逻辑是通过收入转移和资金积累，为因疾病需要使用大量资金的农村贫困人口提供必要帮助，以减少他们的财务风险，即将少部分人的风险分摊给大部分人承担[④]。具体

---

① 金彩红：《中国医疗保障制度的收入再分配调节机制研究》，《经济体制改革》2005年第 6 期，120–124 页。

② 陈定湾等：《反贫困视角下的农村医疗保障制度的问题与选择》，《中国农村卫生事业管理》2012 年第 7 期。

③ 褚亮：《贫困人口医疗救助的经济学分析》，复旦大学 2009 年。

④ 商丽景：《对我国农村医疗保险的探索——从"因病致贫"现象谈我国农村医疗保险》，《教育与教学研究》2004 年第 12 期，73–75 页。

而言，医疗保障制度可以在年轻人和老年人、健康人和病人之间实现风险共担。在单纯的风险分担方面，医疗保障费用由群体的平均发病概率和平均医疗费用来决定，相当于健康状况较好的人补贴健康状况较差的人[①]。根据尼古拉斯·巴尔的观点，因疾病导致的医疗支出和劳动力损失是个人和家庭的一种主要风险。遇到这种风险本身需要付出很高的代价，对穷人而言更会形成长期的影响，使低收入家庭陷入贫困。而通过医疗保险，在不同的人群中分散疾病所带来的风险，或者对贫穷者进行医疗补助，可以让人人享有医疗服务[②]。事实上，相同的医疗费用对经济收入不同的人群的经济风险是不一样的，在这种情况下，农村医疗保障制度能够有效抵抗因疾病所带来的经济风险。崔欣等人通过大规模的抽样调查，就浙江省"新农合"对就医经济风险的影响进行研究后发现：贫困人群的整体就医经济风险是非贫困人群的 5.1 倍，其中最高的地区达到 12.4 倍。但是，经"新农合"补偿后，贫困人群整体就医经济风险下降比例要高于非贫困人群的下降比例，贫困人群整体就医经济风险下降最高的地区达到 34.6%，贫困人群门诊就医经济风险下降最高达到 48.7%[③]。可见，健全的农村医疗保障制度有利于实现社会成员之间的风险共担，特别是能够提高农村贫困人口抵抗疾病风险的能力。

3. 拓展疾病型农村贫困人口的脱贫禀赋性能力

如果个人的身体健康水平较低，那么他的生产活动和人力资本的利用就会受到限制，从而其绩效也将降低，预期经济回报也会较低，继而出现因病返贫甚至"贫者越贫"现象[④]。迈克·格罗斯曼（Michael

① 谭晓婷、钟甫宁：《新型农村合作医疗不同补偿模式的收入分配效应——基于江苏、安徽两省 30 县 1500 个农户的实证分析》，《中国农村经济》2010 年第 3 期，87–96 页。

② 李晓嘉、刘鹏：《中国农村医疗保障制度与农民贫困的实证研究——以广东省为例》，《经济与管理》2007 年第 11 期，18–22 页。

③ 崔欣等：《浙江省新型农村合作医疗降低就医经济风险能力的评价研究》，《中国卫生经济》2006 年第 3 期，36–40 页。

④ 张银、李燕萍：《农民人力资本、农民学习及其绩效实证研究》，《管理世界》2010 年第 2 期，1–9 页。

Grossman）将健康作为一种人力资本来看待的，认为人们为了拥有健康而对疾病进行的花费实际上是一种人力资本投资[①]。他指出，健康水平低下使人们丧失了人力资本投资的能力和改善自身境遇的机会，造成了收入的减少和贫困的发生，后者又进一步制约着人们健康水平的提高，最终形成了健康水平低下，人力资本投资不足，贫困、健康水平再度恶化的境况[②]。也就是说，当贫困人群陷入疾病困境而又无助时，处理健康危机以及自我发展的能力就会受到削弱。因此，在反贫困的路径选择中，改善人力资本是社会政策所能施展功能的范围所在。而健康又是人全面发展的基础，是人力资本的根基，这就从根本上决定了健康投资对于农村反贫困的重要作用。也就是说，农村医疗保障制度具有人力资本功能。这种人力资本功能无疑有助于当前开发式扶贫的顺利实现。

从健康投资对农村反贫困的内在作用机制来看，良好的医疗保障水平有利于改善农村贫困对象人力资本的根基，即提升他们的健康水平，而良好的健康水平又会进一步提高他们的劳动生产率。较高的劳动生产率无疑有助于增加贫困对象的收入，而收入的增加又将有助于他们实现脱贫。美国著名经济学家西奥多·舒尔茨指出，人力资本是通过知识、技能、资历和经验等表现出来的，概而言之，就是人的能力和素质。这种能力和素质可以通过投资获得。这种投资具体包括健康支出、教育支出等，这其中，健康投资是改善人力资本质量、提高人口素质以及增加穷人福利的重要手段，同时也是促进经济增长的主要动力。有国外学者通过研究后发现，1951—1961年期间印度农业生产率的大幅提高得益于连续实施了10年的公共保健计划（该时期印度的国民健康状况得到了显

---

① 代志明：《新型农村合作医疗补偿机制歧视问题研究——以收入差异为视角》，《中国软科学》2007年第2期，17-27页。
② 孟宏斌：《反贫困视角的西部农村医疗救助制度优化研究》，《商洛学院学报》2007年第3期，1-5页。

著改善）①。这是因为，政府的医疗保障政策能有效提高贫困地区的医疗保健水平，使贫困对象的生活质量不断提高，继而对经济增长产生推动作用。

作为人类发展工作的一部分，精准扶贫应该以降低疾病型农村贫困人口的脆弱性，增强其自我发展能力为核心目标。要实现这一核心目标，就必须对疾病型农村贫困人口实施医疗救助，为他们提供基本医疗服务，以保障和改善他们的健康水平、减少他们因疾病带来的经济和心理负担、降低他们的脆弱性，从而促进他们自我发展能力的提高②。也就是说，作为一种人力资本投资，农村医疗保障制度能为贫困者提供发展支持。这种发展支持本质上就是拓展疾病型农村贫困人口的脱贫禀赋性能力。

三、农村医疗保障制度改革：走出"因病滞贫"困境的现实呼唤

当前精准扶贫要走出"因病滞贫"的现实困境，就必须充分考虑疾病型农村贫困人口的优势需要，有效发挥农村医疗保障制度的扶贫功能，尽快推进农村医疗保障制度改革。

1.着力增强农村医疗保障制度的契合度

如何增强农村医疗保障制度的契合度，乃是推进农村医疗保障制度改革的中心环节。从现实情况来看，要增强农村医疗保障制度的契合度，就必须制定倾斜性的医疗保障政策，实施分类救治，提高报销比例。只有这样，才能使农村医疗保障制度更好地契合疾病型农村贫困人口的现实需求。

一是要制定倾斜性的医疗保障政策。要有效发挥农村医疗保障制度

---

① 李晓嘉、刘鹏：《中国农村医疗保障制度与农民贫困的实证研究——以广东省为例》，《经济与管理》2007年第11期，18-22页。

② 陈定湾等：《反贫困视角下的农村医疗保障制度的问题与选择》，《中国农村卫生事业管理》2012年第7期，661-663页。

的扶贫功能，就必须制定专门面向贫困对象的政策补充方案，即增强政策的倾斜性。新型农村合作医疗和大病保险制度要对农村贫困人口实行政策倾斜，门诊统筹率先覆盖所有农村贫困地区，降低农村贫困人口大病实际支出，对新型农村合作医疗和大病保险支付和自负费用仍有困难的，加大医疗救助、临时救助等帮扶力度。要将农村贫困人口全部纳入重特大疾病救助范围，使他们的大病救治得到有效保障。要加大农村贫困残疾人康复服务和医疗救助力度，扩大纳入基本医疗保险范围的残疾人医疗康复项目。

二是要实施分类救治。要对因病致贫、因病返贫的农村贫困人口进行精准扶贫，就必须对他们进行精准救治，即对患病贫困对象，按照疾病的轻重缓急进行分类救治。各地可将因病致贫、因病返贫的农村贫困对象分成了一次性治愈对象、不可逆转病况对象、需长期康复治疗对象三大类，采取"分类救治法"。具体而言，一次性能治愈的，如白内障、小儿先心病等，组织专家集中力量进行治疗；需要住院维持治疗的，如尿毒症、重性精神病等，就近在有治疗能力的医疗机构进行治疗；需长期康复治疗的，如高血压、糖尿病等，由基层卫生医疗机构在上级医疗机构的指导下进行定期治理和康复管理。

三是要提高报销比例。2016 年 6 月 21 日，国家卫生计生委等 15 个中央部门联合发布的《关于实施健康扶贫工程指导意见》中也明确将"提高医疗保障水平，切实减轻农村贫困人口医疗费用负担"作为重点任务。相关研究显示，当城乡医疗保险相同时，农村居民的住院总支出会相应提高，医疗保险可解释城乡住院个人支出差异的 32.8%，也就是说，相对城市而言，农村医疗保险的报销比例相对较低[①]。以新农合为例，当前大部分地区新农合三级医院门诊报销比例只有 20%，三级医院住院报销

---

① 熊跃根、黄静：《我国城乡医疗服务利用的不平等研究—— 一项基于 CHARLS 数据的实证分析》，《人口学刊》2016 年第 6 期，62–76 页。

比例只有 30%，三级医疗机构大病补助比例为 55%–60%[1]。由于享受优质医疗资源的报销比例较低，贫困农民无法承担自负比例部分。一旦得了常见病多发病，经济困难的农民往往会心存"扛一扛"就能康复的心理而不去就医，直接影响到其基本医疗健康需求的满足，最终形成小病不主动就医，大病却无力医治的不良后果[2]。因此，必须进一步提高农村医疗保障制度的各项报销（补偿）比例，降低大病保险报销起付线。特别是要提高贫困户在县域医疗机构就诊的报销比例，逐步提高给他们造成较大医疗负担的慢性疾病费用报销比例。

2. 努力践行大病治疗付费与结算机制

《决定》在"开展医疗保险和医疗救助脱贫"部分中明确指出，要"对贫困人口大病实行先诊疗后付费的结算机制"。国家卫生计生委副主任王培安指出："通过实施先诊疗后付费、医保支付方式改革等措施，控制农村贫困人口大病治疗费用，能有效减轻贫困人口看病就医费用负担。"[3] 因此，要进一步创新我国农村医疗保障制度，就必须努力践行大病治疗付费与结算机制。

一是要推进医保支付方式改革。当前我国农村医疗保障体系的医疗服务的支付方式主要是"按项目付费的后付制"。即医疗机构针对不同种类的医疗服务类型制定相应的价格，农民到医院看病先行支付医药费，然后再持相关材料到医疗保险机构报销，由其按照一定的补偿比例偿付参保人一部分的医疗费用[4]。这种支付方式的重要缺陷是无法约束医院的医疗行为[5]。可能导致大多数的穷人因为高昂的共付额而承担不起医疗费

---

① 2016 年新农合报销比例和范围，见 http://www.dajiabao.com/zixun/20417.html。
② 陈定湾等：《反贫困视角下的农村医疗保障制度的问题与选择》，《中国农村卫生事业管理》2012 年第 7 期，661–663 页。
③ 王培安：《全面实施健康扶贫工程》，《行政管理改革》2016 年第 4 期，36–41 页。
④ 马秀康：《新型农村合作医疗发展中支付方式的改革》，《中国药物与临床》2016 年第 4 期，589–590 页。
⑤ 高凤清、王红：《按服务项目付费的后付制度对合作医疗的影响研究》，《科技致富向导》2013 年第 14 期。

用①。这就要求在贫困地区实行推进以按病种付费②为主的医保支付方式改革，逐步扩大病种范围，建立医保部门与医院价格谈判机制，充分发挥各类医疗保险对医疗费用的控制作用。当前可先选择疾病负担重、社会影响大、治疗效果确切、诊疗路径清晰的大病实行单病种付费。

二是要完善结算机制。由于当前我国农村医疗保障服务体系主要采取的是医疗保障对象先付费治疗后找医疗保险机构补偿医疗费用的结算机制，因此农村贫困人口往往会由于无力先期垫付医疗费用而无法及时和有效地得到治疗。这就要求对贫困人口实行先诊疗后付费的结算机制。因此，必须对农村贫困人口大病实行县域内住院先诊疗后付费的结算机制。定点医疗机构要设立"一站式"综合服务窗口，实现基本医疗保险、大病保险、医疗救助和社会慈善救助"一站式"信息交换和即时结算，以保证农村贫困人口只需在出院时支付自负医疗费用。这种先诊疗后付费的结算机制，能有效减轻农村贫困人口的看病就医费用负担。

3. 积极完善医疗救助制度

2015年11月，习近平总书记在中央扶贫开发工作会议上明确指出："要建立健全医疗救助制度，对因病致贫或返贫的群众给予及时有效救助。新型农村合作医疗和大病保险政策要向农村贫困人口倾斜，把农村贫困人口全部纳入重特大疾病救助范围，保障他们大病得到医治。"《通知》中指出："提高重特大疾病医疗救助水平。各地要合理调整医疗救助资金支出结构，稳步提高重特大疾病医疗救助资金支出占比。"因此，要进一步创新我国农村医疗保障制度，就必须积极完善医疗救助制度。

一是要增强医疗救助的托底保障功能。《决定》中在"开展医疗保险和医疗救助脱贫"部分明确指出：要"将贫困人口全部纳入重特大疾病救助范围，使贫困人口大病医治得到有效保障。"可以说，医疗救助是脱

---

① 于东飞：《农村医疗保障体系的新探索》，《辽宁行政学院学报》2011年第12期，5—7页。
② 按病种付费就是明确规定某一种疾病该花多少钱，从而既避免了医疗单位滥用医疗服务项目、重复项目和分解项目，防止医院小病大治，又保证了医疗服务质量，而且操作十分简便。

贫攻坚兜底保障的重要内容。在重特大疾病医疗救助方面，要综合救助家庭经济状况、自负医疗费用、当地医疗救助筹资情况等因素，科学设定救助比例，扩大救助费用报销范围，从而稳步提高医疗救助水平。正如《通知》中所指出的："积极拓展重特大疾病医疗救助费用报销范围，原则上经基本医疗保险、大病保险、各类补充保险等报销后个人负担的合规医疗费用，均计入救助基数。"同时，要加强部门沟通，制定大病保险与重特大疾病医疗救助相衔接的政策措施，完善大病保险支付方式，提高保险在"上游"的保障能力，减轻"下游"救助压力，增强医疗救助托底保障功能。

二是要加大财政支持力度。农村医疗保障的开展，是以政府财政投入为基础的。加大财政支持力度，是充分发挥农村医疗保障制度扶贫功能的必要条件，也是有效发挥农村医疗保障制度收入再分配功能的前提条件。就我国当前的现实情况而言，虽然现有的财政支持水平为农村医疗保障制度的稳健发展提供了保证，但财政补助水平与农村贫困人口的实际需求还存在较大缺口[1]。据民政部门测算，到2020年，累计需要投入的医疗救助资金高达2566亿元[2]。因此，必须进一步加大针对贫困对象的专项医疗资金投入，发挥政府投入在健康扶贫中的主体和主导作用，积极调整财政支出结构。中央财政和各级地方财政都需要加大投入，为医疗救助兜底脱贫攻坚提供物质保证。

4. 尽快健全社会力量参与机制

《决定》中明确提出要"健全社会力量参与机制"，并强调："鼓励支持民营企业、社会组织、个人参与扶贫开发，实现社会帮扶资源和精准扶贫有效对接。引导社会扶贫重心下移，自愿包村包户，做到贫困户都

---

① 李瑶：《新型农村合作医疗制度的财政补助分析》，《农村经济与科技》2015年第12期，221-224页。

② 中共中央组织部干部教育局等：《精准扶贫 精准脱贫——打赢脱贫攻坚战辅导读本》，党建读物出版社2016年。

有党员干部或爱心人士结队帮扶。"因此,要进一步创新我国农村医疗保障制度,就必须尽快健全社会力量参与机制。

一是要尽快健全社会帮扶体系。农村医疗保障体系是一项综合的系统工程,需要各方的共同参与、有效合作才能确保农村医疗保障供给的有效性。也就是说,政府不再是农村医疗保障体系中单一参与主体。政府、市场、社会等多元主体的协同参与是农村社会医疗保障体系建设的创新思路。特别是社会组织所具有的专业优势,使其在农村医疗保障的资金筹集、全面覆盖、运行成本方面,能有效克服政府机制不灵活、市场主体逐利化的缺陷,从而为贫困人群提供多样化的保障服务。因此,要积极引导社会力量参与慈善医疗救助,积极鼓励社会力量尤其是公益慈善组织参与医疗救助,建立捐赠帮扶信息平台,落实相关支持、优惠政策,不断扩大社会参与。具体而言,对于突发重大疾病暂时无法得到家庭支持、导致基本生活陷入困境的患者,积极发动慈善公益组织等社会力量进行救助;搭建政府救助资源、社会组织救助项目与农村贫困人口救治需求的信息平台,鼓励、引导、支持社会组织、企事业单位和爱心人士等开展慈善救助[1]。

二是要积极整合社会资源。目前我国农村医疗保障资金主要来源于财政投入和农民个人筹资,其他社会资金注入到农村医疗保障事业中的微乎其微,这也是医疗保障筹资难的一个重要原因[2]。从社会治理的视角来看,农村医疗保障体系的发展和创新需要调动多方资源,注重多元供给。因此,加大政府投入在农村医疗保障中的主体和主导作用的同时,还要积极开辟医疗扶贫新的资金渠道,要调动和整合更多的社会资源与市场资源,高度重视对社会资源与市场资源的激励与吸引。简言之,就是要拓宽农村医疗保障的资金筹集渠道。要将政府的

---

① 王培安:《全面实施健康扶贫工程》,《行政管理改革》2016 年第 4 期,36—41 页。
② 黄邵君:《论我国农民健康权的法律保障》,湘潭大学 2013 年。

社会福利投入与第三部门的公益慈善事业进行有机融合，通过激励社会捐赠和发行福利彩票等筹集更多的农村医疗保障资金[①]。还要为市场和社会资金参与农村医疗保障建设提供政策优惠，发展适合贫困地区特点的商业保险。

[①] 李哲、陈玉萍、丁士军：《贫困地区农户大病风险及其处理策略研究（一）》，《生态经济（中文版）》2008 年第 6 期，33-36 页。

第五章 "碎片化"：社会力量扶贫的实践困境

广泛动员社会力量参与扶贫开发，是我国扶贫开发事业的成功经验，是中国特色扶贫开发道路的重要特征。这一问题近年来已被提上了党中央和国务院的重要议事日程。2014年1月25日，中共中央办公厅、国务院办公厅印发的《关于创新机制扎实推进农村扶贫开发工作的意见》中指出："激励引导各类企业、社会组织和个人以多种形式参与扶贫开发。"同年5月12日，国务院扶贫办、民政部等七个部门联合印发的《建立精准扶贫工作机制实施方案》中又指出："提高社会力量参与扶贫的精准性、有效性。"同年12月4日，国务院办公厅发布的《关于进一步动员社会各方面力量参与扶贫开发的意见》中强调："大力倡导民营企业扶贫、积极引导社会组织扶贫、广泛动员个人扶贫。"2015年11月29日，中共中央、国务院发布的《关于打赢脱贫攻坚战的决定》中又强调："健全社会力量参与机制。激励支持民营企业、社会组织、个人参与扶贫开发，实现社会帮扶资源和精准扶贫有效对接。"2016年11月23日，国务院印发的《"十三五"脱贫攻坚规划的通知》中又重申："广泛动员社会力量帮扶。支持社会团体、基金会、社会服务机构等各类组织从事扶贫开发事业。"可见，社会力量扶贫已成为精准扶贫的一种重要方式。要充分发挥社会力量在精准扶贫中的作用，就必须健全社会力量参与机制。

一、社会力量扶贫：精准扶贫资源配置的一种补充性吸纳机制

精准扶贫资源配置的方式是多种多样的，既有行政组织配置，也有社会力量配置（包括市场组织配置、社会组织配置和公民个体配置）。行政组织配置又称政府配置，它无疑是精准扶贫资源配置的主要方式。然而，社会力量配置也有其自身的优越性，它是精准扶贫资源配置的一种补充性吸纳机制。这是由社会力量扶贫主体的多元化、方式的多样化和目标的精准化所决定的。

第一，社会力量扶贫主体的多元化有利于实现精准扶贫资源配置的广泛性。社会力量扶贫的主体主要包括民营企业、社会组织和公民个体，具有明显的多元性。正如 2014 年 12 月 4 日国务院办公厅发布的《关于进一步动员社会各方面力量参与扶贫开发的意见》中所指出的："培育多元社会力量扶贫主体。"社会力量扶贫主体的多元化决定了扶贫资金来源的广泛性。有学者指出："社会力量扶贫资源的来源十分广泛，既有通过各种渠道募集争取来的本土资源，又有从海外渠道引进的资源，包括国际和国外慈善组织提供的资源援助；既有有形的资金和物资投入，也有无形的科技、信息的支持等。"[①]可见，社会力量扶贫主体的多元化有利于拓展精准扶贫资源配置的包容度，广泛吸纳分散在社会各个领域中的扶贫资源，对扶贫资源进行优化配置，从而使政府、市场、社会的扶贫资源互为补充、互相包容，形成合力。这就有助于"构建专项扶贫、行业扶贫、社会力量扶贫互为补充的大扶贫格局"（见 2015 年 11 月 29 日中共中央、国务院发布的《关于打赢脱贫攻坚战的决定》），并真正体现精准扶贫要"坚持政府主导，增强社会活力"的基本原则。

第二，社会力量扶贫方式的多样化有利于增强精准扶贫资源配置的灵活性。社会力量扶贫主体的多元化也决定了其方式的多样化。民营企业、

---

① 蔡德奇、胡献政、龚高健：《社会扶贫的意义和机制创新》，《发展研究》2006 年第 10 期，30—33 页。

社会组织和公民个体参与精准扶贫的方式多种多样。民营企业发挥资金、技术、市场、管理等方面的优势，通过资源开发、产业培育、市场开拓、村企共建、投资兴业、培训技能、吸纳就业、捐资助贫等多种形式参与精准扶贫；社会组织，尤其是公益慈善类社会组织具有提供扶贫、济困、扶老、救孤、恤病、助残、救灾、助医、助学服务等职责，并通过"生存扶贫、技术扶贫、教育扶贫、幸福工程、人口扶贫、合作扶贫、文化扶贫、实物扶贫以及环境扶贫"[1]等多种方式参与精准扶贫；而公民个体主要通过爱心捐赠、志愿服务、结对帮扶等多种形式参与精准扶贫。可以说，各类社会力量均充分发挥自身优势，实现了对精准扶贫资源的灵活性配置，从而有助于提升扶贫资源配置的瞄准度，确保精准扶贫资源配置效率的最大化。

第三，社会力量扶贫目标的精准化有利于提升精准扶贫资源配置的契合度。

从社会治理的角度来看，社会力量扶贫本质上是一种社会行动。在行动内容方面，它具有需求导向性的特点。这就是说，社会力量扶贫的主要目标是以满足农村贫困人口的主导型需求为根本导向，着力提升农村贫困人口的自我发展能力。可以说，社会力量扶贫通过参与式需求评估、参与式社区规划、项目自我管理和参与式监测评估等工具和手段，准确把握农村贫困人口的主导性需求，有助于农村贫困人口在"干中学"的过程中提升自信心、参与度和获得感。因此，精准性是社会力量扶贫的最大优势。正如有的学者所指出的："政府倡导社会力量扶贫的目标之一在于借助于社会力量扶贫组织与贫困村、贫困农户更为紧密的联系和更为精细的工作机制，提高扶贫的精准性。"[2]换言之，社会力量参与精准扶贫，有助于实现精准扶贫的重心下移，有利于提升扶贫资源供给

---

① 顾磊、赵莹莹、舒迪：《"社会组织是扶贫开发中不可忽视的力量"——访全国政协委员、清华大学公益慈善研究院院长王名》，《人民政协报》2015 年 12 月 8 日。

② 李周：《社会扶贫的经验、问题与进路》，《求索》2016 年第 11 期，41–45 页。

与农村贫困人口需求之间的有效衔接，从而提升精准扶贫资源配置的契合度。

二、"碎片化"：社会力量参与精准扶贫的实践困境

作为精准扶贫资源配置的一种补充性吸纳机制，社会力量扶贫已在实践中发挥着重要作用。然而，当前我国社会力量扶贫也正面临着严重的"碎片化"困境。"碎片化"（Fragmentation）是对社会力量扶贫现实状况的一种形象化描述，实质上是指社会力量扶贫仍处于一种零散性、非系统性的运行状态。在我国推进社会力量扶贫的路径选择中，对同一社会力量扶贫项目下的不同板块往往设置了不同的制度安排，这就导致了"碎片化"现象：整个社会力量扶贫体系看似完整，但不同板块之间又缺乏有机衔接。这种"碎片化"现象又必然导致社会力量扶贫项目虽不断增加但资源分配不均的结果。

社会力量参与精准扶贫的"碎片化"困境是正式制度与非正式制度交互作用的产物。从正式制度来看，主要包括社会动员、政策激励和管理服务等方面的制度瓶颈；从非正式制度来看，主要是价值观瓶颈。

1. 价值观瓶颈

社会力量扶贫的价值观是指社会力量扶贫主体对扶贫行动的目的、意义的认识和态度。这种价值观从根本上决定着社会力量扶贫主体的扶贫行动。一方面，社会力量扶贫主体的多元化决定了社会力量扶贫价值观的多元化。民营企业、社会组织和公民个体对于扶贫行动的目的、意义的认识和态度往往存在差异性，难以形成一致性的价值认同。这就必然导致不同主体扶贫行动的"碎片化"。另一方面，传统文化中的负面因素与现代慈善扶贫价值观念相冲突。中华民族历来有乐善好施、扶贫济困和一方有难、八方支援的优良传统。然而，中国传统文化中也存在着亲疏有别、远近有序观念以及扶贫济困活动中体现的恩赐、怜悯观念。而这些观念与倡导人格平等、社会责任的现代慈善扶

贫价值理念存在一定的冲突。①亲疏有别、远近有序的观念往往造成"各回各地、各帮各亲"的扶贫行动，必然限制社会力量扶贫的范围和对象；而恩赐、怜悯观念也不符合倡导人格平等、社会责任的现代慈善扶贫价值观念。

2.社会动员瓶颈

社会力量扶贫的广度取决于社会动员。然而，当前社会力量扶贫面临着严重的社会动员瓶颈。主要表现在：其一，社会力量扶贫政策的制定与执行主体之间缺乏协调沟通机制。社会力量扶贫政策的制定与执行主体具有多元化的特征，不仅包括财政、民政、人力资源和社会保障等政府职能部门，而且也包括工会、妇联、共青团、残联等群工组织。要拓展社会力量扶贫的广度，就必须充分调动政府职能部门和群工组织两方面主体的积极性。而这就需要在政府职能部门和群工组织两方面主体之间架设起协调沟通的桥梁。然而现实的状况是在政府职能部门和群工组织两方面主体之间尚未构建起协调沟通机制，两方面主体之间缺乏有效的协调合作，从而导致了各类扶贫项目、扶贫资金、扶贫队伍的分散化。其二，扶贫中的腐败风险削弱了社会动员能力。社会力量扶贫要取得成效，必须充分发挥政府在社会动员中的主导作用。只有政府主导有力，才能够动员广大社会力量积极参与精准扶贫。但是，在扶贫开发中，往往存在着产生腐败风险的体制性和社会性土壤②，这就会在一定程度上削弱社会力量扶贫的社会动员能力。当然，社会力量扶贫的社会动员瓶颈也与舆论宣传的力度有关。舆论宣传不到位，就难以厚植社会动员的沃土，就难以激发广大公民的积极性和参与热情。

---

① 赵佳佳、韩广富：《香港社会组织扶贫及其启示》，《理论与改革》2016 年第 2 期，154–157 页。

② 王春光、孙兆霞：《扶贫开发：惩防腐败应重点关注的新领域》，《中国党政干部论坛》2013 年第 9 期，57–60 页。

3. 政策激励瓶颈

社会力量扶贫的深度取决于政策激励。社会力量扶贫的激励政策主要包括税收优惠政策、就业支持政策、信贷支持政策和产业支持政策等方面。这些激励政策直接关系到社会力量参与精准扶贫的积极性。然而，这些激励政策在实际执行过程中还存在诸多问题。主要表现在：其一，社会组织免税资格申请困难。当前社会力量扶贫的税收优惠政策在执行过程中存在着不公正的现象，主要体现在：社会组织不能像红十字会一样平等地享受税前扣除政策；社会组织的业务尚未能纳入营业税免税范围；"营改增"税收试点对社会组织的优惠十分有限；企业所得税免税资格申请困难并且免税资格占其税负的比例有限；公益性捐赠也存在税前扣除资格申请困难等问题。[①] 其二，缺乏支持性政策与扶贫绩效的衔接机制。虽然党和政府对于社会力量扶贫提出了"吸纳农村贫困人口就业的企业，按规定享受税收优惠、职业培训补贴等就业支持政策"、"对积极参与扶贫开发、带动贫困群众脱贫致富、符合信贷条件的各类企业给予信贷支持"、"完善特色优势产业支持政策"、"全面落实各类市场主体到贫困地区投资兴业、带动就业增收的相关支持政策"等一系列支持性的激励政策，但是，由于这些支持性政策的标准过于笼统，缺乏可操作性，因而难以激发社会力量主体参与精准扶贫的积极性。

4. 管理服务瓶颈

社会力量扶贫的精度和效度取决于管理服务水平。然而，当前社会力量扶贫面临着严重的管理服务瓶颈。主要表现在：其一，扶贫信息服务平台建设滞后。尽管党和政府多次提出了"构建社会力量扶贫信息服务网络"、"建立扶贫开发信息系统"、"搭建社会力量扶贫信息服务平台"、"加强扶贫信息化建设"的政策主张，但是，当前社会力量扶贫的信息服务平台建设尚处于起步阶段。信息服务平台建设的滞后，必然导

---

① 李浩杰：《引导社会资金参与扶贫的财税政策研究》，中国财政科学研究院 2016 年。

致社会力量扶贫主体的信息可获得性的不足，从而严重影响到精准扶贫工作的精准性和有效性。[①] 其二，扶贫监测评估机制不健全。社会力量扶贫的绩效评估是后期扶贫资源配置的重要依据。而有效评估社会力量扶贫的绩效，就必须建立科学、透明的社会力量扶贫监测评估机制。是有效评估社会力量扶贫绩效的前提和基础。但是，目前我国社会力量扶贫监测评估机制极不健全，不仅对社会力量扶贫活动缺乏明确的监管规定，对社会力量扶贫资源的筹集、配置和使用情况缺乏透明的社会公示制度，而且对于社会组织的内部治理机制和行业自律机制等方面也缺乏正确引导。所有这些，都严重地制约了社会力量扶贫的精度和效度。

三、机制创新：社会力量参与精准扶贫的制度安排

2014 年 12 月 4 日，国务院办公厅发布的《关于进一步动员社会各方面力量参与扶贫开发的意见》中提出："创新完善人人皆愿为、人人皆可为、人人皆能为的社会力量扶贫参与机制，形成政府、市场、社会协同推进的大扶贫格局。"要形成政府、市场、社会协同推进的大扶贫格局，就必须尽快健全社会力量扶贫参与机制。这就必然要求社会力量扶贫尽快走出"碎片化"的实践困境，突破制度瓶颈，科学进行制度安排，实现机制创新。只有这样，才能实现提高社会力量参与精准扶贫的精准性、有效性。

1. 健全价值引导机制

价值引导机制是社会力量扶贫参与机制的核心。社会力量扶贫要摆脱价值观瓶颈，就必须健全价值引导机制。这就要求：其一，努力培育社会主义核心价值观。社会力量扶贫的广度主要取决于价值认同。从个体层面来看，应该将社会主义核心价值观所倡导的"友善"作为社会力

---

① 梁土坤：《新常态下的精准扶贫：内涵阐释、现实困境及实现路径》，《长白学刊》2016 年第 5 期，127–132 页。

量扶贫的主导价值理念。只有注重培育全体公民的善心和爱心，注重培育友善互助的社会主义核心价值观，才能激发各种社会力量积极参与精准扶贫的参与热情，才能为社会力量扶贫奠定厚实的价值认同基础。其二，大力弘扬扶贫济困的中华民族传统美德。社会力量参与精准扶贫，重在传承民族美德，倡导友善互助，展示爱心善举，凝聚人道关怀。要构建人人皆愿为、人人皆可为、人人皆能为的社会力量扶贫参与机制，就必须大力弘扬中华民族传统美德中的扶贫济困理念，使之成为各种社会力量参与扶贫的基本价值取向。其三，着力加大舆论宣传力度。舆论宣传是社会力量扶贫价值观形成的重要机制。从现实状况来看，必须加强舆论引导，把扶贫纳入基本国情教育范畴，开展扶贫系列宣传活动，充分利用"扶贫日"、"脱贫攻坚奖评选表彰"等机会对社会力量扶贫的典型事迹、典型人物进行宣传报道，从而营造全民扶贫的良好氛围；要适应移动终端广泛使用的发展趋势，开设社会力量扶贫公众号，及时发布社会力量扶贫的信息，推广社会力量扶贫的先进经验，从而增强社会力量扶贫的公信力和影响力；要利用线上线下、新旧媒体，包括具有社会影响力的组织和个人等一切可以使用的媒介，广泛传播社会力量扶贫的知识和价值观，及时引导社会力量扶贫主体的扶贫行为。[①]

2. 健全社会动员机制

社会力量扶贫要摆脱社会动员瓶颈，就必须健全社会动员机制。这就要求：其一，建立社会力量扶贫主体动员的协作分工机制。由于社会力量扶贫政策的制定和执行主体涉及各个职能管理部门和各类群工组织，因此，必须注重加强各个职能管理部门和各类群工组织之间的协调配合。这就需要建立社会力量扶贫主体动员的协作分工机制，真正落实各个扶贫主体在扶贫动员中的责任。只有这样，才能形成政府部门主导、社会

---

① 李晓辉、徐晓新、张秀兰等：《应对经济新常态与发展型社会政策 2.0 版——以社会扶贫机制创新为例》，《江苏社会科学》2015 年第 2 期，67—77 页。

力量广泛参与的大扶贫格局，保证各类社会力量扶贫资源的有效衔接，汇全国之力、聚各方之财、集全民之智。其二，完善社会组织培育机制。要重点培育、优先发展与扶贫相关的公益慈善类社会组织。要改革社会组织的管理体制，破除社会组织参与精准扶贫的制度性壁垒。在社会组织登记管理制度方面，要降低社会组织的准入门槛（包括经费和场地）；在社会组织运行管理制度方面，要废除关于限制社会组织竞争的相关条款，允许社会组织跨区域建立分支机构，从而提升社会组织的规模化水平和竞争能力。[①] 其三，推动志愿服务行动计划。《"十三五"脱贫攻坚规划》中指出，要以"扶贫攻坚"志愿者行动项目、"邻里守望"志愿服务行动、扶贫志愿服务品牌培育行动等为重点，支持有关志愿服务组织和志愿者选择贫困程度深的建档立卡贫困村、贫困户和特殊困难群体，在教育、医疗、文化、科技领域开展精准志愿服务行动。要落实规划精神，就必须通过政府购买服务、公益创投、社会资助等方式，大力发展精准扶贫志愿服务品牌项目，引导志愿服务组织和志愿者广泛参与扶贫志愿服务活动。只有扎实推进志愿服务行动计划，才能让各种社会力量知晓参与精准扶贫的渠道和方式，才能让更多的社会力量奉献爱心，在精准扶贫中贡献力量。

3. 健全政策激励机制

社会力量扶贫要摆脱政策激励瓶颈，就必须健全政策激励机制。这就要求：其一，建立与绩效相衔接的扶贫优惠政策。对于社会力量扶贫的各种优惠政策，不论是税收优惠政策、就业支持政策、信贷支持政策，还是产业支持政策，都应该在基层扶贫政策文件中应该给出明确的规定。同时，必须以社会力量扶贫的绩效为价值导向，设置可操作化的优惠标准，并明确按照相应的标准切实落实有关优惠政策。其二，建立荣誉性

---

① 陈成文、黄诚：《论优化制度环境与激发社会组织活力》，《贵州师范大学学报（社会科学版）》2016 年第 1 期，50—56 页。

奖励政策。从管理学的强化理论来看，要广泛动员社会力量参与精准扶贫，就必须设置各种荣誉性奖励政策，以强化社会力量扶贫主体的扶贫行动。要彰显荣誉性奖励政策对社会力量扶贫的肯定与激励，增强社会力量扶贫主体的成就感和荣誉感，就必须完善公开荣誉性奖励的评审细则和程序，制定科学、公正的评审规则。其三，推广政府购买扶贫服务制度。政府向社会力量购买扶贫服务，是推动社会力量扶贫的重要方式。针对贫困地区、贫困人口的需求，政府部门要确定购买扶贫项目目录，公开所需购买扶贫项目的预算、评估方式和服务标准等内容；要通过公开竞争的方式确定承接扶贫项目的社会组织，签订购买合同，并依据合同约定及时支付服务经费。

4.健全信息显示机制

社会力量扶贫主体之所以出现"重复帮扶"的扶贫行动，根本原因在于扶贫信息服务平台缺失而导致的"信息误读"。因此，社会力量扶贫要走出"信息误读"的困境，就必须健全信息显示机制。这就要求尽快建立扶贫信息服务平台。基层政府在建立精准扶贫工作机制的基础上，必须依托现代化的信息技术，结合贫困村、贫困户建档立卡的相关信息，建立社会力量扶贫的信息服务平台，为社会力量扶贫提供准确的需求信息，以推进扶贫资源供给与扶贫需求的有效对接。要按照精准扶贫的衔接性要求，制定不同层次、不同类别的社会力量扶贫项目规划，通过政府购买社会力量扶贫服务的方式公开扶贫项目、扶贫需求、经费预算、评估方式、资格准入等信息，让社会力量依据自身的条件和专业能力自主地选择帮扶对象，制定有针对性的帮扶措施，实施精准性的帮扶行为，从而使社会力量扶贫真正扶到点上、根上，切实提高社会力量扶贫的供给质量和资源配置效率。

5.健全监督约束机制

社会力量扶贫要摆脱管理服务瓶颈，还必须健全监督约束机制。这就要求：其一，建立社会力量扶贫监测评估机制。社会力量扶贫的效果在一定程度上取决于扶贫资源的筹集、配置、整合和使用。正如有学者所指出的："扶贫离不开资源的投入与整合，但资源的构成、资源的配置形式、资源的整合机制、资源的使用方式都能反映出社会力量扶贫的科学与否，也切实影响着扶贫的效果。"[①] 因此，必须加强对社会力量扶贫资源的筹集、配置、整合和使用的规范化管理，即：依法依规进行资源筹集；按扶贫规划科学合理地进行资源配置；创新扶贫资源整合的路径，实现社会力量扶贫资源的顺畅衔接；提高扶贫资源的利用效率。要做到规范化管理，就必须完善监督评估机制，建立科学、透明的社会力量扶贫监测评估机制，推动社会力量扶贫实施第三方的监测评估。这就要求创新监测评估方法，公开评估结果，增强社会力量扶贫的公信力和影响力，并建立政府监督、行业监督、社会监督、舆论监督相结合的监督体系，及时公开社会力量扶贫项目招标采购信息、扶贫资金使用信息，让社会力量参与扶贫的资源使用，充分地接受社会对财务收支状况的有效监督。其二，完善社会组织内部治理结构。社会组织要在扶贫过程中真正展现自身优势、体现自身活力，就必须不断完善内部治理结构，实现内部机构设置、财务制度和人事制度的规范化。同时，社会组织要依据国家扶贫政策的相关规定，对照扶贫的目标和要求，定期进行自我评估、自我审查，及时发现扶贫过程中存在的问题，不断调整扶贫行动，以确保扶贫服务的质量，增强扶贫服务的精度和效度。

---

① 李颖：《社会扶贫资源整合的类型及其适应性》，《探索》2015 年第 5 期，146–151 页。

第六章　健康扶贫：精准扶贫的"牛鼻子"

　　健康扶贫既是推进健康中国建设的战略目标，也是推进精准扶贫战略的关键之举。习近平总书记对健康扶贫问题一直给予了热切地关注。早在2014年12月他在江苏调研时就指出："没有全民健康，就没有全面小康。医疗卫生服务直接关系人民身体健康。要推动医疗卫生工作重心下移、医疗卫生资源下沉，推动城乡基本公共服务均等化，为群众提供安全有效方便价廉的公共卫生和基本医疗服务，真正解决好基层群众看病难、看病贵问题。"2015年6月，他在贵州调研时将"医疗救助扶持一批"作为实现农村贫困人口精准脱贫的"四个一批"之一。①2016年8月，他在全国卫生与健康大会上再次强调："要把人民健康放在优先发展的战略地位，以普及健康生活、优化健康服务、完善健康保障、建设健康环境、发展健康产业为重点，加快推进健康中国建设，努力全方位、全周期保障人民健康，为实现'两个一百年'奋斗目标、实现中华民族伟大复兴的中国梦打下坚实健康基础。"2017年2月，他在中共中央政治局第三十九次集体学习上进一步指出："要落实教育扶贫和健康扶贫政策，突出解决贫困家庭大病、慢性病和学生上学等问题。要加大政策落实力度，加大财政、土地等政策支持力度，加强交通扶贫、水利扶贫、金融扶贫、教育扶贫、健康扶贫等扶贫行动。"可见，在习近平总书记看来，健康扶

---

① 中共中央组织部干部教育局等：《精准扶贫　精准脱贫——打赢脱贫攻坚战辅导读本》，党建读物出版社2016年。

贫不仅是健康中国建设的重要内容，而且也是精准扶贫的"牛鼻子"。要实现"确保到 2020 年农村贫困人口实现脱贫"的战略目标，就必须牢牢扭住健康扶贫这个精准扶贫的"牛鼻子"，才能确保打赢健康扶贫攻坚战。

一、健康扶贫观：习近平对精准扶贫战略的开拓性理论探索

自 2013 年 11 月以来，习近平总书记对精准扶贫发表过一系列重要论述，并形成了独特的、系统而科学的精准扶贫理论。作为习近平总书记精准扶贫理论的核心内容，健康扶贫观是习近平总书记对精准扶贫战略的开拓性理论探索，是马克思主义扶贫理论中国化的科学典范。习近平总书记从"因病致贫"与"因病返贫"的问题意识出发，对健康扶贫的极端重要性和政策路径进行了一系列开拓性的理论探索。

1. "因病致贫"与"因病返贫"：精准扶贫的"拦路虎"

在各种致贫原因中，"因病致贫"与"因病返贫"在各地区都排在前面。在农村贫困地区，病与贫之间会出现一种恶性循环，即疾病—支出加大—贫困加深—无力医治—疾病加重……也就是说，疾病与贫困之间存在相互影响性，一方能加剧另一方的程度。对一个收入较低的农村家庭而言，在没有外力支持的情况下，一旦家庭成员中的主要劳动力患病或家庭成员中有长期患病或患大病者，他们往往通过出售存粮、变卖生产资料、借贷、让子女辍学、降低生活标准甚至乞讨等手段应对经济窘境，而这些手段又会对家庭可持续发展产生直接的负面影响，加剧家庭陷入长期贫困的概率。[①] 尽管 2013 年至 2016 年的 4 年间，每年农村贫困人口减少都超过 1000 万人，累计脱贫 5564 万人；贫困发生率从 2012 年底的 10.2% 下降到 2016 年底的 4.5%，下降 5.7 个百分点。[②] 但是，根

---

① 李小勇：《能力贫困视域下中国农村开发式扶贫的困境与超越》，《理论导刊》2013 年第 2 期，81—84 页。

② 《习近平：更好推进精准扶贫精准脱贫确保如期实现脱贫攻坚目标》，新华网，见 http://news.xinhuanet.com/2017-02/22/c_1120512040.htm。

据国务院扶贫办于 2016 年底所进行的"回头看"数据统计显示，因病致贫、因病返贫户的占比不仅没有下降，反而上升到 44.1%。与 2013 年的 42.4% 相比，增加了近两个百分点。①

"因病致贫"与"因病返贫"问题一直为习近平总书记所重视，他多次谈到这两个问题。2015 年 3 月 8 日，他在参加十二届全国人大三次会议广西代表团的审议时指出："要帮助贫困地区群众提高身体素质、文化素质、就业能力，努力阻止因病致贫、因病返贫。"在同年 6 月的部分省区市扶贫攻坚与"十三五"时期经济社会发展座谈会上、11 月的中央扶贫开发工作会议上，以及 2016 年 4 月在安徽调研时，他又多次提到了"因病致贫"与"因病返贫"问题。2017 年 3 月 4 日，在看望参加全国政协十二届五次会议的民进、农工党、九三学社界委员时，习近平总书记对"因病致贫"与"因病返贫"作出了更加明确的阐述，他指出："因病返贫、因病致贫现在是扶贫硬骨头的主攻方向，这个事情是一个长期化的、不随着 2020 年我们宣布消灭绝对贫困以后就会消失的。"可见，在习近平总书记看来，"因病致贫"与"因病返贫"不仅是当前扶贫攻坚战的主攻方向，而且是一项需要长期攻克的扶贫任务。可以说，"因病致贫"与"因病返贫"是脱贫攻坚这个"硬骨头"中的"硬骨头"，是贫困人口脱贫的最大"拦路虎"。

2. 健康扶贫：精准扶贫的"打虎棒"

精准扶贫、精准脱贫是习近平总书记关于贫困治理思想的核心内容。2015 年 1 月，他在云南省昭通市调研时指出："精准扶贫贵在精准，重在精准，成败之举在于精准。"并强调："要以更加明确的目标、更加有力的举措、更加有效的行动，深入实施精准扶贫、精准脱贫，项目安排和

---

① 《健康扶贫是脱贫攻坚战的重要一环》，中国经济网，见 http://health.ce.cn/news/201607/05/t20160705_4011302.shtml。

资金使用都要提高精准度，扶到点上、根上。"①同年6月，他在部分省区市扶贫攻坚与"十三五"时期经济社会发展座谈会上进一步指出："精准扶贫一定要精准施策。要坚持因人因地施策。因贫困原因施策，因贫困类型施策。治病要找病根，扶贫也要找'贫根'。对不同原因、不同类型的贫困，采取不同的脱贫措施，对症下药、精准滴灌、靶向治疗。"同年11月，他在中央扶贫开发工作会议上再一次指出，要"确保把真正的贫困人口弄清楚，把贫困人口、贫困程度、致贫原因等搞清楚，以便做到因户施策、因人施策"，并强调："脱贫攻坚要取得实实在在的效果，关键是要找准路子、构建好的体制机制，抓重点、解难点、把握着力点"。可见，在习近平总书记看来，打赢扶贫攻坚战就是要针对不同的致贫原因，实施不同的扶贫政策，就是要抓住重点，对症下药。也就是要开对"药方子"，拔掉"穷根子"。

由于"因病致贫"与"因病返贫"是贫困人口脱贫最大的"拦路虎"，是脱贫攻坚这个"硬骨头"中的"硬骨头"。因此，"因病致贫"与"因病返贫"是精准扶贫过程中最难拔掉的"穷根子"。要拔掉这个"穷根子"，就必须实施健康扶贫。实施健康扶贫，就是要抓住因病致贫、因病返贫这只"拦路虎"，瞄准因病致贫的家庭、瞄准因病致贫的原因，整合现有各类医疗保障、资金项目、人才技术等政策，采取更加有效的政策措施，综合施策，精准施策，切实拔掉因病致贫、因病返贫这个贫困问题的"穷根子"。②可以说，实施健康扶贫，是精准扶贫顺利完成啃硬骨头、攻坚拔寨这个冲刺期的关键一环。从这个角度来看，健康扶贫是精准扶贫的"打虎棒"。

---

① 《习近平再谈精准扶贫：我正式提出就是在十八洞村》，人民网，见http://politics.people.com.cn/n1/2016/0308/c1024-28182678.html。

② 中共中央组织部干部教育局等：《精准扶贫 精准脱贫——打赢脱贫攻坚战辅导读本》，党建读物出版社2016年。

3. "看得起病"：健康扶贫的"兜底线"

要有效化解因病致贫与因病返贫，就必须让广大农村贫困户看得起病、看得好病和方便看病。在看得起病、看得好病和方便看病三者中，看得起病是前提条件。如果农村贫困人口看不起病，则看得好病和方便看病都无从谈起。然而，农村贫困对象在经济上的脆弱性已经决定了其无力支付因治疗疾病所产生的高额医疗费用。这就需要有效发挥医疗保险和医疗救助的作用。2015 年 6 月，习近平总书记在部分省区市扶贫攻坚与"十三五"时期经济社会发展座谈会上指出："因病致贫、因病返贫的贫困具有暂时性、间歇性特征，只要帮助他们解决医疗费用问题，这部分人就可以通过发展生产和外出务工做到脱贫。"同年 11 月，他在中央扶贫开发工作会议上又指出："要建立健全医疗救助制度，对因病致贫或返贫的群众给予及时有效救助。新型农村合作医疗和大病保险政策要向农村贫困人口倾斜，把农村贫困人口全部纳入重特大疾病救助范围，保障他们大病得到医治。"2016 年 4 月，他在安徽调研时再次强调："因病致贫、因残致贫问题时有发生，扶贫机制要进一步完善兜底措施，在医保、新农合方面给予更多扶持。"可见，在习近平总书记看来，进一步完善农村医疗保险制度、建立健全医疗救助制度，解决好农村贫困户的医疗费用问题，让他们看得起病，是健康扶贫的"兜底线"。

作为切断"贫困—疾病—贫困"这一恶性循环链条的制度安排，医疗保险和医疗救助是解决农村贫困群体疾病之忧，帮助他们获得基本健康权的"最后一道安全网"①。它不仅是我国多层次社会保障制度体系的重要组成部分，而且也是一项托底保障困难群众基本医疗权益的制度安排②。正因如此，2015 年 11 月 29 日，中共中央、国务院共同出台的

---

① 杨立雄：《我国医疗救助管理制度改革探析》，《学术研究》2012 年第 12 期，6—9 页。
② 徐娜、田固：《医疗救助在健康扶贫中的作用及思考》，《中国医疗保险》2016 年第 11 期，34—36 页。

《关于打赢脱贫攻坚战的决定》中明确提出了"开展医疗保险和医疗救助脱贫"的精准扶贫方略，并将其作为防止因病致贫和因病返贫的一项主要的健康扶贫措施。2016年6月，国家卫健委等15个中央部门联合发布的《关于实施健康扶贫工程指导意见》(以下简称《意见》)更是将"提高医疗保障水平，切实减轻农村贫困人口医疗费用负担"作为健康扶贫的一项重点任务来抓。也就是说，要防止因病致贫与因病返贫，就必须帮助贫困户解决好医疗费用问题，进一步完善扶贫机制的兜底措施，让农村贫困人口看得起病；而要帮助贫困户解决好医疗费用问题，进一步完善扶贫机制的兜底措施，让农村贫困人口看得起病，就必须进一步完善农村医疗保险制度、建立健全医疗救助制度这个"兜底线"。

4. "看得好病"：健康扶贫的"主抓手"

对农村贫困人口而言，健康扶贫的主要目的是要让他们看得好病。只有看得好病，健康扶贫才有意义。而要让他们看得好病，不仅要把健康扶贫落实到人，还要精准到病。这也是对习近平总书记所提出的"对不同原因、不同类型的贫困，采取不同的脱贫措施，对症下药、精准滴灌、靶向治疗"精准扶贫思想的践行和落实。2017年3月4日，习近平主席在看望参加全国政协十二届五次会议的民进、农工党、九三学社界委员时明确指出："很多地方病我们要通过一些综合治理的方法，……围绕着当前因病致贫的2000万采取一些'靶向治疗'。"这种"靶向治疗"就是要把健康扶贫落实到人、精准到病，就是要以分类救治为主要抓手。具体而言，就是要在核准农村贫困人口情况的基础上，建档立卡，开展签约服务，采取不同措施，实施分类救治。

当前我国农村因病致贫与因病返贫贫困人口基数大，所患疾病种类多，不同的贫困对象迫切需要治疗的疾病差异性较大。2016年，国家卫生计生委会、国务院扶贫办与人力资源社会保障部组织80多万基层工作人员对农村贫困人口的因病致贫与因病返贫情况进行了核实核查。核查显示，在农村贫困人口中，发病率高、治疗费用高、严重影响生产生活能力的重点疾病多达 45 种，次重点疾病多达 48 种。[①] 因此，要对因病致贫、因病返贫的农村贫困人口进行精准扶贫，就必须对他们进行精准救治，即对患病贫困对象，按照疾病的轻重缓急进行分类救治。患大病和患长期慢性病的贫困人口疾病负担重，只有因病施治，对这些贫困人口实施分类救治，才能进行有效医治，恢复生产生活能力，助力脱贫攻坚。因此，对贫困患者实施分类救治，让他们看得好病，是健康扶贫的"主抓手"。

5. "方便看病"：健康扶贫的"重拳头"

早在 2014 年 12 月，习近平总书记在江苏调研时，就专门到镇江市丹徒区世业镇卫生院了解农村医疗卫生事业发展和村民看病就医情况，询问村民看病是否方便，并指出："人民群众对医疗服务均等化愿望十分迫切。像大城市的一些大医院，始终处于'战时状态'，人满为患，要切实解决好这个问题。"在这里，习近平总书记已经深刻地认识到农村居民看病难的问题。大城市的一些大医院之所以"始终处于'战时状态'，人满为患"，主要原因在于我国医疗卫生服务发展不均衡，城乡差距大。农村人口由于无法在居住地获得良好的医疗卫生服务而只能长途奔波去大城市的一些大医院，继而使得大城市的一些大医院"始终处于'战时状态'，人满为患"。正因如此，习近平总书记指出："要推动医疗卫生工作重心下移、医疗卫生资源下沉，推动城乡基本公共服务均等化，为群众提供安全有效方便价廉的公共卫生和基本医疗服务，真正解决好基层群众看病难、看病贵问题。"

绝大多数农村贫困地区地理位置偏僻、远离中心城市，基本医疗设施落后、医疗人才缺乏。研究发现，我国农村居民享有的医疗福利水平，与城市相比较存在巨大差距，农村人均拥有的医疗资源还不及城市

---

① 王培安：《实施健康扶贫工程 防止因病致贫返贫》，《人民日报》2017 年 3 月 21 日。

的 1/4。① 对居住在农村贫困地区的贫困人口而言，不仅仅要"看得起病"和"看得好病"，还需要"方便看病"。"方便看病"是"看得起病"和"看得好病"的重要保障条件。这个重要的保障条件就是要有相应的医疗设施和医疗人才。当前我国农村医疗服务体系主要由政府、集体、社会和个人举办的县、乡、村三级医疗卫生机构组成，以县级医疗卫生机构为龙头，乡（镇）卫生院为中心，村卫生室为基础。但是在三级医疗机构中，政府往往给予县级综合医院更多的优惠政策及财政投入，而对乡（镇）卫生院和村卫生室投入不足。然而，在贫困地区，由于到县城看病不方便，贫困人口更多选择在乡村医疗机构治疗。这就造成贫困地区的基层医疗卫生服务能力与贫困人口的实际医疗需求存在巨大落差。相关研究发现，村卫生室较差的医疗条件会影响贫困群体对新型合作医疗门诊的利用率。② 可见，只有切实提升贫困地区的医疗卫生服务能力，满足贫困人口"方便看病"的现实需求，才能有效保障健康扶贫目标的顺利实现。这也是对习近平总书记所提出的"推动医疗卫生工作重心下移、医疗卫生资源下沉，推动城乡基本公共服务均等化，为群众提供安全有效方便价廉的公共卫生和基本医疗服务，真正解决好基层群众看病难、看病贵问题"健康扶贫思想的践行和落实。因此，"方便看病"应该成为健康扶贫的"重拳头"。

6. "少生病"：健康扶贫的"预防针"

老百姓不但希望看得上病、看得好病，更希望少得病、不得病，这就需要全面深化医药卫生体制改革，着力推进基本医疗卫生制度建设，做好贫困地区公共卫生与疾病防控工作。疾病预防工作一直是习近平总书记所关心的一个重要问题。2015 年 11 月 25 日，他在埃博拉出血热疫

① 丁少群：《我国新型农村合作医疗制度及其可持续发展研究》，西南财经大学 2006 年。
② 赵晓强、张雪梅：《贫困地区农村新型合作医疗参合率和利用率研究——贵州省 X 县农村新型合作医疗的调查》，《农业经济问》2006 年第 6 期，23–27 页。

情防控工作表彰大会上明确指出："要始终把广大人民群众健康安全摆在首要位置，切实做好传染病防控和突发公共卫生事件应对工作。"在2016年8月19—20日召开的全国卫生与健康大会上，习近平总书记又指出："要坚持基本医疗卫生事业的公益性，不断完善制度、拓展服务、提高质量，让广大人民群众享有公平可及、系统连续的预防、治疗、康复、健康促进等健康服务。"并强调："要坚定不移贯彻预防为主方针，坚持防治结合、联防联控、群防群控，努力为人民群众提供全生命周期的卫生与健康服务。要重视重大疾病防控，优化防治策略，最大程度减少人群患病。"

阿马蒂亚·森认为，贫困必须被视为基本可行能力的被剥夺，而不仅仅是收入低下。联合国开发计划署提出人文贫困概念，并将人力贫困（缺乏基本的人力能力，包括识字水平、足够营养、预防疾病、健康长寿）纳入其中。[①] 消除健康贫困，帮助贫困人口掌握必要的健康知识和预防疾病的能力，既是反贫困的重要内容之一，也是对贫困人口必要道德关怀的深切体现。[②]2017年1月，国家卫健委主任李斌在国家卫生计生委召开的2017年扶贫开发与对口支援工作领导小组第一次会议上指出："加快改善贫困地区医疗卫生服务条件，着力提升贫困地区医疗卫生服务能力。全面加强贫困地区公共卫生和疾病防控工作，从源头遏制因病致贫、因病返贫。"可见，健康扶贫不仅仅要帮助贫困人口看病就医，使他们看得上病、看得好病，还要从消除人力贫困着手，提高他们的营养水平和预防疾病的能力。换而言之，健康扶贫还要打好使农村贫困人群"少生病"这个"预防针"。这也是对习近平总书记所提出的"让广大人民群众享有公平可及、系统连续的预防、治疗、康复、健康促进等健康服务"健康扶贫思想的践行和落实。

---

① 李雪萍、龙明阿真：《可持续生计：连片特困地区村庄生计资本与减贫——以四川省甘孜藏族自治州雅江县杰珠村为例》，《党政研究》2012年第3期，122—128页。

② 龙静云：《论贫困的道德风险及其治理》，《社会科学文摘》2016年第4期，90—91页。

二、提升健康扶贫的契合度：习近平健康扶贫观的政策启迪意义

契合通常是指一种符合、相称或彼此满足的状态，是指事物之间的互补性和一致性匹配状态。契合度能够有效衡量精准扶贫政策的供给质量和价值理念。[①] 当前我国精准扶贫工作所面临的因病致贫与因病返贫困境，在一定程度上折射出了已有的扶贫政策与疾病型农村贫困人口的需求存在契合偏差。这种契合偏差致使因病致贫与因病返贫这只脱贫攻坚的"拦路虎"无法被彻底消灭。2017 年 1 月 10 日，国家卫健委主任李斌在国家卫生计生委召开的 2017 年扶贫开发与对口支援工作领导小组第一次会议上强调，要"将实施健康扶贫工程摆到更加重要的位置，以更高的紧迫感和责任感，更加精准的政策举措，更加扎实的工作作风，将健康扶贫落实到人、精准到病，确保打赢健康扶贫攻坚战"。他在这里所强调的"更加精准的政策举措"和"将健康扶贫落实到人、精准到病"即是要着力提升健康扶贫的契合度。因此，要有效发挥健康扶贫的"打虎棒"作用，就必须充分考虑疾病型农村贫困人口的健康需求，有效提升健康扶贫政策与疾病型农村贫困人口需求的契合度。可以说，如何提升健康扶贫政策的契合度，乃是实施精准扶贫战略的关键环节。

1. 优先建立健康扶贫补充保险制度，着力提高贫困人口医疗保障水平

补充医疗保险是相对于基本医疗保险而言的。基本医疗保险与补充医疗保险具有互为补充、不可替代的作用，其目的都是为受保对象提供医疗保障。与基本医疗保险不同，补充医疗保险不是通过国家立法强制实施的。健康扶贫补充保险制度的目的是使贫困对象在享受基本医疗保险、大病保险、医疗救助等补偿后，再享受补充保险的叠加式补偿，以进一步降低贫困对象自付费用的比例。国家卫生计生委召开的 2017 年扶

[①] 陈成文、李春根：《论精准扶贫政策与农村贫困人口需求的契合度》，《山东社会科学》2017 年第 3 期，42—48 页。

贫开发与对口支援工作领导小组第一次会议明确提出要"倾斜医保政策，建立健康扶贫补充保险制度，进一步提高农村贫困人口医疗保障水平"。实践经验表明，针对农村贫困人口的重大疾病医疗补充保险能有效降低农村贫困对象的自付医疗费用比例，可使贫困人口重大疾病的自付比例控制在总花费的 10% 以内。①可见，健康扶贫补充保险制度的建立，有助于进一步织密健康扶贫医疗保障网，是有效提高贫困人口医疗保障水平、化解因病致贫和因病返贫的重要机制。借鉴有关地方的实践经验，可针对农村贫困对象设立疾病医疗商业补充保险，按照一定的筹资标准以政府购买服务的方式为建档立卡贫困对象购买疾病医疗商业补充保险，并实行统一的补偿方案。疾病医疗商业补充保险的具体设计一方面要能够保证政府投入的持续性；另一方面要保障保险公司有适当的收益。此外，这种疾病医疗商业补充保险的具体设计还要避免过度医疗。这就要求采取相应的措施对大病补充保险定点医院进行严格监管，以控制不合理的医疗费用。健康扶贫补充保险报销补偿还要取消起付线设置。为确保农村贫困人口得到及时和有效的治疗，还要为他们提供医疗费用结算补偿一站式服务。这种"一站式服务"可以让健康扶贫补充保险补偿与基本医疗保险、大病保险、医疗救助以及社会慈善救助补偿一起，得到一次性信息交换和即时办结，以保证农村贫困人口只需在出院时支付自负医疗费用。

2. 全面实行分类分批救治，着力满足患病贫困人口的主导性需求

《意见》中明确提出，要"对患大病和慢性病的农村贫困人口进行分类救治"，并强调要"以县为单位，依靠基层卫生计生服务网络，进一步核准农村贫困人口中因病致贫、因病返贫家庭数及患病人员情况，对需要治疗的大病和慢性病患者进行分类救治"。2017 年 1 月，国家卫健委主任李斌在国家卫生计生委召开的 2017 年扶贫开发与对口支援工作领导

---

① 江西省扶贫和移民办公室：《江西省全面建立农村贫困人口重大疾病医疗补充保险制度 420 多万困难群众摆脱"因病致贫"》，见 http://www.jxfpym.gov.cn/news/31de4286-7272-4f60-a6cc-90b32dab8bab.html。

小组第一次会议上也指出，要"对患病贫困人口，实施大病集中救治一批、慢病签约服务管理一批、重病兜底保障一批等'三个一批'行动计划，实行分类分批救治"。国家卫生计生委副主任王培安也指出，要"组织对大病和慢性病贫困患者进行分类救治，能够一次性治愈的，集中力量进行治疗；需要住院维持治疗的，由就近具备能力的医疗机构实施治疗；需要长期治疗和康复的，由基层医疗卫生机构在上级医疗机构指导下实施治疗和康复管理"[①]。可以说，只有全面实行分类分批救治，才能满足患病贫困人口的主导性需求。各地可将因病致贫、因病返贫的农村贫困对象分成一次性治愈对象、不可逆转病况对象、需长期康复治疗对象三大类，全面实施分类分批救治。具体而言，一次性能治愈的，如白内障、小儿先心病等，组织专家集中力量进行治疗；需要住院维持治疗的，如尿毒症、重性精神病等，就近在有治疗能力的医疗机构进行治疗；需长期康复治疗的，如高血压、糖尿病等，由基层卫生医疗机构在上级医疗机构的指导下进行定期治理和康复管理。[②] 还要建立农村贫困人口因病致贫、因病返贫管理数据库，形成调查分析报告，为分类救治提供基础数据和决策参考，并将建立动态信息管理系统，对因病致贫、因病返贫情况进行动态监测。

3.尽快改善贫困地区医疗卫生服务条件，着力提升贫困地区医疗卫生服务能力

如何提高医疗卫生服务的可及性和有效性，让贫困人口能够就近看病，获得及时便捷的医疗卫生服务，是影响健康扶贫成效的关键。因此，要有效提高健康扶贫的成效，就必须尽快改善贫困地区医疗卫生服务条件，着力提升贫困地区医疗卫生服务能力。首先，要加强农村贫困地区医疗卫生设施建设。要在《全国医疗卫生服务体系规划纲要（2015-2020

---

① 王培安：《实施健康扶贫工程 防止因病致贫返贫》，《人民日报》2017年3月21日。
② 陈成文：《从"因病滞贫"看农村医疗保障制度改革》，《探索》2017年第2期，74-80页。

年)》的指导下，推进县级医院、乡镇卫生院、村卫生室的标准化建设。要推进农村贫困地区医疗信息化建设，做好"互联网＋医疗"工作，全面加强贫困地区远程医疗能力建设，实现对口帮扶医院、贫困县县级医院以及贫困地区各类医疗卫生机构的互联互通。要按照《意见》的要求，在贫困地区优先实施基层中医药服务能力提升工程"十三五"行动计划，在乡镇卫生院和社区卫生服务中心建立中医馆、国医堂等中医综合服务区，加强中医药设备配置和人员配备。其次，要重视基层医疗人才的培养。乡村两级卫生服务机构是农村医疗保障体系中不可缺少的部分，但是随着我国集体经济的解体，不少地方的农村基层卫生机构也解体了，农村卫生人员流失严重，农村医疗卫生服务已严重落后于农民的需要。[①]基层医疗人才队伍建设是未来医疗体系建设的重要环节，也是缓解我国当前医疗资源配置严重失衡的有效举措之一。[②]当前，只有抓住基层医疗人才不足这个软肋，多措并举，培养基层医疗人才、吸引基层医疗人才、留住基层医疗人才，才能有效提高医疗扶贫资源的利用效率，提高其扶贫成效。一是培养基层医疗人才。要强化贫困地区住院医师规范化培训，为贫困地区县乡医疗卫生机构订单定向免费培养医学类本专科学生。二是吸引基层医疗人才。要制定符合基层实际的基层医疗人才招聘引进办法，支持贫困地区实施全科医生和专科医生特设岗位计划。三是留住基层医疗人才。要探索基层医疗人才激励机制，进一步提高基层医疗人才的待遇水平，对长期在贫困地区基层工作的医疗卫生技术人员要给予薪酬待遇和职称晋升方面的政策优待。

4. 认真加强贫困地区公共卫生和疾病防控工作，着力斩断"因病滞贫"的源头

无论是因病致贫还是因病返贫，都会引致"因病滞贫"[③]的现实困境，

① 刘春春：《打好健康扶贫的攻坚战》，《人口与计划生育》2016 年第 8 期，42-43 页。
② 王智勇：《新医改，新希望》，《西部论丛》2009 年第 5 期，33-34 页。
③ 陈成文：《从"因病滞贫"看农村医疗保障制度改革》，《探索》2017 年第 2 期，74-80 页。

即绝大多数农村贫困人口因常年受到疾病的纠缠而只能长期滞留在贫困的境地。一些脱贫村中的贫困"钉子户"几乎都处于"因病滞贫"的现实状态。因此，要走出"因病滞贫"的现实困境，就必须加强贫农村困地区公共卫生和疾病防控工作，着力斩断"因病滞贫"的源头，从而实现习近平总书记所说的"少生病"健康扶贫目标。这就要求做到：一是要加强贫困地区公共卫生建设。要加强卫生城镇创建活动，深入开展城乡环境卫生整洁行动，加快农村卫生厕所建设进程，科学实施农村垃圾污水治理，改变贫困地区生产生活条件，有效提升贫困地区人居环境质量。要加强农村饮用水和环境卫生监测、调查与评估工作，实施农村饮水安全巩固提升工程。[①]要做好结核病、艾滋病等重大疾病防控工作，实施农村贫困孕产妇孕前和孕早期增补叶酸、住院分娩补助等重大公共卫生服务项目。要全面实施贫困地区新生儿疾病免费筛查，为贫困地区儿童免费接种乙肝疫苗。二是要改善贫困地区儿童营养状况。改善儿童营养是阻断贫困代际传递、使贫困地区儿童共享全面小康的重要举措。2016 年 8 月，习近平总书记在全国卫生与健康大会上明确指出："要重视少年儿童健康，全面加强幼儿园、中小学的卫生与健康工作，加强健康知识宣传力度，提高学生主动防病意识，有针对性地实施贫困地区学生营养餐或营养包行动，保障生长发育。"因此，要全面实施贫困地区儿童营养改善项目，为适龄儿童免费发放营养包。三是要提升贫困人口的健康素养。人的观念和思想是最重要的。对于医生如此，对于群众更是如此。我们在健康扶贫行动中，不仅要提高医疗水平，还要提升公众的健康素养。与下拨资金、制定政策的"治病"环节相比，"治未病"的健康教育环节是健康扶贫过程中极容易被忽视的环节。要围绕各类重大传染病和常见慢性病，加强健康教育工作，引导贫困人口改变不良生活习惯，形

---

① 国家卫生计生委：《〈关于实施健康扶贫工程的指导意见〉政策解释》，《人口与计划生育》2016 年第 8 期，7—10 页。

成健康的生活方式。要定期对村医进行培训，提高其健康指导能力，确保村医能常态化地对贫困群众开展健康教育。要大力倡导健康生活方式，全面实施健康干预策略，提高农村贫困地区健康知识知晓率和健康行为形成率，降低传染病、慢性病患病率。要加强营养知识和传统美德教育，引导贫困地区学生养成健康节约的饮食习惯。

第七章　产业扶贫：国外经验及其政策启示

　　党的十九大报告指出："让贫困人口和贫困地区同全国一道进入全面小康社会是我们党的庄严承诺。"要实现我们党的这个庄严承诺，就必须扎实推进扶贫开发。产业扶贫一直是我国扶贫开发的一种重要形式。国内对产业扶贫的研究始于 21 世纪初，近年来不断深入。研究内容主要包括产业扶贫工作的具体落实[①]、产业扶贫的实践经验[②]、产业扶贫的模式研究以及产业扶贫的机制创新[③]。自 2013 年 11 月习近平总书记提出了"精准扶贫"的战略构想以来，产业扶贫被赋予了新的内涵和意义，同时也对其实施提出了更高的要求。2015 年 11 月，中共中央和国务院共同出台的《中共中央　国务院关于打赢脱贫攻坚战的决定》（以下简称《决定》）将产业扶贫提升到了一个新的高度，明确提出要"发展特色产业脱贫"，"支持贫困地区发展农产品加工业，加快一、二、三产业融合发展，让贫困户更多分享农业全产业链和价值链增值收益"。这就要求我们从一个新的高度来对待产业扶贫，切实发挥产业扶贫的"减贫效应"。在这方面，国外在产业扶贫实践中所形成的经验值得我们学习和借鉴。然而，从已有的研究来看，学术界对国外产业扶贫进行系统性研究的成果十分罕见。因此，本研究旨在对国外产业扶贫的典型经验进行系统梳理和分析，并

---

　①　董晋峰：《对扶贫工作的几点体会和建议》，《税收与企业》2000 年第 3 期，32–33 页。
　②　张磊：《我国扶贫开发政策演变》，中国财政经济出版社 2007 年。
　③　黄承伟、覃志敏：《统筹城乡发展：农业产业扶贫机制创新的契机——基于重庆市涪陵区产业扶贫实践分析》，《农村经济》2013 年第 2 期，67–71 页。

在此基础上提出调整我国产业扶贫政策的相关建议。

一、多样化的产业扶贫形式

国外产业扶贫的形式是多种多样的。在推动贫困地区发展、提高贫困人口收入的过程中，美国、法国、日本、韩国、北欧四国（挪威、瑞典、丹麦、芬兰）、巴西等国主要依托其自然资源优势，发展特色农业产业和乡村旅游业。其中，特色农业产业包括种植业、养殖业和农产品加工业三种主要形式。

1. 种植业扶贫

种植业是农业的主要组成部分。种植业包括各种农作物、林木、果树、药用和观赏等植物的栽培。统计数据表明，我国贫困农户50%以上的家庭收入来自种植业，种植业收入仍是贫困农户重要的收入来源。种植业收入低下依旧是我国农户贫困的重要成因之一[①]。在国外，尤其是发达国家，种植业在农民收入中占据着较高的比例，通常较低比例的农业从业人员所种植的作物便能满足整个国家的粮食供应需求。中国现有人口约14亿，农民占比超过50%，但年人均收入只有8896元。美国约3.15亿人口，农民约占1%，然而美国却是当今世界最大的农产品出口国，农民年人均收入高达21920美元（约13.6万人民币），是中国的15倍[②]。在通过种植业提高农民收入方面，国外的主要举措为粮食补贴、农业保险、农民合作社和订单式种植。粮食补贴是为了激发农民种植的积极性，降低农民种植成本，继而达到促进粮食生产和提高农民收入的一项农业政策。一直以来，美国都十分重视粮食补贴在保护农业生产环境和保障农民收入方面的积极作用。如20世纪实施的差额补贴政策、直接收入补贴

---

① 马铃、万广华：《为什么贫困农户种植业收入低下》，《农业技术经济》2012年第5期，4—13页。

② 《中美农民PK：收入相差15倍 美国农民年入13万》，见http://vhouse.163.com/14/0630/11/A000CG4L00294MCG.html。

以及 2000 年以后实施的反周期补贴和资源保育补贴等，都是为了确保农民的基本利益。统计显示，2005 年美国农业补贴金额高达 250 亿美元。按照 WTO 官员的说法，美国农民收入的一半来自政府补贴[①]。在日本，为解决地区之间发展不平衡的矛盾，提高贫困地区的经济社会发展水平，2000 年大力扶持贫困山区的农业发展，其中一项重要的扶持措施就是财政直接对山区进行粮食补贴[②]。种植业是一项弱质性产业，极易受到自然灾害的影响，这就需要有农业保险对其进行防范。美国农民的福利很大一部分体现在农业保险项目上。美国政府出资 30% 补贴保险公司，农民每一英亩只需缴纳保险金 30 美元。购买了农业保险的农民，如果出现土地失收或土地歉收，就可以获得农业保险的补偿[③]。在日本，为确保农业生产和农业经营的稳定性，提高农户的抗风险能力，1940 年代日本政府就出台了《农业灾害补偿法》[④]。农业灾害补偿制度为日本在贫困地区发展农业产业发挥了"保驾护航"的重要作用。当前灾害补偿已成为日本农业保险体系的重要组成部分。在贫困地区通过发展粮食生产增加农户收入，还需要强有力的农业产业化组织作支撑。在国外，农民合作社是最重要的一种农业产业化组织，在产业扶贫中发挥着重要的作用。美国有超过 80% 的农民加入了农民合作社。美国农民通过合作社组织起来进入市场，美国一半以上的谷物都是通过合作社进行销售的。美国农民合作社种类比较多，一个农民往往会同时参加多个不同类型的合作社[⑤]。日本农民也建立了多种多样的互助性合作性的组织"农业协同组合"（简称"农协"），约 97% 的农户加入了"农协"，90% 的农产品由农协销售[⑥]。日本

---

① 《美国农业政策的演变，你了解多少？》，见 http://www.tuliu.com/read-14566.html。
② 补贴标准为 20 万日元每公顷，其中 50% 直接补贴给农户，剩余 50% 中的 90% 补贴给社区，主要用于山区农田基本建设和新增农村劳动力的培养。
③ 王春华：《国外粮食补贴政策对我国粮食生产的启示》，《粮食问题研究》2016 年第 5 期，51-53 页。
④ 黄博琛：《日本农业保险发展研究》，《世界农业》2013 年第 1 期，99-101 页。
⑤ 李小军：《粮食主产区农民收入问题研究》，中国农业科学院 2005 年。
⑥ 刘文涛：《发展农产品物流的国际经验及启示》，《农业经济》2011 年第 9 期，82-84 页。

农协不仅为农民提供销售支持，还提供生产技术、金融产品以及生产资料供应方面的服务[①]。发达国家还注重将最新的信息技术运用在农作物的种植中，推广订单式种植。如荷兰农产品的生产、流通与销售都实现了高度电子化。荷兰鲜花种植大多采取订单式种植，在线接受全球各地客户的订单，再反向安排农户进行种植[②]。

2. 养殖业扶贫

养殖业也是农业的重要组成部分之一，其与种植业并列为农业生产的两大支柱。提高养殖收入，也是增加农民收入的重要举措之一。在半干旱的马里，牲畜占小佃农现金收入的78%。在埃塞俄比亚中部，农民养殖产品收入占年收入的近90%[③]。在塞内加尔，低收入阶层中收入的24%来自牲畜[④]。相关研究显示，养殖业可以有效缓解欠发达地区的贫困状况，提高贫困农户的食品保障水平。一方面，贫困农户通过销售养殖产品可以获得现金收入；另一方面，养殖可以让贫困农户获得更多的肉类食品，这就起到了改善低收入人群营养状况的作用；此外，通过种养一体化，将养殖过程中产生的粪便用于种植，可以有效提升种植产量[⑤]。在通过养殖业提高农民收入方面，国外发达国家和地区的主要举措为养殖补贴、产销对接、养殖保险和绿色养殖。美国政府始终把养殖业作为国民经济的基础加以保护和扶持。2002年颁布的《新农业法》，将为农场主"提供可靠的收入安全网"作为其主要目标。其中最重要的一项措施就是对养殖产品进行直接补贴，补贴的养殖类型主要有奶类、羊毛、马

[①] 刘志仁：《日本新农村建设的启示》，《北京观察》2006年第5期，54—57页。

[②] 杜芸：《中外农产品流通比较及我国农产品流通发展对策》，《商业时代》2016年第19期，146—148页。

[③] Ehui S，Lipun H，Mares，The role of livestock in food security and environmental protection，*Outlook on Agriculture*，1998，27（2）：81—87.

[④] Delgado C，Rosegrant M，Steinfeld H，et al.，Livestock to 2020: the next food revolution，Vision Discussion Papers，2001（1）：27—29.

[⑤] SimeonEhui：《牲畜对非洲撒哈拉以南地区食品保障、贫困缓解和环境可持续性的贡献评论》，《生态毒理学报》2000年第2期，37—40页。

海毛、蜂蜜等[①]。美国农民的养殖业还注重产销对接。美国的生猪价格比较稳定，价格波动维持在合理范围内，波幅大多在5%~10%，这主要在于产销对接做得好，订单生产占70%~80%的比例。美国的产销对接主要有3种类型：生产者直接向肉制品生产商供货、生产者直接向超市供货、生产者直接向消费者供货[②]。养殖业也属于弱质性产业，容易受自然因素和市场需求的影响。因此，也需要有养殖保险对其可能存在的风险进行防范。日本是一个自然灾害频发的国家，养殖业受灾害影响较大。因此，日本政府规定，养殖规模达到一定程度后，农民必须参加养殖保险。这种强制性保险可按照不同的养殖类别享受政府的保险费率补贴，最高补贴可达到50%。同时，日本政府还对农民的养殖业实施灾害补贴，补贴费用主要由国库承担，一旦遇到特大灾害，政府可承担80%以上的赔款[③]。国外发达国家在养殖业发展中还注重绿色养殖。丹麦是世界著名的养殖大国。根据相关统计，丹麦每年出口的猪肉约占全球的1/4。丹麦的国土面积非常小，人口只有600万左右，但每年出口的生猪数量却超过3000万头[④]。虽然养猪数量多，但却没有给丹麦带来任何的养殖污染。这主要得益于丹麦的绿色养殖。丹麦政府推崇"绿色增长"，出台多项政策，引导禽畜粪便用于能源生产。在丹麦，如果养殖户将禽畜粪便用于生产沼气，最高可以获得30%的政府投资支持，同时政府还会给予能源生产补贴，生产得越多补贴越高[⑤]。英国也是一个注重绿色养殖的国家。在英国，养殖户通常都有与其养殖数量相匹配的种植面积，养殖粪便通过相应处理后再返还至农田。

---

① 在2003年出台的《农业援助法案》中补贴类型又增加了牛、绵羊、山羊、水牛、鳃鱼等。
② 黄俊毅、刘溟：《规模订单养殖可有效防止价格过度波动》，《中国畜牧兽医报》2013年第9期。
③ 武深树、朱建湘：《我国亟待建立畜牧业政策性保险制度》，《中国畜牧报》2004年第10期。
④ 《丹麦每年3000万头生猪的出口量，约占世界年出口猪肉量25%》，见 http://www.cnjidan.com/news/955158/。
⑤ 白华艳：《发达国家生猪规模化养殖的粪污处理经验》，《东华理工大学学报（社会科学版）》2015年第3期，212-216页。

3. 农产品加工业扶贫

农产品加工就是对种养殖产品的更深层次的加工，其目的是提高农产品的附加值，满足人们对食品多样化的需求，是农业产业的延伸[1]。通过提升产品的附加值，农产品的深加工不仅能有效满足人们对食品多样化的需求，还能有效提高参与农产品加工的农民的收入[2]。国外有学者从国家政策变迁的角度深入分析了发展中国家农产品加工业的影响因素，研究显示，在发展中国家发展农产品加工业更需要国家从价格政策、金融政策、技术服务等多方面给予支持。研究还进一步证明：通过农产品的深加工，农产品的附加值在不断增加的同时农民的收入也获得了有效增长，从而有助于改善贫困农民的生活水平[3]。可以说，农产品的深加工是优化农业产业结构，实现农产品增值和提高农民收入的重要途径。相关研究表明，粮食以及畜牧水产品深加工后可增值2—4倍，水果蔬菜深加工后可增值5—10倍[4]。工业化国家的农产品加工是近年来发展最快的产业之一。法国的农产品加工业近20年来发展势头强劲，其农产品加工业产值从1978年的2400亿法郎增加到1997年7925亿法郎，增加了2.3倍，平均每年增加11.5%。有效带动了农民收入的增加[5]。一些发展中国家也非常重视农产品加工业对农民的增收作用。早在1980年代初，印度便开始实施农业综合发展战略，鼓励在农业地区发展农产品加工业，以增加农业附加值[6]。为了提高农民的收入水平，巴西对农民的种养业采取

① Lauschner R, Agroindustria como fator de fortalecimento do setor agricola, Revista De Economia Rural, 1980.

② Austin J E, *Agroindustrial project analysis*, Agroindustrial project analysis. Johns Hopkins University Press, 1992.

③ Keith Marsden, Agro-industrial policy reviews, Rome: Food and Agriculture Organization of the United Nation, 1998.

④ 刘慧：《农产品加工：连接上下游富民又增收》，《农产品市场周刊》2017年第3期，28-29页。

⑤ 魏益民：《国外农产品加工与食品产业发展趋势》，《中国食物与营养》2004年第4期，27-29页。

⑥ 王晓丹：《印度的农村建设》，《南亚研究》2006年第2期，31-35页。

了一系列强有力的财政支持措施，其中较为突出的一项就是鼓励农产品加工业发展[①]。要有效发挥农产品加工业的扶贫功能，就必须健全贫困农民参与农产品加工的组织制度，优化农产品加工业带动贫困农民增收的运行机制。这就要完善农产品加工企业与贫困农民的利益联结机制，确保贫困农民能从农产品的生产、加工、销售等各个环节获得收益。在这方面，美国的合作社加工模式取得了非常好的效果。在美国，通过合作社加工的农产品占到总量的80%[②]。因此，要实现把农业的附加值留在农村，就必须通过创新农民专业合作组织，建立自主的农产品加工业扶贫体系。

4. 旅游业扶贫

国外相关研究表明，发展旅游业可以为贫困对象创造就业机会（贫困对象有机会在旅游区从事相关服务工作或进行商业经营），因此有助于提高贫困人口的收入水平[③]。Scheyvens 对贫困地区发展生态旅游进行了深入研究，并从增权的视角分析了生态旅游对贫困地区的生计影响。他指出，贫困地区发展生态旅游的过程也是当地文化资源和自然资源得到外部肯定的一个过程，因此，生态旅游在为贫困地区带来经济效益的同时还能有效增强其自豪感以及对当地文化的认同感[④]。国外还有研究表明，旅游所带来的间接减贫效果比直接减贫效果更好。一项针对毛里求斯的旅游业减贫研究表明，旅游业带来的在农业、渔业、加工业、制造业等行业间接就业的人数，是在饭馆、酒店等与旅游直接相关的服务行业中

---

① 武深树：《国外财政支持养殖业发展的经验与启示》，《当代畜牧》2005 年第 9 期，39—43 页。

② 黄汉权、肖磊：《发挥农产品加工业对农民增收的促进作用》，《中国经贸导刊》2007 年第 9 期，30—31 页。

③ Ashley C，Boyd C，Goodwin H，Pro-poor tourism: putting poverty at the heart of the tourism agenda，*Significance*，2000（51）：18—32.

④ Scheyvens R，Ecotourism and the empowerment of local communities，*Tourism Management*，1999（2）：245 – 249.

就业人数的近两倍[①]。正是由于旅游对减贫具有较好的直接和间接效果，国外很多国家都将发展特色旅游作为贫困治理的一项重要举措。在以色列，乡村旅游开发被视为是对农村收入下降的一种有效补充[②]。阿巴拉契亚地区曾是美国最贫困的地区，1960年代，当地人均年纯收入不足2000美元，有高达1/3的家庭生活在贫困线以下。1960年代中期，美国政府发起了向贫困宣战运动，阿巴拉契亚地区成为美国反贫困运动的主要阵地。为了实现阿巴拉契亚地区脱贫，美国政府采取的主要措施就是发挥资源优势，利用当地的自然风光发展旅游产业。到1980年代，阿巴拉契亚游客接待量达到近3000万人次，旅游产业给当地带来了大量的就业机会。统计显示，1960—1980年代，仅在阿巴拉契亚地区的酒店和餐饮业就业的人数就增长了一倍多[③]。为了提高农民收入，阿根廷政府也注重发挥资源优势，依靠本国独特历史文化和风光旖旎的自然条件大力开发乡村旅游。这种乡土气息浓厚的旅游项目内容丰富多彩，如"马背上的阿根廷""南美土著部落""农庄生活""乡村美食"等吸引了大量国外游客，为当地带来了大量的就业机会和旅游收入[④]。在发展中国家的旅游减贫实践中，基于社区的旅游减贫模式受到极大的推崇，一直被认为是理想的旅游减贫模式，得到许多NGO和其他外部捐赠人的资助。该模式将社区置于旅游发展的主体地位，社区对当地旅游产业拥有绝对的管理权和经营权，不允许有其他私营部门参与当地的旅游开发。这一模式在纳米比亚、津巴布韦、赞比亚等国家取得了较好的效果。

---

① 陈成文：《从"内卷化"看精准扶贫资源配置的矫正机制设计》，《贵州师范大学学报（社会科学版）》2017年第1期，36—44页。

② Fleischer A, Pizam A, Rural tourism in Israel, Tourism Management, 1997（6）：367-372.

③ Mathias F F, Appalachia, A Regional Geography: Land, People, and Development, by Karl B. Raitz; Richard Ulack; Thomas R. Lembach, *Register of the Kentucky Historical Society*, 1986（2）：214-215.

④ 龚晓宽：《中国农村扶贫模式创新研究》，四川大学2006年。

二、多层次的产业扶贫保障体系

产业扶贫的发展有赖于资金、技术等方面的强有力保障。可以说，一个健全的保障体系是任何一个国家产业扶贫获得成功的前提条件。国外产业扶贫的成功经验在于形成了一个集金融保障、专业技术保障和基础设施保障于一体的多层次保障体系。

1. 金融保障

金融支持政策在推动农村产业发展，实现贫困农民"自我造血"方面具有重要的作用。无息或低息贷款以及信用保险优惠等是国外反贫困金融支持政策的主要手段。欧美发达国家一直以来都坚持运用金融手段来为农民发展农业产业提供保障。如早在19世纪50年代，法国就颁布了《土地银行法》，希望通过建立农村金融制度来促进农村发展，提高农民收入水平[①]。在爱尔兰，早在18世纪就出现了专门为贫困劳工、小农及商人等贫困阶层提供贷款的贷款基金。这种贷款基金是一种以捐赠为主要资金来源的非政府组织。19世纪30年代，爱尔兰《济贫法》的颁布进一步推进了贷款基金的发展，全国的贷款基金组织数目迅速增长到100多家[②]。日本财政对农业的投资，特别是农业固定资产投资，大部分通过补助金的形式发放给农民或者向他们提供长期低息贷款，同时以补贴利息的方式引导调动"民间资本"大量投向农业公共产品。这就是日本特有的"制度金融"。在一些发展中国家，针对农村的金融反贫困制度也取得了较好的效果。一些针对亚非拉发展中国家的贫困研究发现，贫困农户在正规金融市场上往往处于弱势地位，鉴于此，一些发展中国家开始制定适合当地经济发展和贫困农户特征的小额信贷制度。这种小额信贷专门向低收入农户提供信贷支持。约翰·哈奇于1985年在拉丁美洲成

---

① 黄夏方舟、杨丹凤、严金明：《国外土地银行与土地储备的制度比较研究》，《四川理工学院学报（社会科学版）》2015年第5期，54—60页。

② 刘芳：《国外农村金融反贫困模式：实践经验与启示》，《世界农业》2017年第9期，28—33页。

立了乌干达国际社区资助基金会（FINCA-UGA）。这是一种利用乡村银行帮助妇女通过自己经营来摆脱贫困的金融扶贫模式①。乌干达国际社区资助基金会的成功模式受到了许多发展中国家的推崇与借鉴，已被亚非拉 25 个国家 3000 多个地区所效仿②。穆罕默德·尤努斯于 1983 年在孟加拉国成立的乡村银行——格莱珉银行也在国际反贫困领域受到广泛推崇。格莱珉银行在反贫困活动中进行了一系列产品和制度创新，如其推出的教育贷款和奖学金制度，延伸了小额信贷的产品功能，对提升贫困地区的教育文化水平起到了积极的作用③。在格莱珉银行的发展中，政府给予了其较好的法律保护，让其享受各种税收优惠政策。孟加拉乡村银行始终以服务穷人为宗旨，不以盈利为目标。

2. 专业技术保障

农村种植业、养殖业、加工业等产业的发展水平在很大程度上是由专业技术水平决定的。科学技术一直是美国农业产业的重要支柱，这也是美国农业生产水平和效率较高的主要原因。以最有效的资源提高种养殖业产量、改善相关产品品质，是美国农业科研的根本目标。这一目标使得美国的农产品在国际市场上拥有较高的竞争力。在欠发达地区的农业发展过程中，美国非常重视种养殖技术的推广，并注重提升农民的专业技术能力。对那些为农民提供技术培训、技能拓展和援助服务的机构，美国政府予以经费支持④。为了摆脱成立之初国内粮食供应不足的危机，1949 年，以色列成立了农业技术推广服务局（SHAHAM）。SHAHAM 自成立以来一直为农户和农业企业提供较高水平的农业技术服务。以色列

---

① 乡村银行以社区信用和储蓄协会为基础成立 NGO，无须注册，一般由 20—50 个低收入妇女组成，这些妇女再以 5—7 人凑成连带责任小组。小组成员可享受小额贷款、小组储蓄及相互担保。

② 刘芳：《国外农村金融反贫困模式：实践经验与启示》，《世界农业》2017 年第 9 期，28-33 页。

③ 黄建新：《国外反贫困的农村金融制度安排及思考》，《广东财经大学学报》2007 年第 1 期，136-142 页。

④ 武深树：《财政支持湖南养殖业发展的对策研究》，湖南农业大学 2005 年。

国家农业技术推广中心按照不同的推广业务设立不同的专业委员会，包括牛、羊、禽、蜂、大田作物、蔬菜、花卉、水果、柑橘、灌溉与土壤、农业经济、农业机械、培训与联络等专业委员会。这些专业委员会的业务范围几乎覆盖了以色列农业的所有分支领域，每个专业部门都配备相应的推广工作队[①]。以色列能在耕种面积不足、淡水资源缺乏的情况下，不仅满足了国内粮食的需求而且实现大量农产品出口，正是得益于农业技术推广服务局的良好运作。为了提高农民的技能水平，印度在全国设立了各类农民技术培训中心对农民进行非正规农业教育，利用广播、电视、函授等教育手段，对农民进行农业教育，使农民掌握各类先进的栽培技术[②]。为了提升农民的专业技术水平，日本建立了教育、科研、推广三结合的农业科教体系，定期在全国各地举办各种形式的短训班，向农民传授农业技术知识[③]。在发达国家的农业产业发展过程中，农民合作社是为农民提供专业技术支持的重要平台。日本农协中有一批具有中等或高等学历的专门技术人才，他们为农民提供免费指导，其工资由所在农协统一发放[④]。北欧四国（挪威、瑞典、丹麦、芬兰）也非常重视农业合作组织建设。北欧四国的农业合作组织以家庭农场为单位，由农户自愿组成，由专业管理人员（由农户组成的董事会挑选）来管理。这些合作组织形成了一个全方位的农业服务体系，为农户提供各类信息咨询、技术指导和销售服务[⑤]。为了保证这些农业合作组织的服务水平，政府还会设置专门机构对它们进行管理和指导。

[①] 朱艳菊：《以色列农业技术推广体系的分析和借鉴》，《世界农业》2015 年第 2 期，33–38 页。

[②] 许喜文、贾兵强、向安强等：《国外农民培养的历史经验与特点》，《广东农业科学》2009 年第 6 期，239–244 页。

[③] 管远红、赵旭庭、王健：《日本农业现代化的经验及对我国的启示》，《江苏农业科学》2011 年第 6 期，21–23 页。

[④] 刘光辉：《日本农协及其对中国农业合作组织发展的启示》，《日本问题研究》2008 年第 4 期，36–39 页。

[⑤] 牛淼：《中国西部农业基础设施建设运作模式研究》，西南财经大学 2008 年。

3. 基础设施保障

农村水、电、气、路等基础设施直接影响农村的产业发展。在阿巴拉契亚地区的反贫困行动中，美国前期开发经费的4/5都用于基础设施建设。到1980年，该地区修建公用设施3038项，投入资金8.7亿美元[①]，显著改善了区域路网、供排水、通信信息等基础设施。20世纪，日韩两国都把加强农业基础设施建设作为其振兴农业，提高农民收入的第一步。日本通过加强立法明确了政府投资农业基础设施的主体地位。据相关资料统计，1999年日本政府对农村基础设施建设的投资就达到了10910亿日元（约合人民币641亿元）。日本城市居民所能享受到的水、电、气、暖、车，农村居民都能享受。韩国在全国开展的"新村运动"也以政府支持为主体。1990年代，韩国全国农村都实现了村村通车、家电普及和电气化，这极大地改善了农民的生活水平[②]。很显然，日本和韩国都强调政府对农业基础设施投入的主体地位。在贫困地区基础设施建设中，交通建设尤为重要。交通条件的改善，不仅能够有效降低交通费用，而且可以使产品的远距离运输、销售成为可能。在美国阿巴拉契亚地区的反贫困行动中，政府大手笔投资公路项目。这些项目不仅对于改善山区交通、减少与外界隔离起到关键作用，还创造了许多工作岗位，它们通过影响供应商等方式实现了间接带动就业与减贫[③]。在一些发展中国家的产业扶贫中，交通建设也被置于重要位置。印度政府的反贫困行动之一就是交通建设。2000年底，印度开始实施"农村道路计划"。该计划由印度中央政府全权负责，建设目标是用8年的时间实现"全天候道路连通所有1000人以上的农村居民点"[④]。在贫困地区的基础设施建设中，网络

---

① 黄贤全、彭前胜：《美国政府对阿巴拉契亚地区的两次开发》，《西南大学学报（社会科学版）》2006年第5期，146–150页。

② ［韩］朴振焕：《韩国新村运动》，中国农业出版社2005年版。

③ 何芬、赵燕霞：《美、日促进集中连片特困地区减贫的经验借鉴》，《世界地理研究》2015年第4期，20–29页。

④ 王晓丹：《印度的农村建设》，《南亚研究》2006年第2期，31–35页。

信息建设也十分重要。美国的农产品物流之所以能做到渠道短、环节少、速度快、成本低、效率高，关键在于美国通过网络信息建设将先进的信息技术运用于农产品的异地交易之中。统计显示，美国有超过 80% 的农民会通过互联网获取相关的信息和资讯，有近 20% 的农民经常在网上购买产品，农业电子商务在所有行业中位居第五[①]。

三、国外产业扶贫经验对我国产业扶贫政策调整的启示

上述研究表明，美国、法国、日本、韩国、北欧四国（挪威、瑞典、丹麦、芬兰）、巴西、印度等国在产业扶贫的具体形式和保障体系两个方面已形成了诸多有益的经验。当前，我国精准扶贫已进入攻坚拔寨的关键阶段。作为精准扶贫的一种重要"造血"形式，产业扶贫的地位十分独特。科学借鉴国外产业扶贫的有益经验，对于正确调整我国新时代产业扶贫政策，最终打赢脱贫攻坚战，具有重要的启迪意义。

1. 因地制宜，发展特色产业

产业扶贫是当前我国精准扶贫战略中的一个重要举措。发展产业，增加就业，是增加贫困地区农民收入的根本之举。虽然产业是发展的根基，是脱贫的依托，但在贫困地区选择合适的产业比发展产业本身更重要。在以往的产业扶贫开发中，一些贫困地区并没有选取符合当地资源优势的产业，也不注重研究市场，而是盲目跟风。严重制约着产业减贫和农民增收。因此，选准产业是产业扶贫的前提条件。这就要求贫困地区在产业发展类型的选取上要综合考虑资源禀赋、产业基础、生态环境等因素，选择适合当地发展的特色产业，宜农则农、宜菜则菜、宜果则果、宜草则草、宜牧则牧、宜林则林、宜游则游[②]。第一，要出台专项政

---

① 潘国兵：《农村物流系统双向流通优化的对策研究——基于互联网 + 视角》，《现代营销》2017 年第 7 期，第 303 页。

② 刘北桦、詹玲：《农业产业扶贫应解决好的几个问题》，《中国农业资源与区划》2016 年第 3 期，1—4 页。

策，统筹使用涉农资金，重点支持贫困村、贫困户因地制宜发展种养业和传统手工业。第二，贫困地区要依托特有的自然人文资源，深入实施乡村旅游扶贫工程。第三，要注重特色农产品的深加工。贫困地区的产业发展方向不能仅限于种养业，还应包括加工业，注重提高农产品附加值。很多农村贫困地区的特色产业发展仍停留在产品的生产环节，仅能为发达地区提供原材料，商品化程度较低[①]。第四，要提高产业发展的抗市场风险能力。贫困地区的产业发展不能重生产而轻销售。要将市场销售、售后服务等市场环节纳入帮扶范围，要帮助贫困地区形成完整的产业链，确保农村特色产业实现健康和可持续发展。

2. 发展农业专业合作组织，实现规模经营

产业扶贫不仅要因地制宜选发展特色产业，更要有好的组织平台。实践证明，农业专业合作组织具有较强的组织优势、经济带动优势和利益联结优势，能够较好地将贫困地区的农户组织起来[②]。不仅如此，农业专业合作组织还构成为政府与贫困农户之外的第三方，是国家与农民之间的中介组织[③]。也就是说，在贫困地区发展农业专业合作组织还能有效地将各类扶贫资源链接至贫困对象，提高扶贫资源的配置效率。从国外的实践来看，发达国家从事种养殖业的农民均加入了各式各样的合作组织。尤其美日两国的农业专业合作组织在其农业产业的发展过程中扮演着重要的角色。其主要作用是为农民提供强有力的经营组织平台，提供各类专业技术支持和信息支持。我国贫困地区的农户基本是以家庭为单位进行小农生产，难以发挥出产业扶贫的规模效应。再加上贫困地区的农户普遍技能水平较低，导致生产效率不高。而农业专业合作组织正好能解决这一系列问

① 刘鸿渊、柳秋红：《欠发达地区农村特色产业发展困境与策略探析》，《农村经济》2015 年第 12 期，57-61 页。

② 柏振忠、李亮：《武陵山片区农民合作社助力精准扶贫研究——以恩施土家族苗族自治州为例》，《中南民族大学学报（人文社会科学版）》2017 年第 5 期，160-164 页。

③ 柏振忠、宋玉娥：《农民专业合作社科技扶贫理论逻辑与实践研究》，《科技进步与对策》2017 年第 18 期，21-25 页。

题。针对我国目前的现实情况，可推行"农业专业合作社＋基地（企业）＋贫困户"产业扶贫模式，贫困户以资金、土地、山林资源或劳动力入股等形式参与产业发展，实现资源变资产、资金变股金、农民变股东。

3. 开发金融和保险产品，健全保障机制

金融扶贫是当前我国精准扶贫中一项重要工作内容。金融扶贫不仅符合贫困对象参与式扶贫的宗旨，而且能够有效推动贫困户自我发展能力。正因如此，2015 年 11 月，中共中央和国务院共同出台的《决定》中明确指出："加大金融扶贫力度。鼓励和引导商业性、政策性、开发性、合作性等各类金融机构加大对扶贫开发的金融支持。运用多种货币政策工具，向金融机构提供长期、低成本的资金，用于支持扶贫开发。设立扶贫再贷款，实行比支农再贷款更优惠的利率，重点支持贫困地区发展特色产业和贫困人口就业创业。……创新金融产品，增加贫困地区信贷投放。"除了要发挥金融服务在产业扶贫中保障作用外，当前我国还急需将保险机制嵌入贫困地区的农业发展当中。农业产业是高风险产业，如果没有完善的农业保险制度，一遇天灾疫情，必将破坏整个产业的健康持续发展[1]。从美日等发达国家的实践经验来看，农业保险在其农业产业的发展过程中扮演着重要的角色，为农户预防种养殖风险发挥着重要的作用。因此，要确保扶贫产业持续健康发展，就必须构建金融和保险有机结合的支撑保障机制。

4. 加强网络信息建设，推广"互联网＋"扶贫

《决定》中明确提出，要"加大'互联网＋'扶贫力度[2]。"互联网＋"扶贫不仅仅是产品的网上销售，还包括产业扶持、金融支持和人才培养

---

① 中国扶贫网：《产业扶贫是脱贫的必由之路》，见 http://www.cnfpzz.com/column/lanmu4/2016/1219/10128.html。

② 《决定》中还指出，要"完善电信普遍服务补偿机制，加快推进宽带网络覆盖贫困村。实施电商扶贫工程。加快贫困地区物流配送体系建设，支持邮政、供销合作等系统在贫困乡村建立服务网点。……开展互联网为农便民服务，提升贫困地区农村互联网金融服务水平，扩大信息进村入户覆盖面"。

等多个方面。"互联网+"扶贫有助于快速实现贫困地区的自我造血功能，已经成为贫困地区实现"超常发展"和"弱鸟先飞"[1]的有效途径。当前出现的各类"淘宝村"、"电商村"便是很好的说明。然而，目前我国大多数农村贫困地区，还存在着农产品物流链条过长、农产品物流设施落后、农产品流通组织化程度低、农产品物流信息化建设落后、宽带网络建设不足、互联网金融服务水平较低等突出问题[2]。这就需要加强贫困地区的网络信息建设，落实"互联网+"扶贫。就我国当前精准扶贫工作所面临的现实情况而言，要落实"互联网+"扶贫，需要重点加强以下两个方面的工作：一是提高贫困对象从事电商的能力。可采取"贫困户+帮扶主体+电子商务"的方式，对贫困户进行电商技能指导，培养其进行在线产品销售的能力。二是完善配套设施建设，破除"互联网+"扶贫的物流和信息网络瓶颈。这就需要进一步完善贫困地区的交通条件，大力扶持贫困地区的快递业和通信业。

5. 加强教育培训，提高农民技术水平

产业扶贫需要有专业技术作支撑。农村种植业、养殖业、加工业等产业的发展水平在很大程度上是由专业技术水平决定的。这就对扶贫对象的专业技术能力提出了一定要求。然而从当前我国的现实情况来看，我国贫困地区的农民大多受教育程度较低，文盲和半文盲较多。因此，这就需要增强精准扶贫政策与农村贫困人口的要求—能力契合度[3]。美日等发达国家在农业产业的发展过程中，均比较重视对农民进行农业教育和技术培训，注重农业技术推广工作，使农民掌握各类种养殖技术。借鉴国外的经验，当前我国在产业扶贫中要因地制宜、因户施策，

---

[1] 习近平：《摆脱贫困》，福建人民出版社2016年。
[2] 杜芸：《中外农产品流通比较及我国农产品流通发展对策》，《商业时代》2016年第19期，146-148页。
[3] 陈成文、李春根：《论精准扶贫政策与农村贫困人口需求的契合度》，《山东社会科学》2017年第3期，42-48页。

尊重群众意愿，积极开展农业技术、职业教育、产业创新等技术培训；同时要重视农业技术推广工作，吸引一批学历高、专业素质好的人才加入农业技术推广队伍。具体而言，要建立一个系统的、多层次的农业教育和农业培训体系；要充分利用农业技术培训基地、网络、广播电视、专题讲座等方式有计划、有组织地对贫困地区的农民进行农业知识和技能培训。在农业技术推广工作方面，要加快人事制度改革，制定优惠政策和建立激励机制，吸引更多有真才实学的科技人员从事农业技术推广工作。

第八章　社会组织参与贫困治理：国外的典型模式及其政策启示

社会组织在贫困治理中具有天然的行动优势。在国外，社会组织的主要活动领域几乎都与贫困问题有关。一些国际著名社会组织，如国际红十字会（LRCS）、行动援助（Action Aid）、乐施会（OXFAM）、关怀国际（CARE International）、世界宣明会（World Vision）、救助儿童会（Save the Children）、无国界医生组织（Medicines Sans Frontiers）等，都是国际社会反贫困领域的重要力量。[1]英国国际发展部（DFID）就指出，这些社会组织就是旨在解决贫困问题的国际网络和发声筒。[2]不仅欧美发达国家的社会组织在贫困治理中扮演着重要角色，发展中国家成功利用社会组织进行贫困治理的例子也数不胜数。例如，孟加拉国的格莱珉、印度的自我就业妇女协会通过富有成效的工作准确地识别出了最需要扶助的贫困群体，从而提高了贫困治理的成效。[3]国外社会组织在扶贫资源动员与路径选择两个方面均已经形成了一些典型的理论与经验模式。学习和借鉴这些典型的理论与经验模式，必将为我国完善社会组织参与精准扶贫的政策体系提供诸多有益的启示。

---

[1] 王名：《NGO 及其在扶贫开发中的作用》，《清华大学学报（哲学社会科学版）》2001 年第 1 期，75–80 页。

[2] Stroup S S, *Borders among Activists: International NGOs in the United States*，*Britain*，*and France*，Cornell University Press， 2012.

[3] 郑光梁、魏淑艳：《浅议国外非政府组织扶贫机制及其启示》，《辽宁行政学院学报》2006 年第 6 期，23–24 页。

一、关于扶贫资源动员

杰弗里·菲佛和杰勒尔德·R.萨兰基克提出了组织资源依赖理论，认为组织生存的关键是获取和维持资源的能力。[①] 这种资源获取和维持能力实质上是由组织的资源动员模式决定的。因此，社会组织要有效地进行扶贫活动，就必须具备高效、可持续的资源动员模式。只有拥有高效、可持续的资源动员模式，社会组织才能获得足够的资源去帮助贫困群体摆脱困境。经过多年的扶贫实践，国外社会组织形成了政社合作、社社合作、社会企业三种典型的扶贫资源动员模式。

1. 政社合作模式

政社合作指的是政府与社会组织之间的合作。政社合作模式的产生主要基于"政府失灵"理论。政府失灵主要是指在社会服务供给中，由于自身的某些特征和缺陷，政府的服务供给缺乏效率。在反贫困实践中，政府失灵会导致扶贫政策低效以及贫困群体瞄准偏差等问题。[②] 而通过与社会组织合作实施扶贫项目，政府可从项目实施者向监督者、检查验收者等角色转换，从而保证扶贫项目高质量、高效率地实施和完成。在这个过程中，政府为社会组织提供资金和政策支持，社会组织则帮助政府完成调查、规划、设计、服务等诸多细致的工作。事实上，政府与社会组织合作实施扶贫，不仅能有效克服政府失灵现象，而且还能弥补社会组织在扶贫活动中的诸多不足。美国霍普金斯大学政策研究所教授莱斯特·M.萨拉蒙（Lester M.salamon）等人于1992年提出了政府—非营利组织关系的类型学理论，将政府与社会组织的关系划分为四类。[③] 萨拉蒙还提出了志愿失灵。他指出，慈善组织的业余性和家长作风，以及服务

---

① 杰弗里·菲佛、杰勒尔德·R.萨兰基克：《组织的外部控制：对组织资源依赖的分析》，东方出版社2006年。

② 苟天来、唐丽霞、王军强：《国外社会组织参与扶贫的经验和启示》，《经济社会体制比较》2016年第4期，204–211页。

③ Gidron B, Kramer R M, Salamon L M, *Government and the Third Sector: Emerging Relationships in Welfare States*, 1992.

对象的特殊性会导致慈善供给不足和慈善特殊主义。因此他强调政府与
社会组织应该建立合作和互补关系，这样可以避免二者的弱点。[①]

在国外，政社合作模式在反贫困行动中被许多国家所践行，并且收
到了良好的效果。美国社会组织经常与政府配合，代替政府承担一些公
共职能，两者优势互补，信息共享，政府不但对社会组织的部分慈善项
目进行拨款，而且与其开展各类合作，将许多福利拨款也交由社会组织
去发放。[②]美国许多社会组织的发展也是由政府推动实现的。在克林顿时
期，美国政府在社区社会组织的发展中起着重要的作用。当时的政策鼓
励社区与当地的居民、商人、地方政府、社会组织等通过合作共同解决
发展问题，在这个过程中，美国政府并不直接干预社会组织，更多的是
提出指导性的政策以及提供由政府拨款的项目。[③]统计显示，美国社会
组织在 1997 年度的总收益为 6650 亿美元，其中 31% 的收入来自政府。[④]
日本也是一个重视政社合作的国家。于 20 世纪 30 年代发展起来的日本
町内会是日本社会治理中不可或缺的城市居民自治组织。町内会与基层
地方政府之间是一种指导与合作的关系。町内会很像地方政府的二级承
包商，经常要协助行政机构工作。町内会要协助政府预防和应对地震等
大规模自然灾害，协助红十字会和政府搞募捐。[⑤]在德国，社会组织更多
是强调公益原则，而较少强调自愿原则。因此，社会组织主要的经济来
源是国家资助，而非个人或企业的自愿捐赠，即社会组织在国家的资助
下开展公益工作。国家与社会组织之间密切而稳固的合作关系使得德国

[①] Salamon, Rethinking Public Management: Third Party Government and the Changing Forms of Government Action, *Public Policy*, 1981, 29 (3).

[②] 丛春霞、方群：《中美贫困群体社会支持机制的比较与借鉴》，《社会保障研究》2016 年第 1 期，86-94 页。

[③] Garkovich, Lorraine E, A Historical View of Community Development, In ROBINSON Jerry W., Jr., GREEN Gary Paul (Eds.), Introduction to Community Development: Theory, Practice, and Service-Learning, Sage, 2011.

[④] 续亚萍：《美国非政府组织反贫困研究》，河北大学 2009 年。

[⑤] 韩铁英：《日本町内会的组织和功能浅析》，《日本学刊》2002 年第 1 期，46-63 页。

社会组织的专业化程度较高。[①]

　　在一些发展中国家的反贫困运动中，政府与社会组织的合作也取得了较好的效果。孟加拉国的普罗西卡（Pmshika）与政府一道帮助解决贫困农户的贷款问题。[②]智利政府与社会组织就扶持农业服务订立转包契约，在技术等方面通力合作扶助农民。[③]在印度，社会组织的一个鲜明特征是，社会组织和政府是一种伙伴关系，他们获得政府的资金支持以执行政府的项目。印度"全国贫民窟居民联合会"（National Slum Dwellers Federation）与"促进地区资源中心协会"（SPARC）一道，从政府手中获得为贫民窟地区建造公厕的项目，为住户提供卫生设施。[④]在印度基层自治中扮演着重要角色的邻里委员会一般由 10 个左右的邻里小组（以一名社区居民志愿者为中心）组成。经过正式登记的邻里委员会在从事直接管理活动时，即可以申请政府的 UBSP（Urban Basic Services for the Poor）项目资助。为了推动 UBSP 项目的深入开展，印度各级政府中负责 UBSP 项目协调和推进的部门也都非常重视与政府其他部门、各种社会组织以及银行等机构加强合作。[⑤]

　　2. 社社合作模式

　　社社合作指的是社会组织之间的合作。这种社会组织之间的合作扶贫运作模式可以发挥不同社会组织的优势，不仅可以解决单一社会组织的资金不足问题，而且可以使扶贫项目的运作和开展更加专业化，更加具有针对性，从而使贫困治理的运行更有成效。在国外一些发展中国家

---

　　① 张威：《国家模式及其对社会政策和社会工作的影响分析——以中国、德国和美国为例》，《社会工作》2016 年第 3 期，33—46 页。

　　② Sanyal B. Cooperative autonomy：the dialectic of State-NGOs relationship in developing countries，Geneva Ilo Research，1994（1）：130.

　　③ 郑光梁、魏淑艳：《浅议国外非政府组织扶贫机制及其启示》，《辽宁行政学院学报》2006 年第 6 期，23—24 页。

　　④ 廖明中：《城市化背景下的贫民窟挑战及对策：国际经验与启示》，《中国经济时报》2005 年第 9 期。

　　⑤ 戴雪梅：《国外基层民主与社会自治组织的镜鉴》，《传承》2009 年第 22 期，122—123 页。

的反贫困活动中，其参与主体除了当地的社会组织之外，还有其他国家的或国际的致力于反贫困事业的社会组织。不同层次的社会组织彼此合作、取长补短，协同致力于扶贫事业。[①] 在美国，不同的社会组织之间往往存在着大量的合作。美国的社会组织中存在着一类比较特殊的社会组织——资金中介组织。这类社会组织包括基金会、联合筹款组织和专业筹款机构三类。在反贫困活动中，这一类社会组织并不陷入具体的事务中去，而是发挥其在资金和知识方面的优势，把资金交给具有资产建设能力的社会组织去具体实施。创立于 1936 年的美国福特基金会即属于这一类社会组织。福特基金会[②] 既不去"筹钱"，也不去"花钱"，而是专注于"给钱"，即如何通过受理申请、审查立项把资金划拨到可以信赖的申请者和他们的项目中去。[③] 目前世界范围内已有 9000 多家机构和组织得到过福特基金会的资助。[④] 正是由于不同专业优势的社会组织之间的合作可以有效提高扶贫成效。因此，不少国际社会组织规定其扶贫项目必须通过地方社会组织来完成。美国温洛克国际农业开发中心（Winrock International Institute for Agricultural Development）就规定他们的扶贫项目必须与当地的社会组织合作，而不是与政府机构合作。[⑤] 在非洲的反贫困活动中，国际社会组织一般先将援助传递给非洲本土非政府组织中的基层支持组织，再通过基层支持组织，将援助的资金、技术、物品或人力资源进一步传递至穷人。[⑥]

在帮助发展中国家进行反贫困的实践中，国际社会组织注意到：发

---

① 郑光梁、魏淑艳：《浅议国外非政府组织扶贫机制及其启示》，《辽宁行政学院学报》2006 年第 6 期，23–24 页。

② 福特基金会成立于 1936 年，初始资金为福特汽车公司的亨利·福特及其子埃德塞尔·福特捐资的股票和其他资产。福特基金会的活动资金都来源于基金会自身所拥有的基金投资所得，基金会不接受任何机构、企业或个人的捐款。

③ 欧春荣：《美国基金会：历史与作用》，吉林大学 2004 年。

④ 续亚萍：《美国非政府组织反贫困研究》，河北大学 2009 年。

⑤ 李涛：《中印非政府组织（NGOs）及其在扶贫开发中的作用研究》，《亚太经济》2007 年第 1 期，56–61 页。

⑥ 李湘云、王涛：《论国际非政府组织在非洲的扶贫模式及成效》，《思想战线》2011 年第 5 期，147–148 页。

展中国家当地社会组织的能力如何，直接关系到他们项目的成败。因此，在合作中，国际社会组织会开展各种形式的培训、信息交流和技术指导等，用于支持发展中国家当地社会组织的能力建设。[①] 在孟加拉国，不同的社会组织也会通过交流来促进贫困地区人道主义的进步和社会组织的发展。[②] 也就是说，不同社会组织之间的合作还能促进彼此的发展。

3. 社会企业模式

越来越多的社会组织正采用直接的市场手段进行反贫困活动，最为典型的是正在兴起的社会企业。它们追求将商业手段用于最大化改善贫困群体的生存状况，而不是追求股东利润的最大化。关于社会企业的定义有很多，一般认为社会企业是一个将商业手段用于最大化改善人类和环境福利的社会组织。[③] 斯坦福大学舒曼提出了构成社会企业的三个基本要素：一是创造团体财富，要求建立新的收入流而不是依靠稀缺的慈善捐助；二是参与竞争，要求有组织地、有效地和专业地与其他社会企业竞争各种资源；三是观察能力，要求社会企业家关注真正的不公平和痛苦。[④] 与传统的社会组织相比较，社会企业的创新性、可持续性更强。社会企业在追求社会使命的同时，还能够与商业企业一样吸引风险投资，实现规模扩张。[⑤] 社会企业不仅能在扶贫领域创造出可持续的商业模式，而且还可以激励传统企业承担更多的社会责任。[⑥] 社会企业一

[①] 王名：《NGO 及其在扶贫开发中的作用》，《清华大学学报（哲学社会科学版）》2001 年第 1 期，75-80 页。

[②] Begum S F, Zaman S H, Khan M S, Role of NGOs in rural poverty eradication: A Bangladesh observation, Brac University, 2004.

[③] 苟天来、唐丽霞、王军强：《国外社会组织参与扶贫的经验和启示》，《经济社会体制比较》2016 年第 4 期，204-211 页。

[④] 彭秀丽：《社会企业理论演进及其对我国公共服务均等化的启示》，《吉首大学学报（社会科学版）》2009 年第 2 期，96-100 页。

[⑤] Harvey Koh, Can Social Enterprises Really Solve Poverty?, Forbes, 2014（4）.

[⑥] Lisa Easterly., Paul Edun, *Social Venture Business Strategies for Reducing Poverty*, In James A.F. Stoner, Charles Wankel eds, Innovative Approaches to Reducing Global Poverty, Charlotte, North Carolina: Information Age Publishing Inc., 2007.

般通过以下四种市场机制发挥扶贫作用：一是在其主营业务领域雇佣或训练大量的穷人，帮助他们自力更生，而不是仅仅作为廉价劳动力使用；二是以可负担的价格为穷人生产或提供必要的产品或服务；三是以合理的利率为穷人提供信用贷款，而且不涉及任何不公正或不道德的借贷行为；四是为穷人提供技术、材料或财务援助，帮助他们参与到家庭商业作坊中来。①

社会企业以商业手段解决社会问题的模式很好地解决了社会组织的筹资问题。在传统社会组织的资源动员模式中，社会组织的经费主要来源于政府购买（补贴）或慈善捐赠，当政府购买（补贴）或慈善捐赠的资金不足时，社会组织就难以生存。而社会企业的资源动员模式可以有效解决社会组织的筹资问题，继而摆脱单纯依赖政府购买（补贴）或慈善捐赠获得资金的限制。在英国，社会企业的运行理念已被社会组织所广泛运用。根据英国慈善组织 2009—2010 年度的统计数据，在年收入不到 1 万欧元的小型慈善组织中，39.6% 的收入来源于投资回报，35.4% 的收入来源于商业活动，18.1% 的收入来源于捐赠，2.8% 的收入来源于志愿组织的捐赠，4.2% 的收入来源于政府；在年收入超过 100 万欧元的大型慈善组织中，34.8% 的收入来源于投资回报，14% 的收入来源于捐赠，44.9% 的收入来源于政府，4.1% 的收入来源于商业活动，1.6% 的收入来源于志愿组织捐赠，还有 0.1% 的收入来源于彩票。可以说，投资回报、商业活动已成为英国慈善组织最主要的资金来源。② 在一些发展中国家的反贫困运动中，一些社会企业也取得了较好的效果。例如，孟加拉国乡村进步委员会（BRAC）用自身的商业和投资回报发展、试验和引进

---

① UNDP, Social Enterprise : A New Model For Poverty Reduction And Employment Generation : An Examination of the Concept and Practice in Europe and the Commonwealth of Independent States, http : //www.undptkm.orgwww.undptkm.org/content/dam/turkey/docs/Publications/PovRed/Social_Enterprise.pdf.

② National Audit Office, 2012, "Regulating Charities: A Landscape Review, Briefing for the House of Commons Public Administration Select Committee", https : //www. nao. org. uk.

全世界最具创新精神的扶贫项目。致力于通过金融服务使贫困群体的生活发生积极变化的欧洲 OIKOCREDIT，通过投资加纳 KuapaKokoo 合作社不仅为当地贫困居民提供了实质上的帮助，而且创造了经济效益与社会财富。[①]

政社合作、社社合作和社会企业三种资源动员模式也是相互补充而非替代的关系，不同资源动员模式的成功叠加有利于化解单一资源动员模式无法解决的社会组织的生存性问题。在国外社会组织的发展实践中，一家社会组织往往同时运用政社合作、社社合作和社会企业三种资源动员模式来提高自己的生存能力和竞争能力。一些初创社会组织由于自身造血能力不足、名牌知名度不高，往往会选择与政府部门合作，通过获得购买服务来发展自己，同时它们又会不断拓展自己的品牌，寻求与其他知名社会组织特别是国际社会组织合作，以摆脱对政府部门的生存依赖。很多社会企业在成立之初，通常会引入知名国际社会组织作为其股东以获得足够的资金支持。如 Shokay 的最大股东 Ventures in Development（ViD）就是一家资金雄厚的非营利性组织，专注于对各种社会组织进行扶植和培养。[②]

二、关于扶贫路径选择

每一个组织都有其价值和使命。相对于政府和企业组织而言，社会组织将帮助弱势群体、服务社会、解决社会问题作为自身追求的价值和使命。这一价值和使命与人类贫困治理的核心价值追求具有内在的一致性。因此，社会组织在扶贫活动中具有天然的行动优势。要充分发挥这种行动优势，社会组织还必须探索出最佳的扶贫路径。为了寻找到最佳

---

① 李健、张米安、顾拾金：《社会企业助力扶贫攻坚：机制设计与模式创新》，《中国行政管理》2017 年第 7 期，67-72 页。

② 《Shokay 创始人乔琬珊：让商业目标与社会贡献相交织》，见 http://finance.qq.com/a/20090812/004529.htm。

的扶贫路径，国外社会组织在扶贫实践中开展了大量创新工作，已经形成了慈善救助、增能赋权和岗位开发三种典型的扶贫路径选择模式。

1. 慈善救助模式

在国外发达国家早期的反贫困活动中，特别是 20 世纪 50 年代以前，慈善救助一直是国外社会组织反贫困活动的主要形式。这种慈善救助模式主要表现为直接援助，即直接为贫困人口提供各种资金、物资等援助，其目的是满足贫困对象的基本生活需求。这种扶贫路径在当前中国的扶贫实践中体现为"输血式扶贫"。国外发达国家慈善救助式扶贫的产生主要得益于其慈善理念、志愿精神渗透于社会文化的各个角落。如美国人认为，向穷人提供慈善救助是优秀公民的义务。[①] 在这种文化背景下，国外发达国家的社会组织在贫困治理中都拥有丰富的资金来源和群众基础。

国外社会组织的慈善救助式扶贫路径最早可追溯到中世纪的英国。当时的英国，国家的赈灾和救济职能不足，也缺乏必要的社会保障制度，社会救助职能主要通过社会组织和一些生产组织对穷人开展的慈善救助服务来进行。在中世纪，教会是英国社会事业的最大资助者，是英国慈善救助服务的最大施主。修道院与城市慈善组织则是当时英国教会开展慈善事业的直接实施者。教会往往会利用自身的收入为城市慈善组织提供经费支持，再由城市慈善组织为穷人和丧失劳动能力者提供衣食和住所。[②] 英国史学家阿萨·布里格斯（Asa Briggs）在《英国社会史》中就指出："教会在中世纪英国社会问题的解决中表现最为突出。他们依托修道院和城市慈善组织以提供衣食的方式直接为穷人提供周济。"[③] 除了直接救助穷人，教会还为病人和流浪者提供帮助。在流行性疾病盛行时，

---

① 冯英、穆风龙、聂文倩：《外国的慈善组织》，中国社会出版社 2007 年。

② 雍正江：《社会流动与近代早期英国社会保障制度的孕育》，《中共杭州市委党校学报》2013 年第 6 期，34—41 页。

③ ［英］阿萨·布里格斯：《英国社会史》，商务印书馆 2015 年。

教会便会组织救助机构为病人和流浪者提供庇护，不仅为这些人提供生活接济，还会为病人提供力所能及的诊断和救治。[①] 在中世纪，英国城市中的行会也在慈善救助事业中扮演着十分重要的角色。这些行会除了行使经济和管理职能外，还在英国的很多城市中开展慈善救助服务。据统计，当时英国的行会在全国各地建立了 400 多个慈善组织。[②] 然而，到了16 世纪中叶，由商品经济和资本主义发展带来的剧烈社会流动摧毁了英国传统社会的组织结构，瓦解了传统社会自身的救济功能。相关统计显示，16 世纪中叶，英国大约有 664 座修道院，110 座教会举办的养育院，2374 个教会举办的施物所被解散，在这些场所接受过救济的贫民达到了8.8 万人。[③] 一直到 17 世纪末，英国的社会组织才又迎来了新的发展机遇。英国于 17 世纪末颁布了《慈善法》和《济贫法》，1824 年废除了禁止结社的条例，1832 年颁布了《新济贫法》，在这些法案的影响下，英国先后又出现了许多开展慈善救助活动的社会组织。[④] 美国早期社会组织的反贫困行动也以慈善救助为主。它们关注贫困群体的基本生存状况，试图通过为贫困对象提供维持基本生存需要的人道主义援助和物质支持来缓解社会不平等现象。1897 年，在美国波士顿及周边地区，一个基督教团体发起向 15 万穷人免费提供圣诞晚餐的活动。[⑤] 这个基督教团体就是现在著名的国际慈善公益组织救世军（Salvation Army）。

2. 增能赋权模式

"增能"意指"使有能力"，强调通过挖掘或激发服务对象的潜能来提高他们自身对生活和工作的掌控能力。增能的对象往往是在经济地位、社会境遇上处于不利地位，被排斥在主流社会群体之外的弱势群体。增

---

① Cartwright F F，A social history of medicine，*Medical History*，1977（2）：214-214.
② ［法］布瓦松纳（P.Boissonnade）：《中世纪欧洲的生活和劳动》，商务印书馆 1985 年。
③ 雍正江：《社会流动与近代早期英国社会保障制度的孕育》，《中共杭州市委党校学报》2013 年第 6 期，34-41 页。
④ 张维娜：《非政府组织在城市反贫困中的角色与模式研究》，大连理工大学，2007 年。
⑤ 续亚萍：《美国非政府组织反贫困研究》，河北大学，2009 年。

能即是要通过一定的社会政策或援助方式为这些弱势群体营造或提供平等接近资源的机会，并帮助他们提高对资源的利用能力。[①]"赋权"是赋予权力或权威的过程，是把平等的权利通过法律、制度赋予服务对象并使之具有维护自身应有权利的能力。通过这一过程，人们变得具有足够的能力去参与影响他们生活的事件和机构，并且努力地加以改变。[②]诺贝尔经济学奖获得者阿玛蒂亚·森认为，贫困并不是单纯地由于低收入造成的，很大程度上是因为基本能力缺失造成的。[③]因此，他把发展人的可行能力看作消除贫困的更重要的方法。"发展人的可行能力"实质上就是一个增能赋权的过程。也就是说，在扶贫实践中，不能单纯地从字面意义上对"增能""赋权"这一对概念进行严格的区分，而应该从整体上将它们理解为"发展人的可行能力"。基于上述理论视角，越来越多的社会组织在扶贫方式上开始注重对贫困对象进行赋权增能，发动贫困对象参与项目的设计、实施以及监测和评估，以及通过教育、技能培训、健康服务等提升贫困对象的资本。为促进可持续发展和消除世界贫困，英国国际发展部（DFID）于1999年提出了可持续生计分析框架，指出穷人的资源不单单是手中掌握的现金资本，还有物质资本、自然资本、社会资本和人力资本。[④]

美国农民丹·威斯特在思考如何分配有限的食品给困难人员时提出了"给人一杯牛奶，不如助人养头奶牛"的扶贫理念。[⑤]基于这一理念，他于1944年在美国成立了国际小母牛项目组织。在美国国际小母牛项目

---

① 王晓东：《赋权增能视角下农民工社会救助模式转型——呼和浩特市个案研究》，《人口与发展》2013年第6期，52—57页。

② 董小苹：《1992—2012：中国青少年的社会参与》，《青年研究》2013年第6期，80-91、94页。

③ ［印度］阿马蒂亚·森：《贫困与饥荒》，商务印书馆2001年。

④ DFID, 1999, Sustainable Livelihoods Guidance Sheets, London: Department for International Development.

⑤ 李迎生、吴咏梅、叶笛：《非营利组织社会服务的改革与创新：以民族地区反贫困为例》，《教学与研究》2012年第8期，13-20页。

组织与中国政府合作实施的村级扶贫开发工作的实践中，该组织充分尊重民意，逐家逐户上门了解情况，征询意见，听取心声，召开各种会议，从不擅自作主，而是由与会人员写条子把村民最迫切需要解决的事一一写出，再通过排序选出最急需要解决的问题，将其列为扶贫规划。该组织还帮助村民选举产生由人大代表、"三老"和贫困户代表组成的项目管理理事会，负责资金管理以及项目的监督和验收等具体事务。[1]印度政府与社会组织合作实施的 UBSP 项目也非常重视贫民特别是女性贫民的积极参与。在参与 UBSP 项目的过程中，妇女们接受了专门的培训和指导，变得更为自信，不再害怕在家庭内部和公众场合表达自己的需求和愿望。成长起来的妇女还受到鼓励，组建了属于自己的非政府组织。妇女们积极参与公共活动，1995 年有 100 多名妇女志愿服务者参加了地方选举，成功获选的就有 60 多人。[2]在孟加拉国，社会组织在扶贫活动中将"加强人力资源开发、帮助贫困群体通过利用自身资源来实现脱贫目标、对妇女提供优先贷款权从而为家庭创造更多收入等"作为他们的行动任务和目标。[3]

20 世纪 80 年代，随着国际范围内社会组织的迅速发展，慈善救助式的直接援助扶贫路径逐渐被增能赋权式的各种形式的扶贫开发项目所取代。如：1972 年成立于英国的行动援助组织（Action Aid）1998 年度总开支 6.78 亿美元，其中有 4.2 亿美元用于各种形式的项目援助，占 62%。关怀国际（CARE international）1998 年度总开支 3.39 亿万美元，其中有约 3.1 亿美元用于各种形式的项目援助，占 91%。[4]这些主要针对非洲、

---

①　曾晓平、邹春林：《扶贫：唤醒贫困农民参与意识——江西省乐安县开展 NGO 与政府合作扶贫纪事》，《老区建设》2007 年第 12 期，34–35 页。

②　戴雪梅：《国外基层民主与社会自治组织的镜鉴》，《传承》2009 年第 22 期，122–123 页。

③　Begum S F, Zaman S H, Khan M S, Role of NGOs in rural poverty eradication: A Bangladesh observation, Brac University, 2004.

④　王名：《NGO 及其在扶贫开发中的作用》，《清华大学学报（哲学社会科学版）》2001 年第 1 期，75–80 页。

亚洲、欧洲、拉丁美洲等贫困地区的扶贫开发项目涉及人力资本开发、社区发展等许多方面。

3. 岗位开发模式

增加贫困人口的就业机会，是解决贫困问题的最重要途径。这是因为让贫困人口有机会参与经济活动，可以有效提高其收入水平。[①] 由于受教育程度低、健康状况差、缺少劳动力流动所必需的费用等，贫困人口中的劳动者往往难以获得就业机会。也就是说，在劳动力市场的竞争中，贫困人口中的绝大多数劳动者不可能与其他劳动者处在同一起跑线上，这就需要政府和公众的直接援助。[②] 这种直接援助表现为为贫困对象开发就业岗位。在我国扶贫开发实践中，专门针对贫困人群的岗位开发通常由政府部门和相关企事业单位来完成，如专门为就业困难人员设置的公益性岗位。从国外反贫困实践来看，社会组织在对贫困对象的岗位开发服务中也扮演着重要的角色。

美国的 The Paradigm Project 企业在非洲进行实地调研后发现，当地有许多贫困居民所使用的炉具非常原始，这也是造成当地环境污染的重要原因之一。于是该企业成立了商业公司 EzyLlife，专门研发和生产节能环保的炉具、净水器、太阳能灯等产品，以低廉的价格输出给贫困居民。与此同时，他们也将岗位开发作为帮助非洲贫困居民摆脱贫困的策略之一。为了帮助贫困对象创造就业岗位，EzyLlife 特地选择在贫困地区进行代理加工的方式生产产品，并且只在贫困地区发展经销商做推广和销售。[③] 在英国，岗位开发模式也被诸多致力于服务贫困群体的社会组织所运用。为帮助无家可归者和长期失业者，英国慈善组织 Training

---

① 李刚：《"包容性增长"的学源基础、理论框架及其政策指向》，《经济学家》2011 年第 7 期，12-20 页。

② 朱玲：《改善资源分配，增强贫困人口就业能力》，《国际经济评论》2002 年第 2 期，52-55 页。

③ 高正：《社企 TPP：一边环保一边脱贫》，《中国社会组织》2015 年第 20 期，28-29 页。

for Life^① 成立了 Hoxton 学徒餐厅。这家餐厅专门向无家可归者和长期失业者提供就业岗位，并对他们进行技能培训，同时帮助他们在餐饮服务业寻找其他的就业机会。自从 1995 年成立以来，Training for Life 已经帮助 10000 多名长期失业的人重新就业，并创造了上百个新的工作岗位。同样，为了帮助无家可归者，为他们提供能够自力更生的机会，英国人罗高登·罗迪克和约翰·博德创办了 The Big Issue^② 杂志。The Big Issue 只选择英国流浪者作为自己的卖报人。流浪者可以赚取标价 40%–50% 的利润。The Big Issue 不仅为流浪者带来了物质收入，而且培养了他们的能力与自信心。The Big Issue 还成立了 The Big Issue Foundation，致力于为杂志的销售人员提供心理咨询等各类帮助他们重返社会的服务^③。在一些发展中国家，社会组织的岗位开发式扶贫路径也在反贫困行动中取得了较好的效果。为了改善孟加拉国贫困儿童营养不良的状况，孟加拉国最大的社会组织格莱珉与法国乳制品公司达能合伙创办了格莱珉达能公司，以非常低廉的价格向贫困家庭销售酸奶。公司的运行并不仅仅只是注重如何提高贫困儿童的营养摄入水平，还注重于为当地贫困妇女提供就业岗位。格莱珉达能从工厂周边地区招聘了许多贫困家庭的女性，并对她们进行销售培训，让她们挨家挨户地进行推销，每销售一杯杯酸奶会获得 1.5 塔卡^④ 的销售佣金。^⑤ 目前，这种岗位供给模式也被一些社会组织运用在中国的反贫困行动中。乔琬珊（Carol Chyau）创办的 Shokay 将为牧民创造了多少就业机会、提高了多少收入作为自身追求的

---

① Training for Life 是一家由社会企业家 Gordon D'Silva 和著名厨师 Prue Leith 共同成立的慈善组织。

② The Big Issue 的运作由两个部分组成，一个是以有限公司模式存在，负责生产和配送杂志到街头的小贩，另一个则以非营利组织的形态存在，帮助这些小贩们解决造成他们无家可归的问题，重新取得生活的主控权。

③ 《社会企业大科普》，见 http://blog.renren.com/share/335281493/15998724382。

④ 塔卡是孟加拉国的流通货币，1 人民币 =12.4853 孟加拉塔卡。

⑤ 《格莱珉达能：永不分红》，见 http://doc.qkzz.net/article/5cbcaab5-22d1-4e95-b9f9-d3210b5bca55.htm。

目标。①为了实现这一目标，Shokay选择直接从藏区牧民手里采购牦牛绒，而不是选择向价格更加低廉的生产厂家购买原材料。同时资助当地妇女建立生产合作社加工Shokay设计的产品，为这些妇女提供长期的工作机会和翻倍的收入。②

慈善救助式扶贫路径属于"输血式"扶贫，侧重于直接"给予"，主要是帮助贫困对象解决基本生存需求问题。而增能赋权和岗位开发模式属于"造血式"扶贫，注重解决贫困对象的长期发展性问题，主要是帮助贫困对象实现可持续性发展。但是，慈善救助、增能赋权和岗位开发三种服务路径并非替代关系而是相互补充的关系，不同扶贫路径的成功叠加有利于化解单一扶贫路径无法解决的多源性贫困问题。也正是如此，在贫困治理中，一些社会组织的扶贫路径往往同时包含有慈善救助、增能赋权和岗位开发三种模式。如一些社会组织在为贫困对象提供工作岗位的同时也注重增能赋权，培养他们的就业能力与自信心。而对于一些完全丧失劳动能力，或患有重特大疾病，增能赋权和岗位开发两种路径均无法帮助他们摆脱贫困，社会组织就会通过慈善救助这一扶贫路径来帮助他们解决基本生存需求问题。

三、国外典型模式对我国的政策启示

精准扶贫资源配置的方式是多种多样的，既有行政组织配置，也有社会力量配置（包括市场组织配置、社会组织配置和公民个体配置）。其中，社会组织在贫困治理中具有得天独厚的优势。因此，在当前我国精准扶贫资源配置正面临着严重的"内卷化"③的困境下，广泛动员社会组

---

① 《Shokay创始人乔琬珊：让商业目标与社会贡献相交织》，见 http://finance.qq.com/a/20090812/004529.htm。

② 李健、张米安、顾拾金：《社会企业助力扶贫攻坚：机制设计与模式创新》，《中国行政管理》2017年第7期，67-72页。

③ 陈成文、吴军民：《从"内卷化"困境看精准扶贫资源配置的政策调整》，《甘肃社会科学》2017年第2期，112-117页。

织参与扶贫开发是必然之举。正因如此，2016 年 12 月，国务院印发的
《"十三五"脱贫攻坚规划》明确提出了"社会组织和志愿者帮扶"的扶
贫战略举措，强调："支持社会团体、基金会、社会服务机构等各类组织
从事扶贫开发事业。建立健全社会组织参与扶贫开发的协调服务机制，
构建社会扶贫信息服务网络。以各级脱贫攻坚规划为引导，鼓励社会组
织扶贫重心下移，促进帮扶资源与贫困户精准对接帮扶。支持社会组织
通过公开竞争等方式，积极参加政府面向社会购买扶贫服务工作……制
定出台社会组织参与脱贫攻坚的指导性文件，从国家层面予以指导。"[1]国
外社会组织在贫困治理实践中发展起来的扶贫路径和资源动员模式对我
国"十三五"期间脱贫攻坚具有重要的启示意义。这种启示意义就是要
如期实现"十三五"期间打赢脱贫攻坚战，就必须制定有针对性的政策
鼓励和引导社会组织从事扶贫开发事业。

1. 完善法律法规，优化社会组织的正式制度环境

制度是影响人类行为的一系列规则或规范。制度包括正式制度和非
正式制度。正式制度是人们有意识建立起来并以正式方式加以确定的各
种制度安排，如各种成文的法律、法规、政策、规章、契约等。[2]完善的
法律法规是确保社会组织参与扶贫事业健康发展的重要外部条件。西方
发达国家都有完善的社会组织法律法规，这也为社会组织参与扶贫提供
了良好的法律保障。相比较而言，我国社会组织法律严重滞后于社会组
织的发展，影响其扶贫开发工作的正常运行。主要表现为社会组织立法
层次和质量不高，可操作性不强，一些有法律效力的条例主要侧重于社
会组织的登记注册，体现社会组织主体地位和相关权益的法律法规不足。
当前必须从以下四个方面完善社会组织的法律法规：一是提高社会组织

---

① 《国务院关于印发"十三五"脱贫攻坚规划的通知》，中国政府网，见 http：//www.
cpad.gov.cn/art/2016/12/3/art_46_56101.html。

② 陈成文、黄诚：《论优化制度环境与激发社会组织活力》，《贵州师范大学学报（社会
科学版）》2016 年第 1 期，50–56 页。

的立法层次，在《宪法》中增加对社会组织地位和基本制度的原则性规定，从法律上明确社会组织与政府组织、经济组织的平等地位。[①] 二是尽快出台《社会组织法》，对社会组织的地位、功能、权利、义务等明确规范。三是制定、出台有关社会组织参与扶贫攻坚的相关部门规章，进一步明确社会组织参与扶贫攻坚的权利与义务。[②] 四是制定有针对性的优惠政策，激发社会组织参与扶贫的积极性。

2. 培育慈善文化，优化社会组织的非正式制度环境

非正式制度环境也是决定社会组织生存发展的重要外部条件。非正式制度是指人们在长期的社会生活中逐步形成的习惯习俗、伦理道德、文化传统、价值观念、意识形态等。[③] 社会组织扶贫是一种基于民众自愿捐献经济基础上的社会性民营救助行为，它的发展必须有相应的道德伦理和社会氛围作支撑。[④] 国外发达国家社会组织的繁荣离不开其慈善文化的支持。以美国为例，尽管美国推崇自由竞争和个人主义，但美国人在追求私利的同时还有着对弱者的同情心和社会的责任感。根据 2013 年世界捐赠指数报告的统计，美国捐赠综合指数名列世界之首，有 1.58 亿人进行过慈善捐赠，1.15 亿人参加过志愿活动，1.97 亿人参与过援助陌生人。2014 年，美国民众的捐赠总额高达 3583 亿元，多达 95.4% 的美国家庭参与了慈善事业。[⑤] 这种渗透于社会各个角落的慈善文化正是美国社会组织的活力之源。因此，培育慈善文化，优化社会组织的非正式制

---

① 陈成文、黄诚：《论优化制度环境与激发社会组织活力》，《贵州师范大学学报（社会科学版）》2016 年第 1 期，50-56 页。

② 张琦、贺胜年：《社会组织：2020 年如期脱贫重要力量》，《团结》2016 年第 4 期，25-27 页。

③ 陈成文、黄诚：《论优化制度环境与激发社会组织活力》，《贵州师范大学学报（社会科学版）》2016 年第 1 期，50-56 页。

④ 赵佳佳、韩广富：《香港社会组织扶贫及其启示》，《理论与改革》2016 年第 2 期，154-157 页。

⑤ 陶冶、陈斌：《美国慈善事业发展的历史、原因及启示》，《中国劳动关系学院学报》2016 年第 4 期，76-82 页。

度环境，对鼓励和引导社会组织从事扶贫开发事业具有重要的作用。慈善文化的培育，需要社会各界的广泛参与。政府要确立有利于慈善事业发展的财税政策，鼓励社会各界参与慈善事业，企业要在实现经济利益的同时追求社会利益，公益慈善组织要严格自律并提高自身的专业能力，公民应将慈善作为公民责任的基本要求。[①]也就是说，慈善文化的培育需要国家、企业、社会组织和个人共同参与。

　　3.健全购买服务机制，构建扶贫政社伙伴关系

　　事实证明，贫困问题只靠政府的力量是无法完全解决的。只有动员一切力量，形成多元主体相结合的合作扶贫体系，才能有效提高扶贫成效。国外反贫困事业之所以取得了巨大的成果，政府和社会组织的伙伴关系功不可没。因此，在当前我国实施精准扶贫的背景下，必须切实构建起扶贫政社伙伴关系。从国外社会组织的实践经验来看，健全政府购买服务机制，是构建扶贫政社伙伴关系的重要基础。当前我国的政府购买服务机制还存在一系列问题。政府"购买服务"更多倾向于事业单位以及大型的具有官方背景的社会团体。[②]在扶贫开发中，政府必须拿出一定比例的扶贫资金，用公开招投标的方式，从符合条件的社会组织购买扶贫专项服务。政府购买扶贫服务意味着原来由政府部门同时承担的生产者和供给者角色发生了分离。[③]这就要求在购买服务的整个过程中，必须明确政府与社会组织双方之间的权力与义务。政府与社会组织之间的合作必须基于"不同权力主体尊严和表达权的承认"[④]。这就要求借鉴国外发达国家政府与社会组织合作的契约模式，对双方的权力与义务进行框

---

① 赵晓芳：《慈善文化的变迁：从社会控制到社会责任》，《兰州学刊》2013年第5期，124-128页。

② 祝慧、陈正文：《社会组织参与扶贫开发的研究现状及展望——基于2006—2015年研究文献的分析》，《学会》2016年第6期，25-36页。

③ 朱俊立：《政府购买社会保障扶贫服务与乡村社会治理创新》，《财政研究》2014年第11期，46-49页。

④ 蔡科云：《论政府与社会组织的合作扶贫及法律治理》，《国家行政学院学报》2013年第2期，33-37页。

架化、制度化、常规化的建构。即必须以契约的形式为社会组织在扶贫中更好地发挥作用创造有利的规则体系和规范化依据。

4. 鼓励服务创新，支持发展社会企业

扶贫不是单一问题的解决，它涉及经济和社会发展的各个方面。只有不断进行服务创新，才能不断提高扶贫成效。社会企业就是国外社会组织在反贫困活动中发展出来的一种创新型社会组织。由于这种创新以公共部门、私人部门和非营利部门的相互联结渗透为背景并拥有能够引起社会根本性变革的潜力。① 因此，它不仅有效解决了扶贫领域中的"政府失灵"问题，还有效解决了"市场失灵"问题。由于社会企业降低了穷人和道德消费者之间的交易成本，因此社会企业可以很好地解决传统社会组织筹资难的问题。社会企业的资金筹集优势对于我国社会组织的发展具有重要的启示意义。当前，我国社会组织资金来源单一，筹资能力弱，社会化筹资渠道不足。相关研究发现，我国社会捐赠水平非常低，仅为年 GDP 的 0.1%左右，而美国近年的慈善捐赠水平达到了 GDP 的 9%。② 也就是说，筹资难是制约我国社会组织参与贫困治理中一个重要问题。因此，我国必须充分借鉴国外社会组织发展的实践经验，为社会企业的发展及其参与扶贫创造一个良好的政策环境。一方面，要为社会企业制定有针对性的优惠政策，如：为他们提供免税政策和无抵押贷款。另一方面，政府要与社会企业进行项目合作，在技术支持和商业发展上为社会企业提供便利。

5. 加强人才队伍建设，提升社会组织的专业能力

社会组织的能力建设主要是指社会组织以社会需求为导向，以专业为依托为社会提供有效服务，在自己能力范围内满足社会需求的能力。③

---

① 彭秀丽：《社会企业理论演进及其对我国公共服务均等化的启示》，《吉首大学学报（社会科学版）》2009 年第 2 期，96-100 页。

② 祝慧、陈正文：《社会组织参与扶贫开发的研究现状及展望——基于 2006—2015 年研究文献的分析》，《学会》2016 年第 6 期，25-36 页。

③ 马晓燕：《激发社会组织活力的三重途径》，《法制与社会》2017 年第 22 期，149-150 页。

也就是说，专业能力是社会组织自身发展的基础，是其有效进行贫困治理、提高扶贫成效的前提条件。而社会组织专业能力的高低又直接体现为其从业人员专业素养的高低。因此，加强人才队伍建设，是提升社会组织自身能力的必要条件。人才建设不足是当前制约我国社会组织发展的一个重要因素。很多社会组织的从业人员为机关事业单位的下岗人员、离退休人员等，人员素质不高，缺乏相应的专业知识和技术，缺乏奉献精神和创新精神。[①]当前必须从以下四个方面加强社会组织人才队伍建设：一是制定社会组织准入标准。社会组织必须配备一定数量的专职人员，以保证日常工作有序开展。二是完善社会组织的第三方评估机制。第三方评估机制是推动社会组织自主性发展、组织性建构、公信力维护和专业化能力建设的重要力量。[②]三是加大社会组织专业人才的教育和培训力度。既要进一步完善社会组织专业人才的高等教育体系，又要以高职院校为基地，大力发展社会组织专业人才的在职教育和职业培训。四是健全社会组织人才评价体系。既要完善和落实社会组织从业人员的职称评价机制，又要畅通社会组织从业人员的职级晋升渠道。

[①] 祝慧、陈正文：《社会组织参与扶贫开发的研究现状及展望——基于 2006—2015 年研究文献的分析》，《学会》2016 年第 6 期，25–36 页。

[②] 崔月琴、龚小碟：《支持性评估与社会组织治理转型——基于第三方评估机构的实践分析》，《国家行政学院学报》2017 年第 4 期，55–60、145–146 页。

第九章　土地托管与资产收益扶贫

近年来，土地托管作为一种新的上地经营方式，因兼顾了农户的土地经营权与收益权，受到了社会的广泛关注。土地托管，实际上是将农户的土地与附属于土地的劳动力推向了市场化，从而使得土地与劳动力成为一种可以经营的资产并带来资产收益。基于这一理论推演，土地托管也能够增加贫困户的资产收益，从而使土地托管具有益贫性，乃至成为一种潜在的资产收益扶贫方式。然而，这种理论推演在学术领域与实践领域都还未有论证，也就是说，土地托管是否具有益贫性还不确定。如果土地托管具有益贫性，那它必然会是资产收益扶贫的一种新探索。因此，探讨土地托管对资产收益扶贫的影响，具有一定的理论与现实意义。

一、研究背景

因为目前还比较缺乏探讨土地托管与资产收益扶贫之间关系的研究文献，所以本文主要回顾土地托管的缘起、内涵及其功能，以及资产收益扶贫的具体内涵，从而为探讨土地托管对资产收益扶贫的影响做一个基本铺垫。

1. 土地托管

在城市化的过程中，我国农村土地利用遇到了困境：第一，大量的农村人口（尤其是青壮年人口）流入城市，然而，不少家庭因有妇女、儿童以及老人留守农村，他们需要口粮、饲养家禽、农业补贴等，不愿放弃土地经营[①]；第二，留守农村的妇女、儿童以及老人往往难以承担起繁重的地间劳作，需要外出人员在农忙期间回乡务农，从而导致外出人员多次往返于城乡之间；第三，农村土地的碎片化与耕种的粗放化、低效化制约了土地的利用率与产出率。因此，要突破这些困境，关键是要通过以现代化、科学化、机械化为基础，构建"种粮＋务工"的两不误的土地经营模式。而土地托管正是对这一模式的时代性回应，可以说，土地托管是时代的产物。

自 2007 年 7 月 1 日实施《中华人民共和国农民专业合作社法》后，我国土地托管经营模式得到了支持和引导，得以快速发展[②]。2014 年，土地托管第一次出现在官方文件——《关于引导农村土地经营权有序流转——发展农业适度规模经营的意见》（中办发〔2014〕61 号），该文件指出："积极推广既不改变农户承包关系，又保证地有人种的托管服务模式，鼓励种粮大户、农机大户和农机合作社开展全程托管或主要生产环节托管，实现统一耕作，规模化生产。"2016 年中央一号文件提出，"支持新型农业经营主体和新型农业服务主体成为建设现代农业的骨干力量……支持多种类型的新型农业服务主体开展代耕代种、联耕联种、土地托管等专业化规模化服务"；2017 年中央一号文件继续指出，"大力培育新型农业经营主体和服务主体，通过经营权流转、股份合作、代耕代种、土地托管等多种方式，加快发展土地流转型、服务带动型等多种形式规模经营"[③]。

具体而言，土地托管是在"农户加入自愿、退出自由、服务自选"原则下，在不改变集体土地所有制性质、土地承包关系及土地用途前提

[①] 李静、孟天琦、韩春虹：《土地托管影响农业产出机制：投资效率及其解释》，《中国人口·资源与环境》2018 年第 9 期，142–149 页。

[②] 中共中央办公厅、国务院办公厅：《关于引导农村土地经营权有序流转发展农业适度规模经营的意见》，见 http://news.163.com/14/1121/07/ABIC5UME00014Q4P.html。

[③] 孙新华：《村社主导、农民组织化与农业服务规模化——基于土地托管和联耕联种实践的分析》，《南京农业大学学报（社会科学版）》2017 年第 6 期，131–140、166 页。

下，由托管服务组织为农户提供从种到管、从技术服务到物资供应的一种"保姆式"的服务体系[①]。土地托管的服务组织主要包括专业合作社和农业托管公司，组织形式主要为：土地托管专业合作社＋农户、龙头企业＋土地托管专业合作社＋农户、土地托管公司＋农户。其服务内容包括：耕作、播种、浇灌、施肥、打药、收割等农业生产劳务；培训指导施肥、植保、栽培等各种农业技术服务；协助销售或订单回收农产品；统一采购种子、化肥、农药等各种农资[②]。实践中，土地托管又分为"全托管"和"半托管"两种形式。全托管是指对农业生产的所有环节都进行托管，而半托管则是将部分生产环节托管[③]。全托又分为服务型全托与土地收益型全托，服务型全托是产前、产中、产后的"一条龙"服务模式，农民出一定的费用把自己的地托付合作社种植管理（收割单算），而收的粮食全部归农民自己所有。土地收益型全托，是农民将土地委托合作社全权管理，合作社每年给农民定额的租金或分红。合作社负责耕作农户"托管"的土地，保证无论发生天灾还是人祸，每年每亩都向农户提供一定数量的粮食，完不成的部分由合作社补齐，超额部分归合作社所有；农户则不再管理自家的承包田，并自愿向合作社交付每亩每年所必需的种子、化肥、农药、收割等生产成本费用。

从土地托管的经济功能来看，其主要表现在三个方面：第一，土地托管可以解放土地托管者的生产力。于海龙等在德州市宁津县陶庄村对土地托管进行研究时发现，该村土地托管前共有村民72户、267口人，主要由留守妇女和老人种植，但同时土地粗放种植、抛荒严重。在村两委的带动下，村里成立合作社后，村里所有土地托管给村合作社，由4

---

① 国务院发展研究中心农村经济研究部"稳定与完善农村基本经营制度"课题组：《探索农业社会化经营的新路》，《社会科学报》2013年第2期。

② 孙晓燕、苏昕：《土地托管、总收益与种粮意愿——兼业农户粮食增效与务工增收视角》，《农业经济问题》2012年第8期，102–108、112页。

③ 孙新华：《村社主导、农民组织化与农业服务规模化——基于土地托管和联耕联种实践的分析》，《南京农业大学学报（社会科学版）》2017年第6期，131–140、166页。

名村干部和2名种田能手有效完成了土地的管理与经营[①]。由此可以看出，绝大部分的农业生产者可以从低效且又繁重的粗放式生产劳动中解放出来，从而转向于其他形式的劳动与生产。第二，土地托管可以提高土地的利用效率。一般来说，基于机械化、规模化的土地托管，其效率要远远高于农民个体的粗放式、细碎化的生产。孙晓燕等认为土地托管降低了农资用量与价格，降低了农业服务价格以及设施投入成本，从而有利于提升粮食产量，降低粮食生产成本。第三，土地托管可以提高土地托管者的总体收入。因为土地托管一般都是在保证农户经营权、收益权等不变的前提下进行的，因此，这就必然会使一部分农村劳动力向其他产业流动，从而能够极大地增加土地托管者的收入。在土地托管后，一些长期在外务工的农民节省了农忙时返乡的开销和机会成本，不少农户享受着两份经济来源，增加了收入。

2. 资产收益扶贫

资产收益扶贫是我国在扶贫攻坚阶段提出来的一种新的贫困治理方式。关于资产收益扶贫的内涵，学术界并没有形成统一的认识。汪三贵认为，资产收益扶贫是指在精准识别的基础上，以稳定增加贫困人口的财产性收入为目的，为贫困人口创造资产、撬动贫困地区资源，充分运用市场化因素，提高贫困人口生产参与度，为其创造财产性收入[②]。向延平等认为，资产收益扶贫是以旅游、农业、工业等相关产业作为农村基础发展平台，将我国农村自然资源、农民自有资源以及扶贫资金加以资产化，并相应地折算为农民所拥有的股份，成立农村专业合作社、股份公司等经济实体并进行市场化经营和运作，将股利收益精准持续分配给

---

　　① 孙新华：《村社主导、农民组织化与农业服务规模化——基于土地托管和联耕联种实践的分析》，《南京农业大学学报（社会科学版）》2017年第6期，131-140、166页。

　　② 于海龙、张振：《土地托管的形成机制、适用条件与风险规避：山东例证》，《改革》2018年第4期，110-119页。

每个贫困农户，从而达到贫困人口持久脱贫的目标①。余佶认为资产收益扶持制度主要是地方政府通过整合分散的各项扶贫、助农资金及现有资源，作为贫困农户的股份将其投放到具有发展优势的新型经营主体或企业的生产经营中，以利益分红、参与就业、技术培训和产品回购等方式增加扶助对象的财产性收益或工资性收入②。学者们对资产收益扶贫的内涵认识分歧主要在是否聚焦于贫困人口的能力提升。如向延平的资产收益扶贫内涵表述就侧重于资产的运作方式与结果，而对运作过程中的贫困人口参与度并不关注，而汪三贵、余佶则对资产收益扶贫中的贫困人口参与寄予了期望。那么，贫困人口的参与是否在资产收益扶贫中有重要意义呢？

在谈资产收益扶贫时，有的学者容易将其与资产扶贫的概念所混淆并交叉使用。事实上资产收益扶贫与资产扶贫是两个不同的概念。谢若登认为资产扶贫就是要改变过去以增加贫困人口收入为主的扶贫方式，取而代之的是通过增加贫困人口储蓄，并以此形成资产，增强贫困人口能力的扶贫方式③。由此可见，资产扶贫的核心是资产，目的是增能，因而促进贫困人口的参与度在资产扶贫中意义非凡。尽管资产收益扶贫与资产扶贫的内涵不同，但是其产生的背景是相似的，即要由"输血"转向"造血"式的贫困治理。因此，资产收益扶贫与资产扶贫应该只有具体实施模式的差异，而最终的目的都必须聚焦于如何提高贫困人口的能力。反过来说，如果资产收益扶贫仍旧只关注贫困人口在收入流基础上的基本生存状态，而忽视贫困人口的"造血"能力，则最终也只是

① 李登旺、王颖：《土地托管：农民专业合作社的经营方式创新及动因分析——以山东省嘉祥县为例》，《农村经济》2013年第8期，37-41页。

② 汪三贵、梁晓敏：《我国资产收益扶贫的实践与机制创新》，《农业经济问题》2017年第9期，28-37、110页。

③ 谢若登认为资产扶贫对贫困人口有九大潜在作用：促进家庭稳定、创造未来取向、刺激其他资产的发展、促使专门化和专业化，提供承担风险的基础、增强个人效能、提高社会影响、增加政治参与、增进后代福利。

一种治标不治本的贫困治理方式。因而，笔者认为资产收益扶贫固然要盘活资本运作模式，实现资本增值，但是贫困人口的增能必须贯穿其始终。

综合来看，土地托管有利于增强托管者的总体收益。但是，目前鲜有学者将托管后的土地以及分离出来的劳动力视之为资产。安妮·布鲁金认为智力资产、人力资产等都属于无形资产[①]；托马斯·A.斯图尔特认为智力资本、人力资本等同于无形资产[②]；茅宁从企业的角度认为人力资本亦属于无形资产[③]。由此可见，劳动力也可以被视为一种无形资产，尤其是对于贫困人口来说，这可能是一种潜在获取资产收益的方式，也就是说，土地托管可以成为资产收益扶贫的一种重要方式。然而，土地托管目前还处于探索阶段，其益贫性还未得到普遍认识与肯定。基于此，本文主要探讨两个问题：第一，土地托管是否能够起到较好的扶贫效果，即是否能够增加贫困人口的收入？第二，从贫困户方面来看，影响土地托管实现资产收益扶贫的主要因素是什么？

二、研究设计

1. 研究假设

我国目前已经探索了诸如土地、旅游、劳动力、投资、基金等多种资产收益扶贫模式，这些模式在一定程度上缓解了收入分配对减贫的负面影响，使经济增长表现出一定的益贫性[④]。基于土地托管的资产收益扶贫的方式实际上并未跳出这些模式，其运作的逻辑之一就是通过土地托

---

① 向延平、陈友莲：《我国农村精准扶贫最优选择：资产收益扶贫模式》，《内蒙古农业大学学报（社会科学版）》2016年第6期，17—20页。

② 转引自余佶：《资产收益扶持制度：精准扶贫新探索》，《红旗文稿》2016年第2期，19—21页。

③ 刘渊：《精准扶贫视角下"光伏扶贫"建设方案及收益分配——以山西A县为例》，《中国统计》2017年第4期，23—25页。

④ 刘卫柏、郑爱民、彭魏倬加、李中：《农村土地流转与劳动生产率变化——基于CIRS调查数据的实证分析》，《经济地理》2017年第12期，195—202页。

管解放贫困家庭的劳动力，并使这些劳动力在劳动市场中获得比农业生产更高的经济价值或收益。除此之外，贫困户通过土地托管，在缴付生产或者服务费用之后仍然能够获得较高（一般不低于自种产量）的土地收益。也就是说，基于土地托管的资产收益扶贫，是一种将贫困户的土地与劳动力视作资产，并以此在市场化的过程中提高财产性收入的扶贫方式。因此，我们可以设想：基于土地托管的资产收益扶贫的实现机制是沿着土地与劳动力两种生产要素产生的。一方面，土地托管是现代化、科学化、机械化的社会化生产模式，其能够付诸实践与推广，首先就依赖于内在的效率机制。而这一机制有利于克服分散经营导致的农业生产效率不足问题①，既实现土地托管服务组织（供销社、合作社、土地托管公司）的经济利润，也可以保障贫困户的土地收益。另一方面，土地托管可以解放束缚在农业生产中的劳动力，并通过能力机制与机会机制，使其在劳动市场中获取收益。因此，基于土地托管的资产收益扶贫的实现机制可以通过图9-1表示。

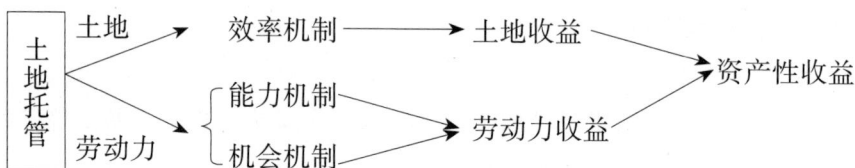

图9-1　基于土地托管的资产收益扶贫的实现机制

　　然而，从资产收益扶贫的视角来看，土地托管是否具有益贫性还不能确定。例如，我国农村贫困人口中还有2000多万缺乏个人禀赋（即完

---

①　陈成文、李春根：《论精准扶贫政策与农村贫困人口需求的契合度》，《山东社会科学》2017年第3期，42-48页。

全或部分丧失劳动能力）[①]，这部分贫困人口从土地耕种中解放出来后，是否还能够向其他劳动市场流动（机会获得变化），是否能够提高贫困人口个人能力（能力的变化），是否能够提高自身或家庭收益（收入变化），还是一个存疑的问题。也就是说，贫困户的劳动能力与劳动机会的缺乏可能阻碍资产收益的增长。此外，土地效率的高低也会对土地收益形成影响。基于此，本文提出以下研究假设：①土地托管能够提高贫困户的资产收益；②在土地托管后土地效率以及劳动力进入劳动市场的能力与机会会影响贫困户的资产收益。

2. 变量界定

（1）自变量

从理论上来看，贫困户在土地托管中的资产收益受到土地效率以及劳动力进入劳动市场的能力与机会的影响。从贫困户的视角来看，影响土地效率的因素主要有：家庭的耕地数量。贫困户所拥有的耕地数量，直接会影响到土地托管中的收益。而影响劳动力进入劳动市场的能力与机会的因素主要有：①参与土地托管的时间。一般来说，参与土地托管时间越长，贫困人口增强个人能力与获得其他劳动机会的可能性越大，进而影响到收益的增加。②家庭劳动力数量。劳动力的缺失（如长期慢性病、残疾等原因所致）本就是贫困户致贫的重要因素。因而，在土地托管之后，贫困家庭有多少劳动力可以向劳动市场转移，是增加收益的重要依据。③劳动力的年龄。劳动力的年龄不仅与其劳动能力相关，同时也与劳动力转移机会紧密相关，从而影响到收益的增加。④劳动力的受教育程度。贫困家庭中的劳动力的受教育程度，关系到土地托管后获得劳动机会，进而影响到收益的增加。因此，本研究将贫困户家庭的耕地数量、参与土地托管的时间、劳动力数量、劳动力的平均年龄、劳动

---

① 邹朝晖、宋戈、陈藜藜：《黑龙江省粮食主产区土地流转对土地生产率影响效果的实证研究》，《经济地理》2017年第4期，176–181页。

力的平均受教育程度作为自变量。

（2）因变量

本研究将土地收益与劳动力收益的总和，即资产收益（本研究仅指土地托管后的土地收益与劳动力收益，下同）作为因变量。

3.理论模型

（1）DID模型

本文采用DID模型评价H县土地托管对资产收益扶贫的效果。首先，将样本贫困户分为"处理组"与"对照组"，"处理组"是指将土地进行托管的贫困户，而"对照组"是未将土地进行托管的贫困户。其次，分别计算处理组与对照组在土地托管前后的收益变化量。再次，计算出处理组与对照组在土地托管前后的收益变化量的差额。最后，所得的差额就是DID估计量，或者叫作双重差分估计量。

令贫困户的收入为Y；令土地托管时期的虚拟变量为T，T=0表示贫困户在实施土地托管之前的时期，T=1表示贫困户在实施土地托管之后的时期；令是否参与土地托管的虚拟变量为dB，dB=0指的是未参与土地托管的贫困户，dB=1指的是参与土地托管的贫困户；假设m为随机扰动项。由此，土地托管对贫困户资产收益影响的计量方程为：

$$Y = c + aT + bdB + gTdB + m$$

①对于对照组贫困户来说，dB=0，模型可以表示为：Y=c+aT+m。因此，对照组贫困户在土地托管后的收益分别为：

$$Y = \begin{cases} c & 当 T = 0 \\ c+\alpha & 当 T = 1 \end{cases}$$

土地托管前后，对照组贫困户的资产收益变动为

Diff1=（C+a）－（C）=a

②对于处理组贫困户，dB=1，模型可以表示为：Y=c+aT+b+gT。由此，处理组贫困户在土地托管前后的资产收益分别为：

$$Y = \begin{cases} c+\beta & \text{当 } T = 0 \\ c+\alpha+\beta+\gamma & \text{当 } T = 1 \end{cases}$$

土地托管前后，处理组贫困户的资产收益平均变动为

Diff2=（c+a+b+g）–（c+b）=a+g

因此，土地托管对贫困户资产收益的净影响为

Diff=Diff2–Diff1=（a+g）–a=g

即 PID 模型中 TdB 的参数 g，g 就是 DID 估计量[①]，表示土地托管对资产收益的影响。

（2）多元回归模型

本研究选择将贫困户的资产收益作为因变量。而选择的自变量主要有：贫困户的家庭耕地数量（x_1）、贫困户参与土地托管的时间（x_2）、贫困户的家庭劳动力数量（x_3）、贫困家庭劳动力的平均年龄（x_4）、贫困家庭劳动力平均受教育年限（x_5）（具体变量说明见表 9–1）。在此基础上，建立如下多元线性回归模型：

$$Y = \beta_0 + \beta_1 x_1 + \beta_2 x_2 + \beta_3 x_3 + \beta_4 x_4 + \beta_5 x_5 + \varepsilon$$

式中：Y 表示土地托管措施下的贫困户所获得的收入，单位为元；x_1—x_5 表示影响贫困户收入的不同因素；β_0 为截距项；β_1—β_5 为各自变量的系数；ε 为随机扰动项。

4. 数据来源与资料处理

本文所使用的数据来自湖南省 H 县 2014 年贫困户建档立卡档案以及 2018 年上半年对 H 县的实地调研（调研采集的数据发生时间为 2017 年）。H 县位于湖南省东北部，地貌类型以冲积平原和岗地为主，土地总面积 1581.5 平方千米，耕地面积 94.82 万亩。H 县主要的农村青壮年劳动人口以外出或本地务工为主，承担土地耕种的主要的是留守老年人（50—70 岁）或者妇女。2014 年，该县累计外出务工人员大概相当于全县人口的

① 邹朝晖、宋戈、陈藜藜：《黑龙江省粮食主产区土地流转对土地生产率影响效果的实证研究》，《经济地理》2017 年第 4 期，176–181 页。

53.54%。这就导致 H 县土地耕种产生了两个问题：一是土地弃耕现象增多，2012—2014 年该县弃耕土地面积分别为 0.98 万余亩、1.12 万亩以及 1.38 万亩。二是土地耕种效率较低，主要反映在投入成本高，收益较低。2015 年 H 县启动了综合改革，围绕"为民服务"这一核心要求，加快了供销合作社基层组织体系和惠农服务体系建设，推进了土地托管、电子商务、农资销售及农业技术指导、便民服务等工作。正是在这一背景下，H 县启动了土地托管工作。H 县的土地托管主体包括：供销社、农户、村两委。具供销社是土地托管的牵头者与承担者。因此，本文选取 2014 年为土地托管前的年份，2017 年为土地托管后的年份。为评价土地托管对贫困户资产收益影响的效果，调研采取随机抽样的方法选取了 3 个乡镇，分别为 Y 镇、D 镇、S 镇。然后，从 Y 镇、D 镇、S 镇共选取 15 个样本村进行随机抽样问卷调查，每个村随机抽取 10—30 户贫困户，共发放 405 份调查问卷，获得有效问卷 367 份。其中参与土地托管的贫困户有 162 户，样本数为 324 组；未参与土地托管的贫困户有 205 户，样本数为 410 组。

　　本文利用 State13.0 对调查数据进行分析，所有变量以对数形式进行分析，各变量统计描述见表 9-1 所示。

表 9-1　变量描述统计情况

变量	样本量	均值	标准差	最小值	最大值
贫困家庭资产收益（元）	367	2569.5	362.5	1405.8	3782.4
贫困家庭耕地数量（亩）	367	3.4	1.21	0.7	7
贫困户参与土地托管的时间（年）	367	1.2	0.29	0	2
贫困家庭劳动力数量（个）	367	1.9	0.71	0	4
贫困家庭劳动力的平均年龄（岁）	367	38.7	6.3	19	59
贫困家庭劳动力平均受教育年限（年）	367	7.2	2.2	0	13

三、结果分析

1.土地托管对贫困户资产收益影响分析

通过将 H 县的贫困户（包括参与土地托管与为参与土地托管的）在

2014 年（土地托管前）与 2017 年（土地托管后）的家庭资产收益变化情况进行比较，得到 H 县贫困户样本在土地托管前后资产收益的组内均值差和组间均值差，具体结果见表 9-2 所示。

表 9-2　土地托管前后贫困户资产收益的组内均值差和组间均值差

时间	贫困户资产收益（元）		
	未参与贫困户	参与贫困户	diff
2014 年（土地托管前）	1869.45	1902.72	33.27
2017 年（土地托管后）	2363.67	2947.87	584.2
Diff	494.22	1045.15	550.93

从表 9-2 可以看出，2014 年（土地托管前），参与的贫困户比未参与的贫困户资产收益要高 33.27 元，2017 年（土地托管后），参与的贫困户比未参与的贫困户资产收益要高 584.2 元。因此，土地流转后参与的贫困户的资产收益比未参与的贫困户更高，前者的增加值为 1045.15 元，后者的增加值为 494.22 元，两者的差值为 550.93 元。也就是说，土地托管对贫困户的资产收益净影响程度（DID 估值）为 550.93 元。

运用计量方法，根据方程（1）式对上述 DID 估值进行检验，得到贫困户土地流转对资产收益影响的估计结果，具体结果见表 9-3 所示。

表 9-3　土地托管对贫困户资产收益影响的估计结果

解释变量	系数	贫困户资产收益回归系数
T	a	0.0232
dB	b	0.0367
TdB	g	0.1254**
Adjusted R^2	–	0.2109
D–W	–	2.5385

注：**表示在 5% 的水平上显著。

对于 H 县的贫困户，其资产收益的 DID 估计值 g 为 0.1254，在 5%

的水平上是显著的，这就表明在控制了时间效应 a 和差异效应 b 的同时，土地托管对贫困户的资产收益具有显著的积极影响。也就是说，土地托管有利于增加贫困户的资产收益，本文研究假设（1）得到了证实。

2. 土地与劳动力因素对贫困户资产收益的影响

土地与劳动力因素对贫困户资产收益的影响估计结果见表 9-4 所示。

表 9-4　土地与劳动力因素对贫困户资产收益的影响估计结果

变量	贫困户资产收益回归系数
贫困家庭耕地数量	0.0477
贫困户参与土地托管的时间	0.0269*
贫困家庭劳动力数量	0.4211***
贫困家庭劳动力的平均年龄	−0.3358**
贫困家庭劳动力平均受教育年限	0.2610***

从表 9-4 可以发现，对于参加了土地托管的贫困户来说，①贫困户的家庭劳动力数量与其资产收益在 1% 的水平上呈显著正相关，这就说明在土地托管后，贫困户的家庭劳动力数量是决定贫困户资产收益变化的最重要因素。②贫困户参与土地托管的时间与其资产收益在 10% 的水平上呈显著的弱正相关，说明土地托管时间越长，贫困户资产收益会有一定的提高，但是变化不是太明显。③贫困家庭劳动力的平均年龄与其资产收益在 5% 的水平上呈显著负相关，这就说明贫困户劳动力的平均年龄越大，贫困户资产收益就可能越低。④贫困家庭劳动力平均受教育年限与贫困户资产收益在 1% 的水平上呈显著正相关，这就说明贫困户劳动力平均受教育年限越高，贫困户资产收益就可能越高。这就表明，本文研究假设（2）部分得到了证实。

四、土地托管中资产收益扶贫的现实困境

上文的数据分析已经表明，土地托管能够增加贫困户的总体资产收

益，然而，通过在 H 县的调查发现，土地托管实现资产收益扶贫还存在一定的障碍。这主要表现在部分贫困家庭在土地托管后，家中劳动力难以转移到劳动市场中去。而这种现实困境主要表现在三个方面：土地托管后由于劳动力的缺失导致无劳动力可以转移；土地托管后因劳动力人力资本的缺失导致劳动力无能力转移；土地托管后因劳动力社会资本的缺失导致劳动力无机会转移。

1. 劳动力的缺失

尽管前文已经表明，在土地托管后，贫困户的家庭劳动力数量越多，贫困户资产收益增加的可能性越大，但是，我们更需要认识到，当土地托管后，如果贫困户没有可以转移的劳动力，不仅可能不会使贫困户总体资产收益增长，反而可能下降。在调查过程中，共发现有 15 户贫困户在土地托管后因无劳动力转移所导致的收入不增反降的案例，且其主要的发生机制基本相同，现以 Y 镇某村的一户贫困户的情况作为说明。该贫困家庭共有 3 人，其中 2 个老人（系夫妻），年龄在 60 岁以上，皆患有慢性疾病，1 个中年男人（系老人儿子），为中度肢体残疾，能生活自理，但不具备参与日常劳动的能力。因此，该贫困家庭没有真正意义上的劳动者。2016 年，老人考虑到身体难以承担耕种劳动，从而将自家大部分的土地托管给供销社。然而，土地托管之后，该家庭也并没有可供转移的劳动力，这就造成这样的一种事实：该家庭成员虽然从繁重的耕种劳动中解放了出来，而且其每年所收获的粮食较之托管前有 10% 的增长，但是贫困户还需要缴付一定的托管服务费用。该家庭 2016、2017 年新增粮食以货币形式衡量大约为 480 元、500 元，但是当年所缴付的服务费为 620 元、660 元，前后相抵扣，该贫困户在收益上还减少了 140 元、160 元[①]。

---

① 诚然，本文是从显性经济的视角讨论土地托管后贫困户的所得或所失，未有考虑贫困户在减轻劳动负荷后所带来的健康福利。如果从健康扶贫的角度出发，这一情况下的土地托管也许仍会导致收益的增加，即减轻劳动负荷所带来的健康收益。

2.劳动力人力资本的缺失

贫困家庭劳动力人力资本的缺失造成其无能力向劳动市场转移。近年来，我国经济结构调整、产业升级、第三产业的快速发展，在创造大量就业机会的同时，也对劳动力就业能力提出更高的要求，出现"有工无人做"与"有人无工做"二者相并存的结构性失业，这妨碍了农村劳动力向城镇的转移就业[①]。如果农户家庭中剩余劳动力不能顺利实现向非农部门的转移，虽然农业经营收入较高，农户家庭总收入增长，但是，农户家庭总的劳动生产率水平可能低下[②]。表9-1显示，贫困户家中劳动力的平均年龄为38.7岁，平均受教育年限为7.2年，说明这些需要转移的劳动力在人力资本上并无优势。例如，在D镇有一户贫困户，家中共有6口人，其中包括1个老人（无劳动能力），2个中年人（系夫妻，妻子患慢性疾病），3个未成年人（均在接受义务教育）。2015年以前，有劳动能力的丈夫（下文称老李）在家中经营4亩余地，同时兼做零工，一年家庭总收入大概有10000余元。2016年老李将土地托管给供销社。托管后，老人、妻子与小孩留守家中，而老李进城务工。但是由于老李年龄已45岁，受教育程度低（小学未毕业）且无其他劳动技能，因此进城后两个月没有找到工作，最后只能选择在建筑工地做小工，工资120元/天。老李本以为如此劳动一年可以完全脱贫，但其所在建筑工地停工频繁，有时候甚至一个月都不开工，这期间不仅没有工资，反而还需要伙食开销，结果一年下来，其有效工作时间只有176天，扣除花费等，最后所得收入为14000余元。结果，2016年一年下来，老李家庭收入虽然有增长，但是增长幅度不高。因此，老李认为不如土地自种，在镇上打点零工还好些，因为这样还可以照顾到家庭。2017年，老李将所有土

---

① 许晓红：《农村劳动力转移就业质量影响因素的研究》，《福建论坛（人文社会科学版）》2014年第12期，30-37页。
② 陈成文、李春根：《论精准扶贫政策与农村贫困人口需求的契合度》，《山东社会科学》2017年第3期，42-48页。

地收回，未予托管。从这一案例可以看出，老李在土地托管以后难以实现收入的增长的首要原因是其能力的缺失，使其在劳动市场中难以找到机会。而劳动转移机会，又是制约劳动力收入增长的另一困境。

3. 劳动力社会资本的缺失

贫困家庭劳动力社会资本的缺失造成其无机会向劳动市场转移。在户籍制度的影响下，我国城乡分割格局依然存在，不仅加大了进城农民工在城市就业的成本，也降低了其就业机会[①]。贫困人口作为农村中的弱势群体，其社会关系网络狭窄，这往往影响到他们能否找到务工机会，更影响他们进入高收入行业的概率[②]。例如，上文案例中的老李在进城前两个月没有找到工作就是现实反映。然而当问及其为何在工作不如意的情况下不另找其他活（工作）时，老李谈到找到这份工作还是因为托了同村人，如果不守着建筑工地的工作，万一走了（辞职）之后没人帮忙，再一两个月找不到事做就更加麻烦。由此，我们不难看出，老李在劳动力转移过程中因为缺乏社会网络支持的保守与无奈心理。在 H 县调查过程中所碰到的因土地托管后，贫困户家中劳动力难以找到工作机会的并不少见，其中，2017 年就有 6 户贫困户家中共计 9 个劳动力因没有就业机会而在转移过程中失败，导致其贫困程度更加恶化，而共同的原因就是被社会边缘化，在找工作过程中"没有人可以帮忙"。

五、结论与讨论

1. 结论

本章通过在湖南 H 县的调研，运用 DID 模型和多元回归法分别研究了土地托管的资产收益扶贫效果以及基于土地托管的贫困户资产收益的

---

① 刘卫柏、郑爱民、彭魏倬加、李中：《农村土地流转与劳动生产率变化——基于 CIRS 调查数据的实证分析》，《经济地理》2017 年第 12 期，195-202 页。

② 陈维涛、彭小敏：《户籍制度、就业机会与中国城乡居民收入差距》，《经济经纬》2012 年第 2 期，100-104 页。

影响因素，得到如下结论：（1）土地托管能够显著地提高贫困户的资产收益。通过土地托管前后的对比，参与土地托管贫困户比未参与土地托管贫困户的资产收益要高550.93元。（2）土地托管后，影响贫困户资产收益的因素主要有贫困户的家庭劳动力数量、贫困户参与土地托管的时间、贫困家庭劳动力的平均年龄、贫困家庭劳动力平均受教育年限。此外，通过个案访谈法研究了土地托管中资产收益扶贫的现实困境，认证了在土地托管后，贫困家庭劳动力数量是决定贫困资产收益变化的最重要因素，同时，贫困家庭劳动力的社会网络也影响着资产收益的变化。

正如前文所述，资产收益扶贫是一个应有贫困户深度参与并不断提高自我能力的过程。从土地托管之于资产收益扶贫的关系来看，贫困人口的能力不仅是资产的重要核心，同时也是获取资产收益的关键依据。然而，贫困人口的参与能力与参与机会的缺失使得其获取资产收益的能力降低。因此，以上结论对于在土地托管过程中，如何更好地发挥资产收益扶贫的作用起到以下政策启示：

（1）为保障贫困家庭的粮食收益，在土地托管中，必须给予托管生产与服务费用补贴。补贴的方式可以通过政府以现金方式直补，也可以通过政府购买土地托管服务组织的服务进行间接补贴。例如，只要贫困户将土地托管给托管服务组织，就可以获得优惠政策，如：采取全托的贫困户，免除生产成本费用的缴纳，也就是说，贫困户可以无偿获得定额（产量不低于自种）的粮食；如果贫困户采取半托，则免除30%—40%的服务费，并获得土地所有收益。而对于土地托管后无劳动力可以转移的贫困家庭，应该免除所有费用，直接获得托管后的所有土地收益。

（2）要通过"能力"扶贫增强贫困家庭劳动力的发展能力，使其在土地托管后能够顺利向劳动市场转移。实现"能力扶贫"，关键是要改变以国家自上而下的资源分配机制为主的模式，注重自下而上的能力孵化机制的创立和培养^①，这就需要加强政府、市场与社会组织之间的合作，推进贫困地区的公共就业服务：一是要在尊重个人意愿的基础上，充分挖掘个人所长，对有劳动能力的贫困人口进行技能培训；二是要出台扶持政策鼓励大众创业，如向有创业意愿且具备一定创业条件的贫困人口开展免费的创业培训和创业指导，向符合规定条件的贫困人口提供创业担保贷款贴息扶持^②。

（3）要通过"机会"扶贫增加贫困家庭劳动力的就业机会。"机会"扶贫就是要通过产业扶贫、信息扶贫等措施提供创业就业机会^③。第一，产业扶贫是当前我国精准扶贫战略中的一个重要举措。发展产业，增加就业，是增加贫困地区农民收入的根本之举^④。从产业扶贫的视角来看，不能仅仅将土地托管视为农产品增产增收的途径，应该探索农业深加工、商品化的路子，一方面提高农产品附加值，同时就地优先安排土地托管后的贫困家庭劳动力就业。第二，信息贫困者由于缺乏获取信息的手段，因而根本无法及时获得必要的生产性信息与生活性信息，难以被正式组织雇用和获得可靠的劳动保障^⑤。因此，针对土地托管后的贫困家庭，尤其要加强劳动就业信息服务工作。当前，建立方便快捷的信息沟通平台已经不再是技术问题（手机、微信等都可以实现），关键是乡镇就业服务工作人员要由原来被动地等信息转换到主动地找信息的角色，根据贫困家庭劳动力的就业需求，向外搜索优质与稳定的劳动就业信息，弥补信

---

① 陈维涛、彭小敏：《户籍制度、就业机会与中国城乡居民收入差距》，《经济经纬》2012 年第 2 期，100–104 页。

② 渠鲲飞、左停、王琳瑛：《深度贫困区技能扶贫运行困境分析——基于能力贫困的视阈》，《中央民族大学学报（哲学社会科学版）》2018 年第 3 期，63–70 页。

③ 朱方明、李敬：《习近平新时代反贫困思想的核心主题——"能力扶贫"和"机会扶贫"》，《上海经济研究》2019 年第 3 期，5–16 页。

④ 陈成文、陈建平、陶纪坤：《产业扶贫：国外经验及其政策启示》，《经济地理》2018 年第 1 期，127–134 页。

⑤ 谢俊贵：《社会信息化过程中的信息分化与信息扶贫》，《情报科学》2003 年第 11 期，1138–1141 页。

息缺乏困境。

2. 探讨与思考

目前关于土地托管的资产收益扶贫性质研究还很少，本研究认为这一原因是土地托管在实践中还不普遍，这不仅体现在农户对这一政策或措施是否有利于增加收益持观望态度，同时也体现在不少丘陵、山地等非平原区域暂时不适宜推行土地托管，毕竟土地托管需要建立在农业现代化、机械化与科学化基础上。也就是说，土地托管只能作为一种资产收益扶贫的新探索，而暂不能视为可以普遍推行的资产收益扶贫模式。

虽然本研究认为土地托管有利于增加贫困户的总体性收入，但是目前还存在着某些现实困境。研究中对现实困境的分析是从贫困户单一视角进行分析的，严格来说，这还是不够的。例如，土地托管以后，贫困户的资产收益保障与土地托管服务组织（供销社、合作社等）是息息相关的，如托管服务组织的经济实力、技术水平、管理能力以及整体的抗风险能力都可能影响着贫困户乃至所有的土地托管者的收益，影响着土地托管的稳定性与延续性，进而影响着贫困家庭劳动力的转移及其收益。因此，如何通过政策支持提升土地托管服务组织的发展能力、风险防控能力，是土地托管与资产收益扶贫关系研究的未来方向。

参考文献

1. 陈健生:《生态脆弱地区农村慢性贫困研究——基于 600 个国家扶贫重点县的检测数据》,经济科学出版社 2009 年版。

2. 丁开杰:《社会排挤与体面劳动问题研究》,中国社会出版社 2012 版年。

3. [瑞典]格德门德尔·阿尔弗雷德松、[挪威]阿斯布佐恩·艾德:《世界人权宣言:努力实现的共同标准》,四川人民出版社 1999 年版。

4. 阿马蒂亚:《贫困与饥荒》,商务印书馆 2001 年版。

5. 冯英、穆风龙、聂文倩:《外国的慈善组织》,中国社会出版社 2007 年版。

6. 国家统计局编:《2015 中国农村贫困监测报告》,中国统计出版社 2015 年版。

7. 杰弗里·菲佛、杰勒尔德·R.萨兰基克:《组织的外部控制:对组织资源依赖的分析》,东方出版社 2006 年版。

8. 康晓光:《中国贫困与反贫困理论》,广西人民出版社 1995 年版。

9. 劳动和社会保障部社会保险研究所编:《贝弗里奇报告:社会保险和相关服务》,中国劳动出版社 2004 年版。

10. 李培林、张翼:《社会蓝皮书:2016 年中国社会形势分析与预测》,社会科学出版社 2015 年版。

11. 罗纳德·博特:《结构洞:竞争的社会结构》,格致出版社 2008 年版。

12. 王树文：《我国公共服务市场化改革与政府管制创新》，人民出版社 2013 年版。

13. 王思斌：《社会工作导论》，北京大学出版社 2011 年版。

14. 王艳慧、王小林、赵文吉、张建辰：《基于 GIS 的多维贫困精准识别与评价》，科学出版社 2016 年版。

15. 习近平总书记系列讲话精神学习读本课题组编：《习近平总书记系列讲话精神学习读本》，中共中央党校出版社 2013 年版。

16. 杨宜勇：《公平与效率——当代中国的收入分配问题》，今日中国出版社 1997 年版。

17. ［法］布瓦松纳：《中世纪欧洲的生活和劳动》，商务印书馆 1985 年版。

18. ［英］阿萨·布里格斯：《英国社会史》，商务印书馆 2015 年版。

19. 康晓光、郑宽、蒋金富：《NGO 与政府合作策略》，社会科学文献出版社 2010 年版。

20. 陆学艺：《当代中国社会阶层研究报告》，社会科学文献出版社 2002 年版。

21. ［韩］朴振焕：《韩国新村运动》，中国农业出版社 2005 年版。

22. 万鄂湘：《社会弱者权利论》，武汉大学出版社 1995 年版。

23. 王浦劬、［英］Jude Howell：《政府向社会力量购买公共服务发展研究——基于中英经验的分析》，北京大学出版社 2016 年版。

24. 杨团：《慈善蓝皮书：中国慈善发展报告（2018）》，社会科学文献出版社 2018 年版。

25. 张磊：《我国扶贫开发政策演变》，中国财政经济出版社 2007 年版。

26. 中央档案馆：《中共中央文件选集（第 4 册）》，中央党校出版社 1989 年版。

27. 安虎森：《贫困落后地区积累贫困的经济运行机制分析》，《南开学报（哲学社会科学版）》2001 年第 4 期。

28. 安华、葛越：《就业促进视域下的城市最低生活保障制度优化研究》，《宁夏社会科学》2017 年第 5 期。

29. 安强、杨兆萍、徐晓亮等：《南疆三地州贫困与旅游资源优势空间关联研究》，《地理科学进展》2016 年第 4 期。

30. 鲍威、迟春霞、麻嘉玲：《增能理论视角下进城务工人员的教育培训效用——北京大学平民学校的探索》，《教育学术月刊》2018 年第 2 期。

31. 毕天云：《论普遍整合型社会福利体系》，《探索与争鸣》2011 年第 1 期。

32. 蔡德奇、胡献政、龚高健：《社会扶贫的意义和机制创新》，《发展研究》2006 年第 10 期。

33. 蔡科云：《论政府与社会组织的合作扶贫及法律治理》，《国家行政学院学报》2013 年第 2 期。

34. 曹清华：《英国现代社会救助制度反贫困效应研究》，《河南师范大学学报》2010 年第 5 期。

35. 曹清华：《詹克斯型教育券研究——兼论在我国教育救助中的应用》，《河南师范大学学报（哲学社会科学版）》2012 年第 5 期。

36. 曹现强、李烁：《获得感的时代内涵与国外经验借鉴》，《人民论坛·学术前沿》2017 年第 2 期。

37. 曾定红：《新疆生产建设兵团交通精准扶贫工作探讨》，《西南公路》2016 年第 2 期。

38. 曾晓平、邹春林：《扶贫：唤醒贫困农民参与意识——江西省乐安县开展 NGO 与政府合作扶贫纪事》，《老区建设》2007 年第 12 期。

39. 常宝宁：《法国义务教育扶持政策与我国教育均衡发展的政策选择》，《比较教育研究》2015 年第 4 期。

40. 陈斌：《改革开放以来慈善事业的发展与转型研究》，《社会保障评论》2018 年第 3 期。

41. 陈成文、黄诚：《论优化制度环境与激发社会组织活力》，《贵州师范大学学报（社会科学版）》2016 年第 1 期。

42. 陈成文、李春根：《论精准扶贫政策与农村贫困人口需求的契合度》，《山东社会科学》2017 年第 3 期。

43. 陈成文、李秋洪：《从可持续发展观看扶贫的机制和效益》，《湖南师范大学社会科学学报》1997 年第 6 期。

44. 陈成文、吴军民：《从"内卷化"困境看精准扶贫资源配置的政策调整》，《甘肃社会科学》2017 年第 2 期。

45. 陈成文、陈建平、洪业应：《新时代"弱有所扶"：对象甄别与制度框架》，《学海》2018 年第 4 期。

46. 陈成文，陈建平：《社会组织与贫困治理：国外的典型模式及其政策启示》，《山东社会科学》2018 年第 3 期。

47. 陈成文、戴玮：《精准扶贫研究要根植于实践沃土——江西财经大学陈成文教授访谈》，《社会科学家》2017 年第 6 期。

48. 陈成文、邓婷：《就业援助：英、美、日三国的实践模式及其启示》，《湖南师范大学社会科学学报》2009 年第 2 期。

49. 陈成文、黄开腾：《制度环境与社会组织发展：国外经验及其政策借鉴意义》，《探索》2018 年第 1 期。

50. 陈成文、汪希：《社会工作与就业援助：一项评估研究——以失业人员为例》，《湖南师范大学社会科学学报》2010 年第 6 期。

51. 陈成文、吴军民：《从"内卷化"困境看精准扶贫资源配置的政策调整》，《甘肃社会科学》2017 年第 2 期。

52. 陈成文、李春根：《论精准扶贫政策与农村贫困人口需求的契合度》，《山东社会科学》2017 年第 3 期。

53. 陈成文：《从"五有"到"七有"：补齐"民生短板"与推进社会建设》，《江西财经大学学报》2017 年第 6 期。

54. 陈成文：《对贫困类型划分的再认识及其政策意义》，《社会科学家》2017 年第 6 期。

55. 陈定湾等：《反贫困视角下的农村医疗保障制度的问题与选择》，《中国农村卫生事业管理》2012 年第 7 期。

56. 陈俊：《新世纪以来中国农村扶贫开发面临的困境》，《学术界》2012 年第 9 期。

57. 陈文庆：《弱势群体民主政治权利救助的价值与实现》，《桂海论丛》2013 年第 6 期。

58. 陈潇阳等：《我国农村扶贫对象动态甄别机制的构建路径》，《河北大学学报（哲学社会科学版）》2014 年第 1 期。

59. 陈莹、陈岩：《推进"海云工程"建设，促进农村健康扶贫——以宁德市为例》，《中外企业家》2016 年第 34 期。

60. 陈友华、苗国：《人类发展指数：评述与重构》，《江海学刊》2015 年第 2 期。

61. 成呈：《大病医疗救助对象范围与救助标准探讨——基于全国 29 省大病医疗救助实施方案的比较》，《卫生经济研究》2016 年第 11 期。

62. 程慧：《公共图书馆面向弱势群体的知识援助——析浙江省长兴县图书馆服务弱势群体之举措》，《河南图书馆学刊》2008 年第 4 期。

63. 仇雨临、张忠朝：《贵州少数民族地区医疗保障反贫困研究》，《国家行政学院学报》2016 年第 3 期。

64. 初昌雄、史蓉：《"双到"扶贫工作中扶贫对象的动态调整及其政策建议》，《南方农村》2013 年第 10 期。

65. 初可佳：《社会医疗保险与养老保险发展对居民收入分配的影响研究》，《现代财经（天津财经大学学报）》2015 年第 12 期。

66. 丛春霞、方群：《中美贫困群体社会支持机制的比较与借鉴》，《社会保障研究》2016 年第 1 期。

67. 崔欣等：《浙江省新型农村合作医疗降低就医经济风险能力的评价研究》，《中国卫生经济》2006 年第 3 期。

68. 崔月琴、龚小碟：《支持性评估与社会组织治理转型——基于第三方评估机构的实践分析》，《国家行政学院学报》2017 年第 4 期。

69. 代志明：《新型农村合作医疗补偿机制歧视问题研究——以收入差异为视角》，《中国软科学》2007 年第 2 期。

70. 戴旭宏：《精准扶贫：资产收益扶贫模式路径选择——基于四川实践探索》，《农村经济》2016 年第 11 期。

71. 戴雪梅：《国外基层民主与社会自治组织的镜鉴》，《传承》2009 年第 22 期。

72. 戴勇：《高校贫困生就业援助模式探析》，《中国高等教育》2008 年第 24 期。

73. 党国英：《贫困类型与减贫战略选择》，《改革》2016 年第 8 期。

74. 邓成明、蒋业宏：《中国少数民族贫困：现状、成因、对策——对湖南省城步苗族自治县贫困问题的调查思考》，《财经理论与实践》1999 年第 1 期。

75. 邓遂：《临海家庭贫困类型分析》，《经济研究导刊》2013 年第 27 期。

76. 董棣：《提高扶贫资源配置效果的途径：花邑一社扶贫资源传递试验研究》，《中国农村经济》1999 年第 7 期。

77. 董小苹：《1992—2012：中国青少年的社会参与》，《青年研究》2013 年第 6 期。

78. 董晔：《大病救助与大病保险的衔接之初探》，《人力资源管理》2016 年第 4 期。

79. 杜国明、冯悦、杨园园：《黑龙江省农村贫困地域特征与精准扶贫策略研究》，《农业经济与管理》2016 年第 6 期。

80. 段敏芳：《加大少数民族地区义务教育扶持力度——湖北省某少数民族自治县义务教育调查报告》，《教育与经济》2006 年第 1 期。

81. 段亚男、林子琪：《社会助残服务的供给主体、制约因素及模式选择——基于供给侧结构性改革理论视角》,《社会保障研究》2017 年第 3 期。

82. 范玉玺、张永春:《发展繁荣我国慈善文化的思考》,《西部学刊》2013 年第 2 期。

83. 方菲:《农村低保制度中的公平正义问题探讨》,《求实》2013 年第 1 期。

84. 方劲:《中国农村扶贫工作"内卷化"困境及其治理》,《社会建设》2014 年第 2 期。

85. 冯贺霞、王小林、夏庆杰:《收入贫困与多维贫困关系分析》,《劳动经济研究》2015 年第 6 期。

86. 冯华:《产业扶贫也要遵循市场规律》,《农村、农业、农民》2016 年第 7 期。

87. 冯彦:《滇西北"大河流域"区贫困类型及脱贫研究》,《云南地理环境研究》2001 年第 1 期。

88. 傅思明、李文鹏:《弱势群体法律援助制度刍议》,《中共宁波市委党校学报》2009 年第 3 期。

89. 甘银艳:《大病医疗救助探讨》,《卫生经济研究》2014 年第 4 期。

90. 高传胜:《重构社会帮扶体系的思考》,《苏州大学学报(哲学社会科学版)》2016 年第 6 期。

91. 高凤清、王红:《按服务项目付费的后付制度对合作医疗的影响研究》,《科技致富向导》2013 年第 14 期。

92. 高海虹、王彩云:《政府购买视角下的社会组织发展路径思考》,《理论月刊》2012 年第 10 期。

93. 高正:《社企 TPP:一边环保一边脱贫》,《中国社会组织》2015 年第 20 期。

94. 葛明珍:《弱势群体权益的司法保护》,《山东大学学报(哲学社会科学版)》2013 年第 6 期。

95. 巩建华：《中国社会工作的总体性公共政策分析》,《唯实》2010年第 7 期。

96. 苟天来、唐丽霞、王军强：《国外社会组织参与扶贫的经验和启示》,《经济社会体制比较》2016 年第 4 期。

97. 苟颖萍、白冰：《习近平精准扶贫思想浅析》,《西南交通大学学报（社会科学版）》2017 年第 18 期。

98. 辜胜阻、李睿、杨艺贤：《推进"十三五"脱贫攻坚的对策思考》,《财政研究》2016 年第 2 期。

99. 顾昕、高梦滔：《中国社会救助体系中的目标定位问题》,《学习与实践》2007 年第 4 期。

100. 顾昕：《从社会安全网到社会风险管理：社会保护视野中社会救助的创新》,《社会科学研究》2015 年第 6 期。

101. 顾雪非、向国春、王超群：《我国重特大疾病保障政策：问题与改革建议》,《中国物价》2016 年第 8 期。

102. 郭建宇、吴国宝：《基于不同指标及权重选择的多维贫困测量——以山西省贫困县为例》,《中国农村经济》2012 年第 2 期。

103. 郭利平：《文山州特困乡贫困类型划分》,《云南地理环境研究》2001 年第 1 期。

104. 郭涛：《论美国大学教育救助制度与镜鉴》,《郑州大学学报（哲学社会科学版）》2010 年第 4 期。

105. 郭艳君、廖星星：《我国弱势群体信息获取保障的现状及意义》,《图书情报导刊》2015 年第 15 期。

106. 国家发展和改革委员会社会发展研究所课题组，谭永生、关博：《我国社会救助制度的构成、存在问题与改进策略》,《经济纵横》2016 年第 6 期。

107. 韩克庆：《就业救助的国际经验与制度思考》,《中共中央党校学报》2016 年第 5 期。

108. 韩铁英：《日本町内会的组织和功能浅析》，《日本学刊》2002 年第 1 期。

109. 韩文：《全国人大代表、山西省临汾市市长岳普煜：市场是产业扶贫的核心》，《中国经济周刊》2014 年第 10 期。

110. 何道峰、萧延中：《异地就业：扶贫与人力资源开发——中国西南劳务输出扶贫项目的个案分析》，《开放时代》1997 年第 3 期。

111. 贺雪峰：《富人治村与"双带工程"——以浙江 F 市农村调查为例》，《中共天津市委党校学报》2011 年第 3 期。

112. 洪名勇、洪霓：《论习近平的精准扶贫思想》，《河北经贸大学学报》2016 年第 6 期。

113. 侯旭平：《城镇化进程中失地农民失业救助困境及其破解》，《湖南社会科学》2017 年第 3 期。

114. 侯增艳：《国外就业援助制度调整机制》，《中国劳动》2014 年第 11 期。

115. 胡思洋：《协同治理：社会救助制度低效运行的治理路径》，《社会保障研究》2014 年第 2 期。

116. 黄承伟：《中国扶贫开发道路研究：评述与展望》，《中国农业大学学报（社会科学版）》2016 年第 5 期。

117. 黄粟：《充实信息化"家底"助乡亲搭互联网快车四川移动探索精准扶贫新路子》，《通信与信息技术》2016 年第 41 期。

118. 贾可卿：《作为正义的承认——霍耐特承认理论述评》，《浙江社会科学》2013 年第 10 期。

119. 江治强：《困难家庭医疗保障状况及政策建议——基于"中国城乡困难家庭社会政策支持系统建设"项目调查数据的专题分析》，《中国民政》2016 年第 19 期。

120. 姜东、沈毅：《高校家庭经济困难毕业生就业援助研究》，《现代教育管理》2010 年第 5 期。

121. 蒋悟真、马媛：《我国社会救助造血机制及其立法完善》，《社会保障研究》2013 年第 4 期。

122. 蒋悟真、詹国旗：《公共物品视角下社会救助的法律解释》，《比较法研究》2016 年第 1 期。

123. 蒋悟真：《我国社会救助立法理念及其维度——兼评社会救助法（征求意见稿）的完善》，《法学家》2013 年第 6 期。

124. 蒋英州：《使命担当与理论开创：习近平精准扶贫思想的新时代意义》，《四川师范人学学报（社会科学版）》2018 年第 1 期。

125. 蒋永穆、周宇晗：《习近平扶贫思想述论》，《理论学刊》2015 年第 11 期。

126. 焦克源、杨乐：《扶贫开发与农村低保衔接研究：一个文献述评》，《中国农业大学学报（社会科学版）》2016 年第 5 期。

127. 金彩红：《中国医疗保障制度的收入再分配调节机制研究》，《经济体制改革》2005 年第 6 期。

128. 景天魁：《底线公平与社会保障的柔性调节》，《社会科学文摘》2005 年第 1 期。

129. 李春根、陈文美：《现阶段我国社会救助财政支出规模适度吗？——基于"巴洛法则"与柯布－道格拉斯生产函数的分析》，《华中师范大学学报（人文社会科学版）》2018 年第 4 期。

130. 李峰：《以五大理念为引领，加快推进枣庄转型发展》，《山东经济战略研究》2016 年第 1 期。

131. 李刚：《"包容性增长"的学源基础、理论框架及其政策指向》，《经济学家》2011 年第 7 期。

132. 李汉林：《组织和制度变迁的社会过程——一种拟议的综合分析》，《中国社会科学》2005 年第 1 期。

133. 李健、张米安、顾拾金：《社会企业助力扶贫攻坚：机制设计与模式创新》，《中国行政管理》2017 年第 7 期。

134. 李乐为、王丽华:《就业激励和援助:贫困救助制度演进和优化的基本取向》,《甘肃社会科学》2011 年第 3 期。

135. 李林:《法治社会与弱势群体的人权保障》,《前线》2001 年第 5 期。

136. 李楠、陈晨:《以共享发展理念引领农村贫困人口实现脱贫》,《思想理论教育导刊》2016 年第 3 期。

137. 李青云:《我国公益信托发展中存在的问题及对策》,《经济纵横》2007 年第 8 期。

138. 李庆梅、聂佃忠:《负所得税是实现扶贫开发与农村低保制度有效衔接的现实选择》,《中共中央党校学报》2010 年第 5 期。

139. 李群峰:《权力结构视域下村庄层面精准扶贫瞄准偏离机制研究》,《河南师范大学学报(哲学社会科学版)》2016 年第 2 期。

140. 李瑞林:《中国城市贫困问题研究综述》,《学术探索》2005 年第 6 期。

141. 沈琰:《要重视 " 支出型贫困 "》,经济 2010 年第 5 期。

142. 石贤平:《当前我国法律援助功能性障碍与政府部门缺位的调查与思考》,《法学杂志》2010 年第 1 期。

143. 史利玢:《浅析我国社会弱势群体法律保护的若干问题》,《法制博览》2016 年第 14 期。

144. 宋明山等:《浙江省新型农村合作医疗改善农村居民收入分布公平能力的评价研究》,《中国卫生经济》2006 年第 2 期。

145. 苏海、向德平:《社会扶贫的行动特点与路径创新》,《中南民族大学学报(人文社会科学版)》2015 年第 3 期。

146. 孙康、陈琦:《习近平扶贫开发思想的理论体系、价值遵循与行动路径》,《中南民族大学学报(人文社会科学版)》2018 年第 2 期。

147. 孙立新、赵如钦:《基于 NVivo 的我国弱势群体教育救助问题的政策分析》,《现代远距离教育》2017 年第 2 期。

148. 孙远太：《基于阻断贫困代际传递的社会救助政策改革》，《理论月刊》2017 年第 1 期。

149. 谭贤楚、朱力：《贫困类型与政策含义：西部民族山区农村的贫困人口——基于恩施州的实证研究》，《未来与发展》2012 年第 1 期。

150. 谭晓婷、钟甫宁：《新型农村合作医疗不同补偿模式的收入分配效应——基于江苏、安徽两省 30 县 1500 个农户的实证分析》，《中国农村经济》2010 年第 3 期。

151. 汤夺先、高朋：《城市化进程中失地农民的贫困问题及其治理》，《中国人口：资源与环境》2012 年第 8 期。

152. 汤仙月：《论我国转型期慈善文化的构建——以中西慈善文化比较的视角》，《理论与现代化》2010 年第 6 期。

153. 唐丹、邹君、申继亮、张凌：《老年人主观幸福感的影响因素》，《中国心理卫生杂志》2006 年第 3 期。

154. 唐钧：《确定中国城镇贫困线方法的探讨》，《社会学研究》1997 年第 2 期。

155. 唐丽霞：《中国对国际减贫经验的借鉴》，《团结》2016 年第 4 期。

156. 唐平：《中国农村贫困标准和贫困状况的初步研究》，《中国农村经济》1994 年第 6 期。

157. 陶冶、陈斌：《美国慈善事业发展的历史、原因及启示》，《中国劳动关系学院学报》2016 年第 4 期。

158. 田萍：《社会生态维度下弱势群体社会支持网络系统建构》，《求索》2013 年第 10 期。

159. 童翎、洪业应：《从"碎片化"困境看农村医疗救助扶贫的政策调整》，《山东社会科学》2017 年第 9 期。

160. 童星、林闽钢：《我国农村贫困标准线研究》，《中国社会科学》1994 年第 3 期。

161. 汪昌华：《论班级弱势学生群体的社会资本缺失》，《合肥师范学院学报》2010 年第 5 期。

162. 汪明霞、史巍：《新加坡政府的社会救助计划》，《国外社会科学》2009 年第 3 期。

163. 汪三贵、刘未：《以精准扶贫实现精准脱贫：中国农村反贫困的新思路》，《华南师范大学学报（社会科学版）》2016 年第 5 期。

164. 汪三贵、刘未：《"六个精准"是精准扶贫的本质要求——习近平精准扶贫系列论述探析》，《毛泽东邓小平理论研究》2016 年第 1 期。

165. 王安忠：《习近平扶贫思想探析》，《学习论坛》2017 年第 12 期。

166. 王宝治、李克非：《公共治理视角下弱势群体话语权的保护》，《河北大学学报（哲学社会科学版）》2015 年第 3 期。

167. 王朝明：《社会弱势群体与就业援助制度》，《财经科学》2002 年第 4 期。

168. 王春光、孙兆霞：《扶贫开发：惩防腐败应重点关注的新领域》，《中国党政干部论坛》2013 年第 9 期。

169. 王国勇、邢溦：《我国精准扶贫工作机制问题探析》，《农村经济》2015 年第 9 期。

170. 王海宝、施国庆、严登才：《精准扶贫视角下扶贫移民成本分担机制的构建》，《云南社会科学》2016 年第 6 期。

171. 王泓萱：《墨西哥土著教育扶持计划的产生、意义及启示》，《外国教育研究》2009 年第 4 期。

172. 王虹：《法律援助为弱势群体撑起"保护伞"》，《人民论坛》2016 年第 32 期。

173. 王辉：《试论习近平扶贫观》，《人民论坛》2015 年第 20 期。

174. 王嘉毅、封清云、张金：《教育与精准扶贫精准脱贫》，《教育研究》2016 年第 7 期。

175. 王金艳：《习近平扶贫开发理念探析》，《理论学刊》2016 年第 2 期。

176. 王俊民、孔庆余：《反思与超越：论法律援助之政府责任》，《政治与法律》2006 年第 6 期。

177. 王锴：《积极救助的中国探索：精准扶贫与低保制度的衔接——基于政府职能的考量》，《福建行政学院学报》2016 年第 6 期。

178. 王磊、梁誉：《以服务促发展：发展型社会政策与社会服务的内在逻辑析论》，《理论导刊》2016 年第 3 期。

179. 王名：《NGO 及其在扶贫开发中的作用》，《清华大学学报（哲学社会科学版）》2001 年第 1 期。

180. 王名：《我国社会组织改革发展的前提和趋势》，《中国机构改革与管理》2014 年第 25 期。

181. 王培安：《全面实施健康扶贫工程》，《行政管理改革》2016 年第 4 期。

182. 王瑞军、马国旗、晁君杰等：《从"扶农"到"扶贫"定西为百姓脱贫精准发力》，《老区建设》2014 年第 19 期。

183. 王三秀、刘丹霞：《农村残疾人就业能力构建与就业援助困境应对》，《青海社会科学》2017 年第 1 期。

184. 王三秀：《可持续生计视角下我国农村低保与扶贫开发的有机衔接》，《宁夏社会科学》2010 年第 4 期。

185. 王淑娟、杨成波：《我国农村低保制度与扶贫开发衔接问题分析》，《山西师范大学学报（社会科学版）》2012 年第 2 期。

186. 王硕：《法律援助中的政府责任、律师义务及民众权利》，《哈尔滨商业大学学报（社会科学版）》2017 年第 2 期。

187. 王思斌：《改革中弱势群体的政策支持》，《北京大学学报（哲学社会科学版）》2003 年第 6 期。

188. 王思斌：《农村反贫困的制度—能力整合模式刍议——兼论社会工作的参与作用》，《江苏社会科学》2016 年第 3 期。

189. 王素芳：《关于图书馆服务弱势群体问题的研究与反思》，《图书馆杂志》2006 年第 5 期。

190. 王素芳：《关于图书馆服务弱势群体问题的研究与反思》,《图书馆杂志》2006 年第 5 期。

191. 王太清：《贫困山区走出国民收入困境的思考——对郧西县国民收入运行轨迹的分析》,《经济评论》1993 年第 5 期。

192. 王贤斌：《新时期我国农村教育救助面临的困境与对策》,《教育理论与实践》2014 年第 28 期。

193. 王小林、Sabina、Alkire：《中国多维贫困测量：估计和政策含义》,《中国农村经济》2009 年第 12 期。

194. 王小林：《贫困标准及全球贫困状况》,《经济研究参考》2012 年第 55 期。

195. 王晓东：《赋权增能视角下农民工社会救助模式转型——呼和浩特市个案研究》,《人口与发展》2013 年第 6 期。

196. 王晓毅：《反思的发展与少数民族地区反贫困——基于滇西北和贵州的案例研究》,《中国农业大学学报（社会科学版）》2015 年第 4 期。

197. 王欣、孔荣、王雷：《基于弱势群体概念模型的我国农民工健康问题研究》,《西北农林科技大学学报（社会科学版）》2014 年第 5 期。

198. 王瑜、杨晓军：《基于定量视角的支出型贫困分析》,《新西部（理论版）》2017 年第 3 期。

199. 王云飞、李卫国：《和谐社会中弱势群体的保护——以法律援助为杠杆实现社会实质公平》,《大连海事大学学报》2009 年第 3 期。

200. 王振军：《甘肃城乡统筹的贫困标准及贫困人口分析》,《西安财经学院学报》2014 年第 6 期。

201. 王振颐：《生态资源富足区生态扶贫与农业产业化扶贫耦合研究》,《西北农林科技大学学报（社会科学版）》2012 年第 6 期。

202. 王智超、申晓娇：《教育精准扶贫的关键在哪——积极解决教育资源配置的失衡》,《人民论坛》2018 年第 16 期。

203. 李少斌、高晓飞：《从"施善教化"到"教育救济"——20 世纪上半叶京津善堂善举的转型》,《历史档案》2009 年第 3 期。

204. 李实、John、Knight：《中国城市中的三种贫困类型》,《经济研究》2002 年第 10 期。

205. 李涛：《中印非政府组织（NGOs）及其在扶贫开发中的作用研究》,《亚太经济》2007 年第 1 期。

206. 李湘云、王涛：《论国际非政府组织在非洲的扶贫模式及成效》,《思想战线》2011 年第 5 期。

207. 李小云、张雪梅、唐丽霞：《当前中国农村的贫困问题》,《中国农业大学学报》2005 年第 5 期。

208. 李小云：《我国农村扶贫战略实施的治理问题》,《贵州社会科学》2013 年第 7 期。

209. 王春光：《扶贫开发与村庄团结关系之研究》,《浙江社会科学》2014 年第 3 期。

210. 李小云等：《论我国的扶贫治理：基于扶贫资源瞄准和传递的分析》,《吉林大学社会科学学报》2015 年第 5 期。

211. 李晓辉、徐晓新、张秀兰：《应对经济新常态与发展型社会政策2.0 版——以社会扶贫机制创新为例》,《江苏社会科学》2015 年第 2 期。

212. 李晓嘉、刘鹏：《中国农村医疗保障制度与农民贫困的实证研究——以广东省为例》,《经济与管理》2007 年第 11 期。

213. 李筱婧、万军：《利用公益创投促进公益组织发展》,《理论与现代化》2010 年第 3 期。

214. 李兴江、陈怀叶：《参与式扶贫模式的运行机制及绩效评价》,《开发研究》2008 年第 2 期。

215. 李学术、熊辉、刘楠：《农村扶贫开发的功能定位及其发展机制——以低保制度为背景》,《经济与管理》2010 年第 7 期。

216. 李延：《精准扶贫绩效考核机制的现实难点与应对》,《青海社会科学》2016 年第 13 期。

217. 李瑶：《新型农村合作医疗制度的财政补助分析》,《农村经济与科技》2015 年第 12 期。

218. 李迎生、吴咏梅、叶笛：《非营利组织社会服务的改革与创新：以民族地区反贫困为例》,《教学与研究》2012 年第 8 期。

219. 李颖：《社会扶贫资源整合的类型及其适应性》,《探索》2015 年第 5 期。

220. 李永军：《论〈慈善法〉的理解与完善建议》,《北京航空航天大学学报（社会科学版）》2017 年第 3 期。

221. 李源：《论残疾人的就业援助》,《湖北社会科学》2009 年第 2 期。

222. 李运华、魏毅娜：《贫困衡量视角下"精准"救助的体制机制构建》,《东北大学学报（社会科学版）》2017 年第 1 期。

223. 李哲、陈玉萍、丁士军：《贫困地区农户大病风险及其处理策略研究（一）》,《生态经济（中文版）》2008 年第 6 期。

224. 李周：《社会扶贫的经验、问题与进路》,《求索》2016 年第 11 期。

225. 栗希荣：《用法律援助为弱势群体撑开"保护伞"》,《人民论坛》2017 年第 5 期。

226. 梁立新、兰俏梅：《社会组织：社会救助实践参与的新型主体》,《兰州学刊》2018 年第 5 期。

227. 梁土坤：《新常态下的精准扶贫：内涵阐释、现实困境及实现路径》,《长白学刊》2016 年第 5 期。

228. 林闽钢：《城市贫困救助的目标定位问题——以中国城市居民最低生活保障制度为例》,《东岳论丛》2011 年第 5 期。

229. 林闽钢：《新时期我国社会救助立法的主要问题研究》,《中国行政管理》2018 年第 6 期。

230. 林闽钢：《新历史条件下"弱有所扶"：何以可能，何以可为？》,《理论探讨》2018 年第 1 期。

231. 凌文豪、刘欣：《中国特色扶贫开发的理念、实践及其世界意义》,《社会主义研究》2016 年第 4 期。

232. 刘宝臣、韩克庆:《中国反贫困政策的分裂与整合：对社会救助与扶贫开发的思考》,《广东社会科学》2016 年第 6 期。

233. 刘昌昊、向丹:《基于农户需求角度的扶贫政策评价——以武陵山区为例》,《安徽农业科学》2016 年第 18 期。

234. 刘朝武:《高等学校贫困生就业救济体系的构建》,《黑龙江高教研究》2009 年第 7 期。

235. 刘凤芹、徐月宾:《谁在享有公共救助资源——中国农村低保制度的瞄准效果研究》,《公共管理学报》2016 年第 1 期。

236. 刘广明:《高等教育哲学视野中的教育公平》,《郑州大学学报（哲学社会科学版）》2007 年第 1 期。

237. 刘航、柳海民:《教育精准扶贫：时代循迹、对象确认与主要对策》,《中国教育学刊》2018 年第 4 期。

238. 刘杰、袁泉:《转型期我国慈善事业发展的困境及路径选择》,《江海学刊》2014 年第 6 期。

239. 刘明合、李霞:《习近平扶贫开发思想探析》,《学校党建与思想教育》2017 年第 6 期。

240. 刘升:《精英俘获与扶贫资源资本化研究——基于河北南村的个案研究》,《南京农业大学学报（社会科学版）》2015 年第 5 期。

241. 刘胜林、王雨林、庄天慧:《基于文献研究法的精准扶贫综述》,《江西农业学报》2015 年第 12 期。

242. 刘苏荣:《人口较少民族聚居地区教育救助的完善策略》,《贵州民族研究》2017 年第 10 期。

243. 刘伟、黎洁、李聪等:《移民搬迁农户的贫困类型及影响因素分析——基于陕南安康的抽样调查》,《中南财经政法大学学报》2015 年第 6 期。

244. 刘文龙:《当前精准扶贫存在的问题》,《合作经济与科技》2017 年第 3 期。

245. 刘晓霞、周凯：《我国农村贫困标准的政策演进与立法研究——基于生存权、发展权的视角》，《甘肃理论学刊》2013 年第 4 期。

246. 刘扬、赵春雨：《我国城镇低收入群体动态变迁及微观致贫因素分析——以北京市为例的考察》，《城市发展研究》2010 年第 18 期。

247. 刘永久、黄晓平：《关于贵州省扶贫生态移民资金瓶颈的破解思路》，《当代经济》2015 年第 35 期。

248. 龙照勇、曾振国、杨殿旋等：《开发扶贫拔穷根整乡推进结硕果——河池市创新扶贫模式的成功实践》，《广西经济》2015 年第 10 期。

249. 卢丹、陆剑：《西方国家弱势青年教育救助模式及对我国的启示》，《中国青年教育》2016 年第 1 期。

250. 陆士桢、陆玉林、吴鲁平：《社会排斥与社会整合——城市青少年弱势群体现状与社会保护政策研究》，《中国青年社会科学》2004 年第 5 期。

251. 路锦非、曹艳春：《支出型贫困家庭致贫因素的微观视角分析和救助机制研究》，《财贸研究》2011 年第 2 期。

252. 罗竖元、李萍：《论慈善意识的培育与慈善事业的发展》，《湖北社会科学》2009 年第 2 期。

253. 吕春：《城镇弱势群体医疗保障机制的构建及实施》，《人民论坛》2012 年第 7 期。

254. 吕德文：《正视基层扶贫中的执行问题——对一个贫困县脱贫工作的调研》，《南风窗》2016 年第 21 期。

255. 吕红、金喜在：《中国弱势群体就业政策的保障性与灵活性分析》，《社会科学战线》2015 年第 12 期。

256. 麻宝斌、杜平：《权利主张抑或利益考量：民众对社会公正客体的认知——一项以权利观念为中心的实证研究》，《北京行政学院学报》2017 年第 6 期。

257. 马福云：《地方政府以商业保险协同社会救助机制研究》，《北京科技大学学报（社会科学版）》2016 年第 4 期。

258. 马林、张扬：《我国草原牧区可持续发展模式及对策研究》，《中国草地学报》2013 年第 2 期。

259. 马庆钰、马福云：《社会救助政策及其执行缺陷的矫正》，《行政管理改革》2016 年第 12 期。

260. 马维娜：《学校场域：一个关注弱势群体的新视角》，《南京师大学报（社会科学版）》2003 年第 2 期。

261. 马晓燕：《激发社会组织活力的三重途径》，《法制与社会》2017 年第 22 期。

262. 马秀康：《新型农村合作医疗发展中支付方式的改革》，《中国药物与临床》2016 年第 4 期。

263. 马用浩：《弱势群体与改革——关于社会转型期弱势群体问题的深层次思考》，《理论与改革》2002 年第 6 期。

264. 孟宏斌：《反贫困视角的西部农村医疗救助制度优化研究》，《商洛学院学报》2007 年第 3 期。

265. 民政部政策研究中心课题组、江治强：《困难家庭医疗保障状况及政策建议——基于"中国城乡困难家庭社会政策支持系统建设"项目调查数据的专题分析》，《中国民政》2016 年第 20 期。

266. 莫光辉、陈正文、王友俊：《新发展理念与精准扶贫的契合及实践路径》，《广西社会科学》2016 年第 3 期。

267. 欧健、刘晓婉：《十八大以来习近平的扶贫思想研究》，《社会主义研究》2017 年第 6 期。

268. 彭柯：《官僚体系、朋友与金钱：中国资本社会主义的成长》，《国外社会学》1998 年第 5 期。

269. 彭秀丽：《社会企业理论演进及其对我国公共服务均等化的启示》，《吉首大学学报（社会科学版）》2009 年第 2 期。

270. 钱亚梅：《论风险社会的责任机理》，《湖北师范学院学报（哲学社会科学版）》2017 年第 1 期。

271. 钱再见：《当前中国社会弱势群体若干问题研究综述》，《文史哲》2003 年第 1 期。

272. 秦国伟、刘利敏、卫夏青：《皖西北地区农村综合改革助推精准扶贫研究——以界首市刘寨村为例》，《安徽行政学院学报》2016 年第 5 期。

273. 任晓冬、高新才：《喀斯特环境与贫困类型划分》，《农村经济》2010 年第 2 期。

274. 任玙、曾理斌、杨晓胜：《城乡医疗救助制度之现状、问题与对策》，《南京医科大学学报（社会科学版）》2015 年第 1 期。

275. 商丽景：《对我国农村医疗保险的探索——从"因病致贫"现象谈我国农村医疗保险》，《教育与教学研究》2004 年第 12 期。

276. 王云飞、李卫国：《和谐社会中弱势群体的保护——以法律援助为杠杆实现社会实质公平》，《大连海事大学学报》2009 年第 3 期。

277. 王振军：《甘肃城乡统筹的贫困标准及贫困人口分析》，《西安财经学院学报》2014 年第 6 期。

278. 王振颐：《生态资源富足区生态扶贫与农业产业化扶贫耦合研究》，《西北农林科技大学学报（社会科学版）》2012 年第 6 期。

279. 王智超、申晓娇：《教育精准扶贫的关键在哪——积极解决教育资源配置的失衡》，《人民论坛》2018 年第 16 期。

280. 韦璞：《贫困、贫困风险与社会保障的关联性》，《广西社会科学》2015 年第 2 期。

281. 文斌：《武陵山区深度扶贫模式创新研究——基于湖南怀化个案分析》，《重庆与世界：学术版》2016 年第 9 期。

282. 吴宝国：《精准扶贫要落实扶贫对象的主体地位》，《中国产经》2016 年第 11 期。

283. 吴国宝：《对中国扶贫战略的简评》，《中国农村经济》1996 年第 8 期。

284. 吴静：《从马克思主义哲学史角度透视共享发展理念》,《哲学研究》2016 年第 12 期。

285. 吴鹏森：《论弱势群体的"社会报复"》,《江苏行政学院学报》2003 年第 1 期。

286. 吴松强：《完善高校就业困难毕业生的就业援助体系》,《思想理论教育》2012 年第 7 期。

287. 吴晓燕：《精细化治理：从扶贫破局到治理模式的创新》,《华中师范大学学报（人文社会科学版）》2016 年第 6 期。

288. 武菊芳、薛涛：《关于我国慈善文化建设的多维思考》,《河北师范大学学报（哲学社会科学版）》2011 年第 1 期。

289. 鲜祖德、王萍萍、吴伟：《中国农村贫困标准与贫困监测》,《统计研究》2016 年第 9 期。

290. 向国春：《"一站式"服务期待政策衔接》,《中国社会保障》2016 年第 12 期。

291. 谢俊贵：《社会信息化过程中的信息分化与信息扶贫》,《情报科学》2003 年第 11 期。

292. 邢成举：《结构性贫困与精英俘获》,《团结》2016 年第 4 期。

293. 熊勇清、全云峰：《个人—工作契合度测量研究的新进展》,《社会心理科学》2006 年第 4 期。

294. 熊跃根、黄静：《我国城乡医疗服务利用的不平等研究——一项基于 CHARLS 数据的实证分析》,《人口学刊》2016 年第 6 期。

295. 徐李璐邑、苏红键、韩镇宇等：《不同国家应对城市贫困问题的经验及启示》,《现代经济探讨》2017 年第 3 期。

296. 徐丽敏：《农民工随迁子女教育救助的需求及社会工作介入》,《学术论坛》2014 年第 6 期。

297. 徐伟、江欣禅、杨爽：《香港地区药物安全网对大病医疗保障的启示》,《中国卫生政策研究》2017 年第 4 期。

298. 徐映梅、张提：《基于国际比较的中国消费视角贫困标准构建研究》，《中南财经政法大学学报》2016 年第 1 期。

299. 徐永光：《回归民间，让慈善发光》，《中国报道》2011 年第 12 期。

300. 徐苑琳：《扶贫路上不能少了文化力量》，《人民论坛》2017 年第 19 期。

301. 徐月宾等：《中国农村反贫困政策的反思——从社会救助向社会保护转变》，《中国社会科学》2007 年第 3 期。

302. 许应春、李姝姝：《完善我国城市居民最低生活保障制度的思考》，《人口与经济》2006 年第 2 期。

303. 薛晓明：《弱势群体概念之辨析》，《生产力研究》2003 年第 6 期。

304. 严静：《海西农村扶贫与乡村文化精英的契合与互动》，《福建农林大学学报（哲学社会科学版）》2010 年第 1 期。

305. 杨得前、彭文栋、肖莹：《美国家庭援助计划研究及其对我国的启示》，《中国行政管理》2017 年第 11 期。

306. 杨德敏：《就业援助：社会救助立法的基本取向》，《江西社会科学》2012 年第 12 期。

307. 杨力源：《习近平新时代扶贫攻坚工作思想的基本特征》，《毛泽东思想研究》2018 年第 1 期。

308. 杨丽、赵小平、游斐：《社会组织参与社会治理：理论、问题与政策选择》，《北京师范大学学报（社会科学版）》2015 年第 6 期。

309. 杨团：《弱势群体及其保护性社会政策》，《前线》2001 年第 5 期。

310. 杨文圣、刘晓静：《农村贫困家庭学生教育救助探析》，《农村经济》2010 年第 4 期。

311. 姚本先、刘世清：《论弱势群体子女的教育公平》，《教育发展研究》2003 年第 8 期。

312. 姚俐衡：《法律援助制度的"困顿"与"觉醒"——从弱势群体权益公法保护的视角》，《成都行政学院学报》2016 年第 5 期。

313. 叶宝忠:《论社会保障对社会公平的保障》,《宁夏社会科学》2009 年第 5 期。

314. 叶金国、仇晓洁:《中国农村社会保障财政资源配置问题及对策研究》,《河北学刊》2015 年第 4 期。

315. 佚名:《习近平论扶贫工作——十八大以来重要论述摘编》,《党建》2015 年第 12 期。

316. 易棉阳:《论习近平的精准扶贫战略思想》,《贵州社会科学》2016 年第 5 期。

317. 殷浩栋、王瑜、汪三贵:《易地扶贫搬迁户的识别：多维贫困测度及分解》,《中国人口·资源与环境》2017 年第 11 期。

318. 尹航、林闽钢:《弱势群体医疗救助实施效果评估——基于"城乡困难家庭社会政策支持系统建设项目"调查数据的分析》,《社会保障研究》2017 年第 1 期。

319. 尹娜:《弱势群体政治权利分析》,《特区经济》2008 年第 5 期。

320. 尹应凯、崔茂中:《国际碳金融体系构建中的"中国方案"研究》,《国际金融研究》2010 年第 12 期。

321. 尹志刚:《论现阶段我国社会弱势群体》,《北京教育学院学报：社会科学版》2002 年第 3 期。

322. 雍正江:《社会流动与近代早期英国社会保障制度的孕育》,《中共杭州市委党校学报》2013 年第 6 期。

323. 于东飞:《农村医疗保障体系的新探索》,《辽宁行政学院学报》2011 年第 12 期。

324. 苑仲达:《英国积极救助制度及其借鉴启示》,《国家行政学院学报》2016 年第 4 期。

325. 岳映平、贺立龙:《精准扶贫的一个学术史注脚：阿马蒂亚·森的贫困观》,《经济问题》2016 年第 12 期。

326. 詹成付:《中国社会组织工作要自觉肩负起新时代的历史责

任——学习党的十九大报告的初步体会》,《中国社会报》2017 年第 6 期。

327. 张家军、唐敏:《教育精准扶贫运行机制的构建》,《教育理论与实践》2018 年第 25 期。

328. 张立彦:《政府社会救助支出存在的问题与对策》,《经济纵横》2013 年第 9 期。

329. 张琦、贺胜年:《社会组织:2020 年如期脱贫重要力量》,《团结》2016 年第 4 期。

330. 张琦、杨增崇:《习近平扶贫开发战略思想的理论品格》,《人民论坛》2018 年第 8 期。

331. 张全红、张建华:《中国农村贫困变动:1981—2005——基于不同贫困线标准和指数的对比分析》,《统计研究》2010 年第 2 期。

332. 张融融:《弱势群体泛化的心理成因分析及预防》,《领导科学论坛》2017 年第 23 期。

333. 张赛群:《习近平精准扶贫思想探析》,《马克思主义研究》2017 年第 8 期。

334. 张威:《国家模式及其对社会政策和社会工作的影响分析——以中国、德国和美国为例》,《社会工作》2016 年第 3 期。

335. 张伟宾、汪三贵:《扶贫政策、收入分配与中国农村减贫》,《农业经济问题》2013 年第 2 期。

336. 张鲜华:《甘肃省精准扶贫的现实困境与可行路径选择》,《兰州财经大学学报》2017 年第 1 期。

337. 张现成、苏秀艳、王景璐等:《大型体育赛事举办与改善民生的耦合路径》,《北京体育大学学报》2015 年第 1 期。

338. 张雅勤、高倩:《论私营企业承接公共服务的"撇脂"行为及其治理》,《理论与改革》2018 年第 1 期。

339. 张延松:《地方青少年发展基金会研究》,《中国青年研究》2014 年第 5 期。

340. 张银、李燕萍：《农民人力资本、农民学习及其绩效实证研究》，《管理世界》2010 年第 2 期。

341. 张再生：《城市弱势群体就业促进的实践模式分析》，《南开经济研究》2003 年第 4 期。

342. 张忠朝：《我国城乡困难家庭医疗救助支持研究——基于"中国城乡困难家庭社会政策支持系统建设"的调查》，《社会保障研究》2015 年第 1 期。

343. 赵佳佳、韩广富：《香港社会组织扶贫及其启示》，《理论与改革》2016 年第 2 期。

344. 赵晓芳：《慈善文化的变迁：从社会控制到社会责任》，《兰州学刊》2013 年第 2 期。

345. 赵兴宏、李玮：《弱势群体的权益保护及其法律援助》，《社会科学辑刊》2005 年第 4 期。

346. 郑宝华、蒋京梅：《建立需求响应机制提高扶贫的精准度》，《云南社会科学》2015 年第 6 期。

347. 郑功成：《加快社会保障改革提升社会治理水平》，《社会治理》2015 年第 1 期。

348. 郑光梁、魏淑艳：《浅议国外非政府组织扶贫机制及其启示》，《辽宁行政学院学报》2006 年第 6 期。

349. 郑晓园：《农村消费型贫困的发生机理与治理策略——以鄂东 S 镇农民建房为例》，《湖南农业大学学报（社会科学版）》2016 年第 4 期。

350. 周常春、翟羽佳、车震宇：《连片特困区农户多维贫困测度及能力建设研究》，《中国人口·资源与环境》2017 年第 11 期。

351. 周秋光：《中国慈善发展的历史与现实》，《史学月刊》2013 年第 3 期。

352. 周世厚：《美国高等教育扶持行动的司法争议——对"密歇根诉讼案"及意义的分析》，《外国教育研究》2011 年第 12 期。

353. 周中之：《当代中国慈善事业的伦理追问》，《马克思主义与现实》2015 年第 6 期。

354. 朱恒鹏、徐静婷：《共享发展、共同体认同与社会保障制度构建》，《财贸经济》2016 年第 10 期。

355. 朱金鹤、崔登峰：《新形势下新疆国家级贫困县的贫困类型与扶贫对策》，《农业现代化研究》2011 年第 3 期。

356. 朱俊立：《政府购买社会保障扶贫服务与乡村社会治理创新》，《财政研究》2014 年第 11 期。

357. 朱力：《脆弱群体与社会支持》，《江苏社会科学》1995 年第 6 期。

358. 朱良好：《法律援助责任主体论略》，《福建师范大学学报（哲学社会科学版）》2014 年第 1 期。

359. 朱玲：《改善资源分配，增强贫困人口就业能力》，《国际经济评论》2002 年第 4 期。

360. 朱之文：《扎实推进教育脱贫着力阻断贫困代际传递》，《行政管理改革》2016 年第 6 期。

361. 祝慧、陈正文：《社会组织参与扶贫开发的研究现状及展望——基于 2006—2015 年研究文献的分析》，《学会》2016 年第 6 期。

362. 庄天慧、张军：《民族地区扶贫开发研究——基于致贫因子与孕灾环境契合的视角》，《农业经济问题》2012 年第 8 期。

363. 庄天慧：《四川藏区农牧民收入水平、结构及差距研究》，《西南民族大学学报（人文社科版）》2016 年第 1 期。

364. 庄天慧等：《农村扶贫瞄准精准度评估与机制设计——以西部 A 省 34 个国家扶贫工作重点县为例》，《青海民族研究》2016 年第 1 期。

365. 邹海贵：《社会救助制度政府责任的正当性及其限度——基于伦理学视域的分析》，《吉首大学学报（社会科学版）》2011 年第 1 期。

366. 祖强：《机制设计理论与最优资源配置的实现——2007 年诺贝尔经济学奖评析》，《世界经济与政治论坛》2008 年第 2 期。

367. Simeon E.hui:《牲畜对非洲撒哈拉以南地区食品保障、贫困缓解和环境可持续性的贡献评论》,《生态毒理学报》2000 年第 2 期。

368. 白华艳:《发达国家生猪规模化养殖的粪污处理经验》,《东华理工大学学报（社会科学版）》2015 年第 3 期。

369. 柏振忠、李亮:《武陵山片区农民合作社助力精准扶贫研究——以恩施土家族苗族自治州为例》,《中南民族大学学报（人文社会科学版）》2017 年第 5 期。

370. 柏振忠、宋玉娥:《农民专业合作社科技扶贫理论逻辑与实践研究》,《科技进步与对策》2017 年第 18 期。

371. 成志刚、易文波:《改革开放 40 年中国反贫困史研究综述》,《湘潭大学学报（哲学社会科学版）》2018 年第 6 期。

372. 崔恒展、陈岱云:《新公共管理理论视野下的优抚安置对象自我服务管理机制研究》,《济南大学学报（社会科学版）》2015 年第 5 期。

373. 董晋峰:《对扶贫工作的几点体会和建议》,《税收与企业》2000 年第 3 期。

374. 杜芸:《中外农产品流通比较及我国农产品流通发展对策》,《商业时代》2016 年第 19 期。

375. 段亚男、林子琪:《社会助残服务的供给主体、制约因素及模式选择——基于供给侧结构性改革理论视角》,《社会保障研究》2017 年第 6 期。

376. 葛明珍:《弱势群体权益的司法保护》,《山东大学学报（哲学社会科学版）》2013 年第 6 期。

377. 管远红、赵旭庭、王健:《日本农业现代化的经验及对我国的启示》,《江苏农业科学》2011 年第 6 期。

378. 郭潇萌:《简析当代中国退役军人安置工作》,《社科纵横》2010 年第 1 期。

379. 何芬、赵燕霞:《美、日促进集中连片特困地区减贫的经验借鉴》,《世界地理研究》2015 年第 4 期。

380. 黄博琛:《日本农业保险发展研究》,《世界农业》2013 年第 1 期。

381. 黄承伟、覃志敏:《统筹城乡发展:农业产业扶贫机制创新的契机——基于重庆市涪陵区产业扶贫实践分析》,《农村经济》2013 年第 2 期。

382. 黄汉权、肖磊:《发挥农产品加工业对农民增收的促进作用》,《中国经贸导刊》2007 年第 9 期。

383. 黄建新:《国外反贫困的农村金融制度安排及思考》,《广东财经大学学报》2007 年第 1 期。

384. 黄树标:《和谐社会视野下城市流浪乞讨人员社会救助权的宪法保护》,《社会科学家》2015 年第 3 期。

385. 黄夏方舟、杨丹凤、严金明:《国外土地银行与土地储备的制度比较研究》,《四川理工学院学报(社会科学版)》2015 年第 5 期。

386. 黄贤全、彭前胜:《美国政府对阿巴拉契亚地区的两次开发》,《西南大学学报(社会科学版)》2006 年第 5 期。

387. 江治强:《优抚制度改革顶层设计的若干思考》,《行政管理改革》2017 年第 3 期。

388. 李洪波:《实现中的权利:困境儿童社会保障政策研究》,《求是学刊》2017 年第 3 期。

389. 刘北桦、詹玲:《农业产业扶贫应解决好的几个问题》,《中国农业资源与区划》2016 年第 3 期。

390. 刘芳:《国外农村金融反贫困模式:实践经验与启示》,《世界农业》2017 年第 9 期。

391. 刘光辉:《日本农协及其对中国农业合作组织发展的启示》,《日本问题研究》2008 年第 4 期。

392. 刘鸿渊、柳秋红:《欠发达地区农村特色产业发展困境与策略探析》,《农村经济》2015 年第 12 期。

393. 刘慧:《农产品加工:连接上下游富民又增收》,《农产品市场周刊》2017 年第 3 期。

394. 刘胜林、王雨林、庄天慧：《基于文献研究法的精准扶贫综述》，《江西农业学报》2015 年第 12 期。

395. 刘文涛：《发展农产品物流的国际经验及启示》，《农业经济》2011 年第 9 期。

396. 刘志仁：《日本新农村建设的启示》，《北京观察》2006 年第 5 期。

397. 马铃、万广华：《为什么贫困农户种植业收入低下》，《农业技术经济》2012 年第 5 期。

398. 潘国兵：《农村物流系统双向流通优化的对策研究——基于互联网＋视角》，《现代营销》2017 年第 7 期。

399. 沈志荣、沈荣华：《公共服务市场化：政府与市场关系再思考》，《中国行政管理》2016 年第 3 期。

400. 王彩玲：《保护弱势群体：现代伦理秩序建构的一个重要环节》，《理论学刊》2001 年第 4 期。

401. 王春华：《国外粮食补贴政策对我国粮食生产的启示》，《粮食问题研究》2016 年第 5 期。

402. 王佳煜：《官办慈善组织去行政化研究》，《现代营销》2013 年第 5 期。

403. 王文娟：《军人权益保障的立法原则探析》，《国防》2018 年第 7 期。

404. 王小林：《贫困标准及全球贫困状况》，《经济研究参考》2012 年第 55 期。

405. 王晓丹：《印度的农村建设》，《南亚研究》2006 年第 2 期。

406. 魏益民：《国外农产品加工与食品产业发展趋势》，《中国食物与营养》2004 年第 4 期。

407. 吴炜、王宇红：《退役士兵创业现状、困境与对策——基于扬州市的调查》，《中国青年研究》2016 年第 4 期。

408. 吴志忠、张杰、句鹏飞：《新时代退役军人优抚安置工作进入崭新发展时期》，《国防》2019 年第 3 期。

409. 武深树：《国外财政支持养殖业发展的经验与启示》，《当代畜牧》2005 年第 9 期。

410. 武艳敏、洪文杰：《革命战争时期人民军队退役安置初探》，《经济研究导刊》2014 年第 30 期。

411. 谢琼：《欧盟残疾人政策及其对我国的启示》，《理论探索》2010 年第 3 期。

412. 辛方坤：《财政分权、财政能力与地方政府公共服务供给》，《宏观经济研究》2014 年第 4 期。

413. 熊勇清、全云峰：《个人—工作契合度测量研究的新进展》，《社会心理科学》2006 年第 4 期。

414. 徐刘畅、王思颖、章芳菲、张雅琪：《退役士兵创业情况调查及对策研究——以张家口市为例》，《当代经济》2018 年第 16 期。

415. 许喜文、贾兵强、向安强等：《国外农民培养的历史经验与特点》，《广东农业科学》2009 年第 6 期。

416. 薛晓明：《弱势群体概念之辨析》，《生产力研究》2003 年第 6 期。

417. 杨树燕：《流动儿童发展性贫困现状研究》，《新西部（理论版）》2017 年第 3 期。

418. 佚名：《习近平论扶贫工作——十八大以来重要论述摘编》，《党建》2015 年第 12 期。

419. 旮剑森：《改革中"弱势群体"的成因探析》，《当代世界与社会主义》2002 年第 1 期。

420. 张牧辛、王其、张会新、李国栋：《浅谈我国退役军人管理保障工作存在的问题与对策》，《法制博览》2019 年第 12 期。

421. 张汝立、田小琦：《从保护到支持——中国弱势群体政策的转型及其特征》，《北京师范大学学报（社会科学版）》2013 年第 5 期。

422. 张永丽：《"教育致贫"悖论解析及相关政策建议——以甘肃省14个贫困村为例》，《西北师范大学学报（社会科学版）》2017年第2期。

423. 郑杭生、李迎生：《全面建设小康社会与弱势群体的社会救助》，《中国人民大学学报》2003年第1期。

424. 郑芸、郑霖：《非政府组织保护弱者权益的路径及优势》，《石家庄学院学报》2013年第1期。

425. 朱洪革、胡士磊：《重点国有林区职工家庭贫困类型及影响因素研究》，《农林经济管理学报》2017年第1期。

426. 朱艳菊：《以色列农业技术推广体系的分析和借鉴》，《世界农业》2015年第2期。

427. 安华：《民族地区最低生活保障制度城乡一体化研究》，《西南民族大学学报（人文社科版）》2016年第3期。

428. 安徽省财政厅课题组：《完善城乡居民最低生活保障制度的政策建议》，《财政研究》2011年第1期。

429. 陈成文、王祖霖：《"碎片化"困境与社会力量扶贫的机制创新》，《中州学刊》2017年第4期。

430. 陈成文：《从"因病滞贫"看农村医疗保障制度改革》，《探索》2017年第2期。

431. 陈成文：《从"内卷化"看精准扶贫资源配置的矫正机制设计》，《贵州师范大学学报（社会科学版）》2017年第1期。

432. 陈成文：《对贫困类型划分的再认识及其政策意义》，《社会科学家》2017年第6期。

433. 陈成文：《牢牢扭住精准扶贫的"牛鼻子"——论习近平的健康扶贫观及其政策意义》，《湖南社会科学》2017年第6期。

434. 陈成文：《社会学视野中的社会弱者》，《湖南师范大学社会科学学报》1999年第2期。

435. 陈成文等：《论精准扶贫政策与农村贫困人口需求的契合度》，

《山东社会科学》2017 年第 3 期。

436. 陈开琦、黄聪:《法律权利的道德争论——关于权利来源的两种思考》,《云南师范大学学报（哲学社会科学版）》2014 年第 6 期。

437. 成呈:《大病医疗救助对象范围与救助标准探讨——基于全国 29 省〈大病医疗救助实施方案〉的比较》,《卫生经济研究》2016 年第 1 期。

438. 崔义中、赵可嘉:《完善我国农村最低生活保障制度的若干思考》,《中州学刊》2010 年第 2 期。

439. 邓大松、吴小武:《完善农村居民最低生活保障制度的若干思考》,《武汉大学学报（哲学社会科学版）》2006 年第 5 期。

440. 范勇:《精神疾病无责任能力 23 例临床分析》,《云南科技管理》2008 年第 5 期。

441. 何洪周:《为弱势群体撑开法律保护伞》,《人民论坛》2017 年第 19 期。

442. 胡放之、戴天凤:《全面建成小康社会与民生改善问题研究——基于湖北企业职工收入分配、就业、社会保障的调查》,《改革与战略》2017 年第 9 期。

443. 黄玉君、吕博、邓大松:《我国最低生活保障制度统筹发展的问题及对策研究》,《社会保障研究》2015 年第 6 期。

444. 霍萱、林闽钢:《城乡最低生活保障政策执行的影响因素及效果分析》,《苏州大学学报（哲学社会科学版）》2016 年第 6 期。

445. 蒋悟真:《我国社会救助立法理念及其维度——兼评〈社会救助法〉（征求意见稿）的完善》,《法学家》2013 年第 1 期。

446. 景天魁:《三十年民生发展之追问:经济发展、社会公正、底线公平——由民生研究之一斑窥民生发展之全豹》,《理论前沿》2008 年第 14 期。

447. 雷磊:《法律权利的逻辑分析:结构与类型》,《法制与社会发展》2014 年第 3 期。

448. 李薇：《论城乡最低生活保障制度结构体系的整合》,《探索》2013 年第 5 期。

449. 李永军：《论〈慈善法〉的理解与完善建议》,《北京航空航天大学学报（社会科学版）》2017 年第 3 期。

450. 刘峰：《我国农村最低生活保障制度改革的困境与突围》,《贵州社会科学》2012 年第 7 期。

451. 吕学静：《完善农村居民最低生活保障制度的思考》,《经济与管理研究》2008 年第 1 期。

452. 曲海燕：《关于贫困人口自我发展能力的探析——概述、现状及建议》,《现代管理科学》2018 年第 10 期。

453. 宋宝香、孙文婷：《商业保险机构参与医疗保障体系的模式比较研究—以城乡居民大病保险为例》,《中国卫生管理研究》2016 年第 1 期。

454. 童文莹《城市困境儿童救助的效果评价与政策选择——基于 N 市的经验研究》,《中州学刊》2017 年第 8 期。

455. 屠明将、刘义兵：《论新时期扫盲教育转型之必然性与路径选择》,《河北师范大学学报（教育科学版）》2018 年第 2 期。

456. 万兰芳、向德平：《精准扶贫方略下的农村弱势群体减贫研究》,《中国农业大学学报（社会科学版）》2016 年第 5 期。

457. 王国惠、尚连山：《城乡居民医疗保险差异性分析——从公平理论角度探讨》,《经济问题》2013 年第 8 期。

458. 吴凡：《面向 2030 的教育质量：核心理念与保障模式——基于联合国教科文组织等政策报告的文本分析》,《教育研究》2018 年第 1 期。

459. 吴海燕：《构建农村反贫困社会心理支持系统》,《中国国情国力》2005 年第 4 期。

460. 吴忠民：《普惠性公正与差异性公正的平衡发展逻辑》,《中国社会科学》2017 年第 9 期。

461. 姚明明、王磊：《基于双重差分法的农村最低生活保障制度减贫效果研究》,《辽宁大学学报（哲学社会科学版）》2018 年第 3 期。

462. 叶祝发、杨宜勇：《人口老龄化进程中城市养老问题及对策》,
《宏观经济管理》2015 年第 3 期。

463. 张国林、梁成智、李芳：《定西市 2010–2012 年重性精神疾病流
行特征分析,《西部中医药》2016 年第 1 期。

464. 张禄、王海燕：《建立城乡一体化最低生活保障制度的路径选
择》,《理论导刊》2011 年第 4 期。

465. 张永丽、刘卫兵：《"教育致贫"悖论解析及相关精准扶贫策略
研究—以甘肃 14 个贫困村为例》,《经济地理》2017 年第 9 期。

466. 赵慧珠、陈景云：《建立农村最低生活保障制度的意义》,《理论
前沿》2008 年第 18 期。

467. 赵秀丽：《关注弱势群体的低收入问题——兼论公平与效率的关
系渗》,《财经理论研究》2007 年第 6 期。

468. 祝建华：《最低生活保障制度城乡统筹发展：目标驱动、制度原
则与路径构建》,《苏州大学学报（哲学社会科学版）》2016 年第 4 期。

469. 李小勇：《能力贫困视域下中国农村开发式扶贫的困境与超越》,
《理论导刊》2013 年第 2 期。

470. 李雪萍、龙明阿真：《可持续生计：连片特困地区村庄生计资
本与减贫——以四川省甘孜藏族自治州雅江县杰珠村为例》,《党政研究》
2012 年第 3 期。

471. 刘春春：《打好健康扶贫的攻坚战》,《人口与计划生育》2016 年
第 8 期。

472. 龙静云：《论贫困的道德风险及其治理》,《社会科学文摘》2016
年第 4 期。

473. 王康：《论胡锦涛"共享"思想的人权意蕴》,《浙江学刊》2008
年第 5 期。

474. 王智勇：《新医改，新希望》,《西部论丛》2009 年第 5 期。

475. 徐娜、田固：《医疗救助在健康扶贫中的作用及思考》，《中国医疗保险》2016 年第 11 期。

476. 杨立雄：《我国医疗救助管理制度改革探析》，《学术研究》2012 年第 12 期。

477. 赵晓强、张雪梅：《贫困地区农村新型合作医疗参合率和利用率研究——贵州省 X 县农村新型合作医疗的调查》，《农业经济问题》2006 年第 6 期。

478. 刘卫：《军人社会地位的历史演变及其规律》，《西安政治学院学报》2011 年第 1 期。

479. 陈吉学：《新时期我国社会弱势群体问题研究》，南京大学博士学位论文，2013 年。

480. 陈建平：《当前优抚安置对象的服务管理需求研究》，湖南师范大学硕士学位论文，2014 年。

481. 褚亮：《贫困人口医疗救助的经济学分析》，复旦大学博士学位论文，2009 年。

482. 谷晓然：《中国居民收入流动性研究》，中央财经大学博士学位论文，2016 年。

483. 郝涛：《习近平扶贫思想研究》，湖南大学硕士学位论文，2017 年。

484. 黄邵君：《论我国农民健康权的法律保障——以新型农村合作医疗为视角》，湘潭大学硕士学位论文，2013 年。

485. 李浩杰：《引导社会资金参与扶贫的财税政策研究》，中国财政科学研究院硕士学位论文，2016 年。

486. 欧春荣：《美国基金会：历史与作用》，吉林大学硕士学位论文，2004 年。

487. 苏晓东：《包头市开发式扶贫战略规划研究》，内蒙古大学硕士学位论文，2004 年。

488. 续亚萍：《美国非政府组织反贫困研究》，河北大学硕士学位论文，2009 年。

489. 杨学明：《云南宁蒗县贫困问题研究》，中央民族大学硕士学位论文，2015 年。

490. 原芳：《呼图壁县新型农村合作医疗制度中政府的职责分析》，新疆大学硕士学位论文，2007 年。

491. 张建华：《大同市农村科技扶贫问题及对策研究》，山西农业大学硕士学位论文，2016 年。

492. 张维娜：《非政府组织在城市反贫困中的角色与模式研究》，大连理工大学硕士学位论文，2007 年。

493. 周静茹：《六盘山回族地区反贫困研究》，兰州大学博士学位论文，2014 年。

494. 龚晓宽：《中国农村扶贫模式创新研究》，四川大学博士学位论文，2006 年。

495. 李小军：《粮食主产区农民收入问题研究》，中国农业科学院博士学位论文，2005 年。

496. 牛淼：《中国西部农业基础设施建设运作模式研究》，西南财经大学硕士学位论文，2008 年。

497. 武深树：《财政支持湖南养殖业发展的对策研究》，湖南农业大学硕士学位论文，2005 年。

498. 杨娟：《慈善税收优惠法律制度研究》，重庆大学博士学位论文，2017 年。

499. 钟雪霞：《残疾退伍军人优抚安置的社会工作介入策略研究》，华南理工大学硕士学位论文，2018 年。

500. 张萌：《我国经济体制转轨下的退役军人安置政策研究》，天津大学硕士论文，2017 年。

501. 任小波：《退役军人就业安置问题与对策研究》，东北财经大学硕士论文，2018 年。

国外文献

1. Begum S F, Zaman S H, Khan M S:《Role of NGOs in rural povertyeradicat-ion: A Bangladesh observation》,《Brac University》2004 年第 4 期。

2. Cartwright F F:《A social history of medicine》,《Medical History》1977 年第 22 期.

3. Karlan D:《Using Experimental Economics to Measure Social Capitaland Predict Financial Decisions》,《American Economic Review》2005 年第 5 期。

4. Salamon:《Rethinking Public Management: Third Party Governmentand the Changing Forms of Government Action》,《Public Policy》1981 第 3 期。

5. Sanyal B:《Cooperative autonomy:《the dialectic of State-NGOs relations hip indevelo pingcountries》,《Genevallo Research》1994 年第 1 期。

6. Ashley C, Boyd C, Goodwin H:《Pro-poortourism: putting povert yattheheart of the touris magenda》,《Signi ficance》2000 年第 51 期。

7. Delgado C, Rosegrant M, Steinfeld H, et al.:《Livestock to 2020: the next foodrevolution》,《Vision Discussion Papers》2001 年第 1 期。

8. Fleischer A, Pizam A:《Ruraltourismin is rael》,《Tourism Management》1997 年第 6 期。

9. Karlan D:《Using Experimental Economicsto Measure Social Capitaland Predict Financial Decisions》,《American Economic Review》2005 年第 5 期。

10. Scheyvens R:《Ecotourismand the empowermento flocal com munities》,《Tourism Management, 1999》2002 年第 2 期。

11. Thomas R:《Lembach》,《Registerofthe Kentucky Historical Society》1986 年第 2 期。

后　记

　　关注弱者，服务民生，是我开展学术研究秉承的根本宗旨。因此，二十多年来，本人一直关注着贫困治理研究这一应用社会学领域。从1996年承担的国家社会科学基金青年项目"体制转换时期社会弱者的生活状况及其社会支持研究"，到2007年承担的国家社会科学基金重点项目"推进以改善民生为重点的社会体制改革研究"，再到2019年承担的国家社会科学基金后期资助项目"新时代'弱有所扶'问题研究"，都印证了本人对贫困治理研究的追求与执着。本书应该是本人及本人的团队成员对于贫困治理研究的一个探索性成果。

　　本人负责本书的总体思路与基本框架构建。具体分工如下：第一章，陈成文（江西财经大学）；第二章，陈成文（江西财经大学）、陈建平（南昌航空大学）；第三章，陈成文（江西财经大学）、吴军民（江西财经大学）；第四章，陈成文（江西财经大学）、李春根（江西财经大学）；第五章，陈成文（江西财经大学）、陈建平（南昌航空大学）；第六章，陈成文（江西财经大学）；第七章，陈成文（江西财经大学）、王祖霖（衡阳师范学院）；第八章，陈成文（江西财经大学）；第九章，陈成文（江西财经大学）、陈建平（南昌航空大学）、陶纪坤（南京财经大学）；第十章，陈成文（江西财经大学）、陈建平（南昌航空大学）；第十一章，陈成文（江西财经大学）、余丽敏（江西财经大学）、陈静（江西财经大学）。

因此，本书是集体智慧的结晶。

　　贫困治理是一个具有广阔研究空间的领域。无论是理论构建，还是实践路向，都还有诸多需要进一步拓展的研究空间。本书仅是贫困治理研究的一个尝试性探索而已。书中尚存在不少缺点与错误，恳请读者们批评与指正。

　　路漫漫其修远兮，吾将上下而求索。

陈成文

于江西财经大学慧园

2020 年 5 月 28 日

责任编辑：高晓璐

图书在版编目(CIP)数据

新时代中国贫困治理:理论再构与实践向度/陈成文 等 著. —北京：
人民出版社,2020.12
ISBN 978－7－01－022660－6

Ⅰ.①新… Ⅱ.①陈… Ⅲ.①扶贫-研究-中国 Ⅳ.①F126

中国版本图书馆 CIP 数据核字(2020)第 227666 号

新时代中国贫困治理:理论再构与实践向度

XINSHIDAI ZHONGGUO PINKUN ZHILI:LILUN ZAIGOU YU SHIJIAN XIANGDU

陈成文 等 著

人民出版社 出版发行

(100706 北京市东城区隆福寺街 99 号)

天津文林印务有限公司印刷 新华书店经销

2020 年 12 月第 1 版 2020 年 12 月北京第 1 次印刷
开本:710 毫米×1000 毫米 1/16 印张:14.75
字数:260 千字

ISBN 978－7－01－022660－6 定价:52.00 元

邮购地址 100706 北京市东城区隆福寺街 99 号
人民东方图书销售中心 电话 (010)65250042 65289539